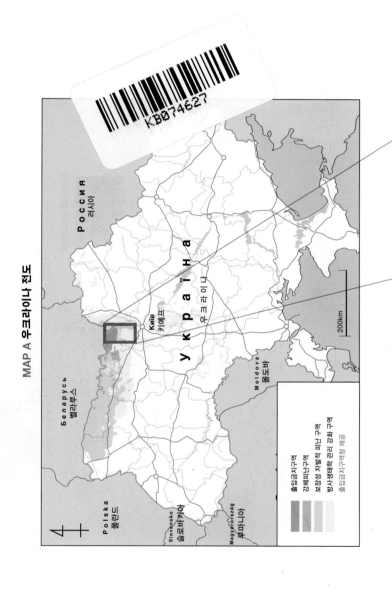

MAP A 우크라이나 전도

Россия 러시아

Україна 우크라이나

Київ 키예프

Беларусь 벨라루스

Polska 폴란드

Slovensko 슬로바키아

Magyarország 헝가리

Moldova 몰도바

România 루마니아

200km

출입금지구역
강제이주구역
보장성 자발적 피난 구역
방사생태학 관리 강화 구역
출입금지구역여행청 제공

KB074627

MAP B 키예프에서 존으로

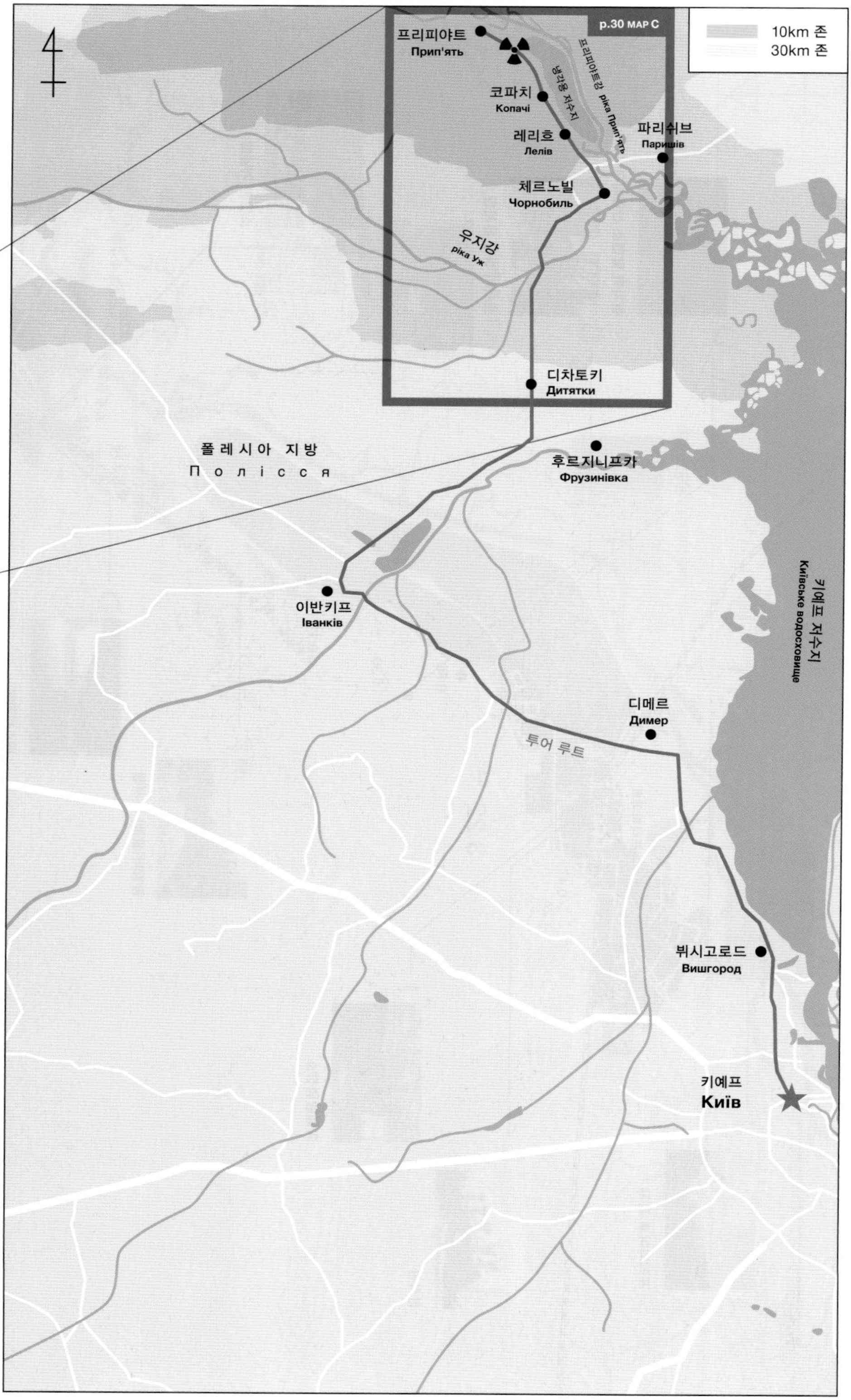

프리피야트
Прип'ять

코파치
Копачі

레리흐
Лелів

파리쉬브
Паришів

체르노빌
Чорнобиль

우지강
ріка Уж

프리피야트강 ріка Прип'ять

남쪽 저수지

디차토키
Дитятки

폴레시아 지방
П о л і с с я

후르지니프카
Фрузинівка

이반키프
Іванків

디메르
Дімер

투어 루트

뷔시고로드
Вишгород

키예프
Київ

키예프 저수지
Київське водосховище

р.30 MAP C

10km 존
30km 존

Путівник по чорному туризму: Чорнобиль
체르노빌 다크 투어리즘 가이드

마티

국립중앙도서관 출판예정도서목록(CIP)

체르노빌 다크 투어리즘 가이드 / 아즈마 히로키 외 지음;
양지연 옮김. – 서울: 마티, 2015
284p. ; 152 × 225 cm

원표제: チェルノブイリ・ダークツーリズム・ガイド
원저자명: 東浩紀
권말부록: 더불어 읽기
일본어 원작을 한국어로 번역
ISBN 979-11-86000-10-6 03300: ₩20000

체르노빌 원자로 화재 사건[-原子爐火災事件]...
원자력 발전소 사고[原子力發電所事故]

559.17-KDC6
621.4835-DDC23

CIP2015006110

일러두기

연도와 나이는 한국어판 출간 시점(2015)에 맞춰 조정하였다.
각주●는 옮긴이주이고 미주①는 원주이다.

Путівник по чорному туризму: Чорнобиль
체르노빌 다크 투어리즘 가이드

마티

1부 – 관광

2부 – 취재

부록 더불어 읽기

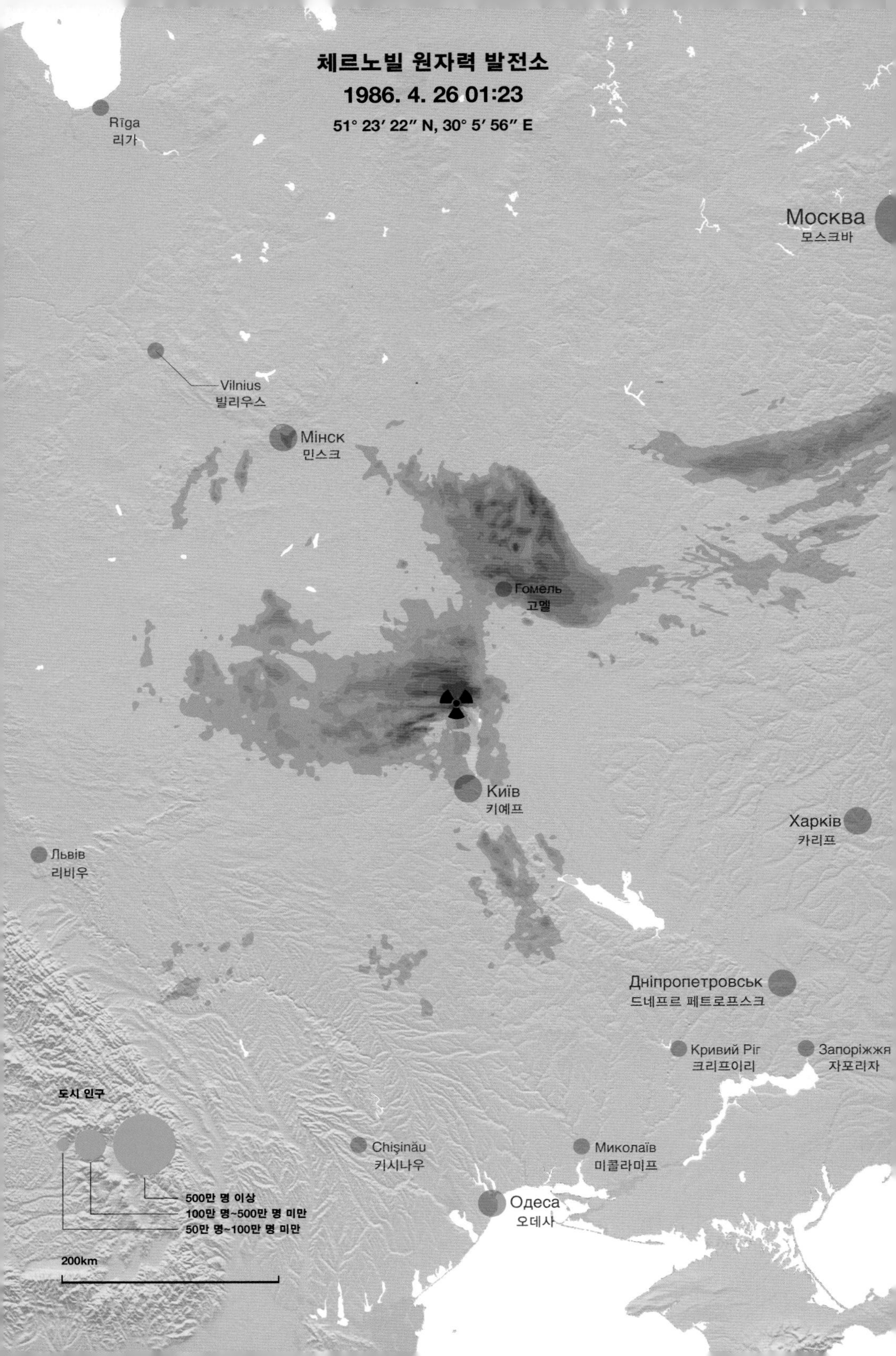

체르노빌 원자력 발전소
1986. 4. 26 01:23
51° 23′ 22″ N, 30° 5′ 56″ E

Rīga
리가

Москва
모스크바

Vilnius
빌리우스

Мінск
민스크

Гомель
고멜

Київ
키예프

Харків
카리프

Львів
리비우

Дніпропетровськ
드네프르 페트로프스크

Кривий Ріг
크리프이리

Запоріжжя
자포리자

도시 인구

500만 명 이상
100만 명~500만 명 미만
50만 명~100만 명 미만

Chişinău
키시나우

Миколаїв
미콜라미프

Одеса
오데사

200km

[사고기]

1기

[대기권 방출 방사능]

520만TBq

[핵연료봉]

1661개

[방사능 오염 심각 지역]

후쿠시마   체르노빌

1만 3000㎢

(555kBq/㎡ 이상, 연간 약 10mSv 이상에 해당)

[피난민 수]

11만 6000명

(벨라루스, 우크라이나, 러시아 3개국 합계)

이 두 지도는 후쿠시마 제1원자력 발전소 사고와 체르노빌 원자력 발전소 사고로 확산된 세슘137의 침착량을 비교한 것이다. 후쿠시마 자료는 2012년 9월 문부과학성이 공표한 것으로 사고 후 1년이 지난 2012년 6월 28일 수치를 정규화한 조사결과[1]를 참조했다. 체르노빌은 1998년 유럽위원회 출판국이 공표한 자료에 근거하여 사고 직후인 1986년 5월 10일의 수치를 정규화한 조사결과[2]를 참조했다. [1]과 [2]의 분포도에는 구역을 구분하는 색이 다르고 역치◦에 이용되는 침착량 수치도 다르기 때문에 [1]의 최저 역치 10kBq/㎡부터 [2]의 최고 역치 3700kBq/㎡까지 색을 대응시키고 [1]과 [2] 각각의 구역 구분을 침착량 상한과 하한의 상승 평균에 대응하는 색조로 표현해 두 지역의 침착량을 비교할 수 있게 했다([1]에서 10kBq/㎡ 이하, [2]에서 40kBq/㎡ 이하의 구역은 조사 대상 외의 토지 색으로 칠했다). 각각의 색은 지형도와 겹쳐져 미묘하게 바뀌기도 한다. 조사 방법과 기준 시기의 차이가 있어 엄밀하게 비교할 수 있는 데이터는 아니며 어디까지나 두 지역 피해 규모의 어마어마함을 시각적으로 보여주는 참고자료로 봐주기 바란다.

방사선량

| 40 | 100 | 185 | 555 | 1480 | 3700 | kBq/m² |

● 반응이 일어나는 최소치

도쿄전력 후쿠시마 제1원자력 발전소
2011. 3. 11 14:46
37° 25′ 17″ N, 141° 2′ 1″ E

삿포로

센다이

니가타

우쓰노미야

사이타마
가와구치
도쿄

하치오지
사가마하라
후나바시
요코하마
지바

시즈오카
가와사키

교토
고베
나고야
오사카
하마마쓰
사카이

도시 인구

500만 명 이상
100만 명~500만 명 미만
50만 명~100만 명 미만

200km

[사고기]

4기

[대기권 방출 방사능]

90만TBq

[핵연료봉]

4604개

(원자로 내 1496개/풀 내 3108개)
1호기~4호기 총합

[방사능 오염 심각 지역]

후쿠시마   체르노빌

1800㎢

(연간 5mSv 이상) 후쿠시마현

[피난민 수]

14만 6520명

(공식 피난자수, 정부지정구역 이외 지역의
자발적 피난민은 제외)

출처: [방출 방사능] [방사능 심각 오염 지역]
[피난민 수]는 리처드 몰드(Richard
F. Mould)의 『눈으로 보는 체르노빌의
진실』과 도쿄전력 후쿠시마원자력 발전소
사고조사위원회가 펴낸 『국회 사고조사
보고서』를 참조했다.

[1] 보도자료 『제5차 항공기 모니터링
측정 결과 및 후쿠시마 제1원자력
발전소에서 80㎞권외의 항공기 모니터링
측정 결과』, 문부과학성, 2012년. http://
radioactivity.nsr.go.jp/ja/contents/7000/62
89/24/203_0928.pdf

[2] De Cort et al., *Atlas of Caesium
Deposition on Europe after the Chernobyl
Accident*, Office for Official Publications of
the European Communities, 1998.

제작: 가토 겐사쿠(LABORATORIES)
지도제공: 지오카탈로그 주식회사ⓒ2013
GeoCatalog Inc.

방사선량

10 30 60   300 600 1000 3000   kBq/㎡

적설로 데이터 취득 불가

한국어판 서문

나는 작가이며 철학자이다. 내 저서 중 네 권이 한국어로 번역
출판되었다. 두 권은 서브컬처에 관한 내용이고, 한 권은 정보기술과
정치사상에 관한 책이며, 나머지 한 권은 소설이다. 그렇다. 나는
원전사고 전문가도, 재해대책 전문가도, 저널리스트도 아니다.

  그런데 왜 체르노빌에 관한, 그것도 여행가이드류의 책을 펴냈을까?
2011년에 일어난 원전사고는 일본에서 살고 있는 나에게 많은 생각
거리를 던져주었다. 특히 동일본 대지진과 같은 어마어마한 재앙이
사회를 휩쓸었을 때, 현실과 이미지의 괴리가 얼마나 치명적인 문제를
일으키는지 절감했다.

  원자력 재해의 규모를 정확히 산정하는 일은 어렵다. 신체적 피해는
통계로 추측할 수밖에 없어 전문가들도 의견이 분분하다. 여기에는
정치와 이데올로기도 얽혀 있다. 무엇보다 방사능은 눈에 보이지
않는다. 그러니 많은 사람들이 이미지에 현혹되어 현실을 보지 못한다.
실제로, 사고가 일어난 지 사반세기가 넘은 지금까지도 체르노빌이라는
지명은 전세계 많은 사람들에게 끔찍한 사고의 기억으로 남아 있다.
체르노빌은 황폐한 죽음의 땅이 아닐까, 발만 들여놓아도 뭔가 해를
입는 것은 아닐까 두려워하는 사람이 많다. 저널리스트조차 그렇게
생각한다. 하지만 이 책에 쓴 것처럼 현실은 전혀 다른 모습이며 누구나
쉽게 체르노빌에 들어갈 수 있다. 자, '관광'이라도 좋으니 체르노빌에
한 번 가보자. 그리고 자신의 무지를, 현실의 복잡 미묘함을, 이미지가
가하는 폭력을 직접 대면해보자. 이것이 이 책의 기획의도이다.

  이는 후쿠시마 제1원전 사고를 당한 일본에 던지는 화두이기도
하다. 2011년 원전사고가 일어난 지 4년이 지난 지금, 이 재앙을 과거의
일로 묻어버리려는 일본인이 많다. 철도를 재개하고, 고속도로를
건설하며, 2020년 올림픽 경기 일부를 개최하려 검토하고 있다.

후쿠시마의 상처는 아물었다는 생각이 고개를 들기 시작했다. 지나친 낙관이다. 비록 현실의 방사능 상처가 치유되었다 해도(실제로 그러한지 의심스럽지만 그 이야기는 접어두기로 하자) 이미지의 상처는 계속 남는다. 세계는 넓다. 사고가 일어나기 전 후쿠시마가 간직했던 길고 풍부한 역사는 알지도 못하며 관심도 없는 사람들이 대부분이다. 많은 이들이 체르노빌을 죽음의 땅이라 생각하는 것처럼 후쿠시마 또한 오랫동안 죽음의 땅으로 기억될 것이다. 일본은 지금부터 그 이미지와 길고 지난한 싸움을 해나가야 한다. 다크 투어리즘은 이 싸움을 위한 비책의 하나이다. 원전사고를 일으켰다는 것은 크나큰 정신적·문화적 부채를 짊어져야 한다는 의미이기도 하다.

현실과 이미지의 괴리, 이는 비단 원전사고에만 해당하는 문제가 아니다. 이 책의 내용과 직접 관련은 없지만 2015년 현재 일본인의 한 사람으로 한국 독자들에게 말을 거는 지금, 어쩔 수 없이 양국의 악화된 관계를 곱씹어보게 된다.

일본인은 지금 일본인 머릿속에 있는 한국인을, 한국인은 지금 한국인 머릿속에 있는 일본인을, 각각 대상화하여 비판하고 조소하고 혐오하고 증오하는 것처럼 보인다. 우리는 쉽게 이미지에 놀아난다. (비록 최선의 방법은 아니겠지만) 이미지의 폭력에 저항하는 가장 쉬운 방법은 이 책에 썼듯이 '관광'이다. 일본과 한국, 양국의 정치가가 아무리 서로 할퀴고 욕을 퍼붓는다 하더라도 시민들이 서로의 나라를 관광하고 계속 왕래하는 한 아직 희망이 있다.

2015년 3월 아즈마 히로키

11

여행을 시작하며

아즈마 히로키

『체르노빌 다크 투어리즘 가이드』를 소개합니다.

1986년 4월 26일, 우크라이나(구소련) 북부 습지대 체르노빌에서 전 세계를 두려움에 떨게 한 원전사고가 일어났습니다. 발전소 4호기 원자로가 인위적인 실수로 노심용융을 일으켜 폭발했고 엄청난 양의 방사성물질이 우크라이나, 벨라루스, 러시아 3개국에 흩뿌려졌습니다. 수십만 명의 사람이 어쩔 수 없이 피난을 가야 했고 광활한 토지가 오염되어 사람이 살지 않는 땅이 됐습니다. 이 책은 비극이 일어난 지 29년이 지난 지금, 사고 지역은 어떻게 변했으며 사고의 기억은 어떻게 이어지고 있는지, 우크라이나 사람들은 사고에서 어떤 교훈을 얻었는지를 현지 취재를 바탕으로 정리한 리포트입니다.

　　체르노빌 사고 발생 당시, 두 번 다시 이런 일이 되풀이되어서는 안 된다고 사람들은 입을 모아 말했습니다. 하지만 25년 후 일본에서 국제원자력사고등급이 똑같이 7등급으로 분류되는 후쿠시마 제1원자력발전소 사고가 일어났습니다. 체르노빌 사고와 후쿠시마 사고는 조건이 서로 달라 단순 비교할 수는 없습니다. 그렇지만 많은 사람이 생활 터전을 빼앗기고 광대한 토지가 오염됐다는 공통점이 있습니다. 후쿠시마 그리고 동일본의 미래를 고민할 때 원전사고의 '선배'격인 우크라이나 사람들의 경험은 많은 생각할 거리를 던져줍니다.

　　체르노빌을 다룬 책은 일본에도 이미 수없이 많이 출판됐습니다. 일본은 히로시마와 나가사키의 피폭 경험이 있기도 했고 원전 의존율이 높아 오래전부터 원전사고에 관심이 많았습니다. 특히 후쿠시마 제1원전사고 이후 2년 동안 많은 일본인들이 체르노빌을 방문한 뒤 신문과 인터넷에 소회를 남기기도 했습니다. 그런데도 또다시 체르노빌을 다룬 책을 출판하는 의미는 무엇일까요.

　　이 책의 특징은 체르노빌의 상황을 '관광'에 초점을 맞추어 보고한다는 점입니다.

체르노빌 사고는 심각한 사건입니다. 그 상처는 아직까지 치유되지 못하고 있습니다. 더군다나 사고를 일으킨 4호기의 폐로 작업은 끝나기는커녕 아직 손도 대지 못한 상태입니다. 4호기는 지금 '석관'이라 불리는 콘크리트 구조물로 뒤덮여 있는데, 이는 응급조치일 뿐 엄청난 양의 방사성물질이 지금도 석관 안에 머물러 있습니다. 폐로 작업이 끝나고 체르노빌이 사고 이전의 환경으로 되돌아갈 날이 언제 올지 불투명합니다. 후유증으로 고통 받는 사람들도 무척 많습니다.

그렇지만 체르노빌, 그리고 우크라이나의 생활은 계속되고 있습니다. 우크라이나의 수도 키예프는 사고 현장에서 불과 100킬로미터밖에 떨어져 있지 않지만 인구가 300만 명 가까이 되며 여전히 활기찬 도시의 모습을 띠고 있습니다. 출입금지 구역 안에 있는 마을은 분명 폐허가 됐지만 발전소의 일부 기능은 그대로 남아 있으며 폐로 작업도 진행하고 있어 일터로서의 체르노빌은 살아 있습니다. 시내에는 관공서와 연구소가 있고 식당이 있고 상점이 있으며 버스터미널에는 많은 노동자가 줄지어 서 있습니다. 그리고 이제 체르노빌은 원전과 주변지역을 일반인에게 개방해 관광객을 적극적으로 받아들이기 시작했습니다. 현재 출입금지구역 안에는 제염 작업과 자연 감쇠로 공간 방사선량이 줄어든 장소가 확대되고 있습니다. 지정된 여행사에 신청만 하면 누구라도 손쉽게 버려진 도시를 걷고 사고가 일어난 4호기 바로 가까이에서 기념사진을 찍을 수도 있습니다.

원전사고와 관광! 아마 놀랄지도 모르겠습니다. 혐오감을 느끼는 독자도 분명 있을 겁니다. '관광'이란 단어에는 경박스런 이미지가 따라붙습니다. 원전사고가 일어난 지 얼마 지나지 않은 일본에서는 특히 당연한 반응입니다.

하지만 체르노빌 피해자의 상처도 후쿠시마와 마찬가지로 대수롭지 않은 가벼운 상처는 아니었을 것입니다. 그런 그들이 어떤 경위로, 또 무슨 목적으로 관광객을 받아들이기로 결심했을까요. 그리고 무책임한 관광객이 보이는 호기심어린 시선을 받으며 어떤 느낌이 들었을까요. 우크라이나와 일본은 지리적 조건도 다르고 정치제도도 달라 똑같은 정책은 무리일지 모릅니다. 후쿠시마가 똑같은 선택을 하지 않는다 하더라도 체르노빌의 실태 보고는 10년 후, 20년 후, 후쿠시마 제1원전 주변 지역의 미래를 구상하고 사고의 기억을 다음 세대에 어떻게 전해줄지 고민할 때 큰 도움이 될 것입니다. 체르노빌 취재는 그런 고민 속에서 기획되었습니다.

이 책은 관광지가 되어가는 체르노빌에서 후쿠시마의 미래를 본다는
취지에서 구성된, 지금껏 유례가 없는 체르노빌 관련서입니다. 후쿠시마
그리고 일본의 미래에 관심 있는 사람들이 함께 읽고 고민할 수 있는
책이 되기를 바랍니다.

이 책은 2부로 구성됐습니다.
　　제1부는 '관광'편입니다. 여기서는 취재진이 실제로 체험한
1박2일의 출입금지구역 내 투어 내용을 키예프에 있는 체르노빌박물관
전시물과 함께 소개합니다.
　　글로 표현하는 데에는 어디까지나 한계가 있습니다. 가능하면 꼭
현지에 가서 원전사고의 심각성과 사고를 일으킨 인류의 거만함과
어리석음을 직접 체험해보기 바랍니다. 이 책은 단순한 보고서가 아닌
친절한 여행 가이드로 구성했고, 출입금지구역을 방문하면 무엇을
봐야 하는지 기본적 정보를 담았습니다. 전문가가 동행해 측정한
것은 아닙니다만, 저선량 피폭이 걱정되는 분들을 위해 취재 과정에서
측정한 방사선량도 같이 적었습니다.
　　이번 투어는 피해자 중심 비영리단체가 진행하는 특별한 투어로
일반적인 투어와는 내용이 다릅니다. 여행사에 따라 다양한 투어
프로그램이 있어서 만약 체르노빌을 방문한다 하더라도 여기서 소개한
곳에 꼭 갈 수 있다고 장담할 수는 없습니다. 상세한 내용은 여행사에
확인해 보셔야 합니다.
　　제2부는 '취재'편입니다. 2부에서는 출입금지구역청 부장관,
체르노빌박물관 부관장, 전 사고처리작업 노동자이자 작가, 비영리단체
대표, 여행사 대표 등 민관을 아우른 다양한 입장의 사람들과 관광지로
바뀌는 체르노빌의 현황과 미래를 허심탄회하게 이야기했습니다.
인터뷰를 맡은 저널리스트와 사회학자의 심도 깊은 고찰도 실었습니다.
모두 지난 2년간 후쿠시마 제1원전사고를 현장에서 조사해왔던
사람들입니다.
　　취재를 마치고 돌아보니 인터뷰를 한 우크라이나 사람들이 정부
측과 시민 측, 원전 추진과 원전 반대 등 각기 다른 정치적 입장을
취하면서도 모두 입을 모아 체르노빌 기억의 풍화를 걱정하며
관광객이든 유람객이든 영화 촬영을 위해서든 사람들이 체르노빌에
관심을 가져주는 일이라면 뭐든 좋다고 대답한 점이 가장 인상에
남습니다. 그런 담담한 태도는 사고가 일어난 지 몇년 지나지 않아 아직

기억도 상처도 강렬한 일본에서는 좀처럼 이해하기 힘든 모습입니다만 언젠가 반드시 직면할 현실이기도 합니다.

원전사고와 관광, 모순처럼 느껴지는 대조적인 두 단어의 조합에는 현실의 번잡함도, 선악으로는 딱 잘라 나눌 수 없는 인간사의 미묘함도, 미래를 향한 희망도 모두 들어 있다고 생각합니다.

마지막으로 제목에 대해서 한 말씀 드리겠습니다.

이 책의 제목에는 '다크 투어리즘'이라는 단어가 들어 있습니다. 직역하면 '어두운 관광'이 되는 이 말은 히로시마, 아우슈비츠와 같은 비극의 역사 현장을 찾는 새로운 여행 형태를 의미합니다. 관광학의 첨단으로 주목받는 개념이며 이 책 속에도 간단히 설명되어 있습니다. 이 책은 체르노빌이 바로 다크 투어리즘의 새로운 여행지가 되고 있는 현상을 다룬 가이드인 동시에 체르노빌이라는 사례를 통해 다크 투어리즘이라는 새로운 개념을 접해보는 가이드이기도 합니다.

한편 이 책에는 '사상지도β4-1'이라는 복잡한 부제도 붙어 있습니다. '사상지도β'는 겐론 출판사가 1년에 한 번 발행하는 서적 시리즈의 이름으로 이 책은 그 네 번째 책입니다. '4-1'은 4호가 2권의 책으로 구성되며 첫 번째 책이라는 의미입니다. 이 책의 내용은 이어서 발간되는 『후쿠시마 제1원전 관광지화 계획』, '사상지도 β4-2'와 깊은 관련이 있으며 집필자도 비슷합니다.

『체르노빌 다크 투어리즘 가이드』는 이 책만 따로 독립해서 읽을 수 있게 편집되어 있습니다. 반드시 속편을 읽을 필요는 없습니다. 『후쿠시마 제1원전 관광지화 계획』은 이 책에 게재한 취재 내용을 바탕으로 앞으로 후쿠시마 제1원전 주변 지역을 어떻게 '관광지화'하면 좋을지 과감한 실험과 제안을 시도하고 있습니다. 이 책이 취재편 또는 현실편이라면 속편은 구상편 혹은 미래편이 되겠습니다.

현실은 언제나 공상 옆에 있습니다. 이 책에서도 뒷부분에 체르노빌에서 연유한 공상의 세계를 다룬 논문과 자료를 실었습니다. 체르노빌의 현실은 후쿠시마를 둘러싼 공상과 연결되어 있습니다. 관심 있는 분은 속편도 한 번 읽어보시기 바랍니다.

후쿠시마 제1원자력 발전소 사고는 결코 예외적인 일이 아닙니다. 27년 전에는 체르노빌이 있었고 20년 후, 30년 후에는(있어서는 안 되겠지만) 아시아가 될지 아프리카가 될지 세계 어딘가에서 같은 규모의 사고가 또 일어날지 모릅니다. 후쿠시마를 그런 전 지구적 사고의 연장선상에서 살펴볼 필요가 있습니다.

그렇다면 원자력 기술을 포기해야 할까요?

어려운 질문입니다. 다만 한 가지, 다음과 같은 말은 할 수 있습니다. 프랑스의 사상가, 폴 비릴리오Paul Virilio는 기술의 발명은 곧 사고의 발명이라고 했습니다. 새로운 사고의 가능성에 맞닥뜨리는 일 없이 새로운 기술을 손에 넣을 수는 없습니다. 자동차도 비행기도 정보기술도 생식기술도 원자력도 마찬가지입니다. 미래를 향해 나아가는 일은 새로운 사고 가능성의 동반 없이는 불가능하며 그것은 우리가 누리고 있는 과학기술문명의 기본조건입니다.

그렇다면 앞으로 원자력을 추진하든 포기하든 사고의 기억만은 잃지 말아야 합니다. 미래는 새로운 사고의 가능성 없이는 불가능하다는 이 말은 바꿔 말하면, 역사는 계속되는 사고의 기억으로 이루어짐을 의미하기 때문입니다.

체르노빌의 기억, 후쿠시마의 기억을 미래에 계승하기 위해 '잊지 말자'고 강변하는 것 외에 무엇이 가능할까. 이 물음이 이 책을 관통하는 일관된 문제의식입니다. 우리는 그 중 한 가지 답을 찾기 위해 체르노빌에 다녀왔습니다.

자, 여행을 시작할까요. 원전사고와 관광, 비극과 희망의 교차로에 오신 것을 환영합니다.

체르노빌 원자력 발전소 3호기 냉각수
펌프실. 발전소 내부 견학은 이곳에서 끝난다.

⚡T 11.34~12.50μSv/h

출입금지구역 안에 위치한 파리쉬브 마을.
자발적 귀향자가 살고 있지만 만나지는 못했다.

ϟN 0.08~0.15μSv/h

건설 중인 '신석관'. 폐로 작업 재개를
위해 세계 최대의 아치형 구조물이 만들어진다.

⚡T 3.09μSv/h

체르노빌 원자력 발전소 2호기 제어실.
사고가 난 4호기 제어실과 똑같은 디자인이다.

⚡T 0.28~0.63μSv/h

«ЗАТВЕРДЖУЮ»
Перший заступник голови
Державного агентства України
з управління зоною відчуження
_____ Д.Г.Бобро
« 09 » ___ 2013 р.

П Р О Г Р А М А
відвідування зони відчуження і зони безумовного (обов'язкового) відселення
делегації МГО «Центр Прип'ятьком»
№ 244-і від 09.04.2013 р.

Мета відвідування: проведення фото зйомок, пізнавальна
Маршрут відвідування: № 1, № 2, № 3, № 4, № 6, № 7 (КПП «Дитятки», «Лелів»,
«Прип'ять», «Паришів-2»)
Обсяг і характер інформації: офіційна загальна інформація про зону відчуження та стан
радіоактивного забруднення
Особи, з якими заплановано зустрічі: офіційні особи, що працюють в зоні відчуження
Відповідальний за підготовку та виконання програми: Полякова М.О. (ДСП «ЧСК»)
Супроводжуюча особа: Чернов С.А. (ДСП «ЧСК»)
Транспорт: мікроавтобус «Мерседес-спрінтер» № АМ 8616 АМ, водій Ходзинський
Олег
Термін відвідування: 11-12 квітня 2013 р.

08.00

11 квітня: 10.00-10.30 Проїзд КПП «Дитятки». Інструктаж з дотримання правил радіа-
ційної безпеки та інформаційна бесіда із представником ДСП «Чорнобильського спецком-
бінату» з прив'язкою ДАЗВ.
Проведення фотозйомок за маршрутом: м. Чорнобиль - с. Копачі - об'їзд ЧАЕС - зупин-
ки: біля меморіалу героям-чорнобильцям АПК ЧАЕС, на мосту через обвідний канал та
оглядовому майданчику об'єкта «Укриття» - м. Прип'ять (без відвідування будівель) -
з/д ст. Янів - став-охолоджувач - с. Залісся - м. Чорнобиль
Огляд м. Чорнобиль (меморіал «Тим, хто врятував світ», Свято-Іллінський Храм, мемо-
ріальний комплекс «Зірка Полин»)
Відвідування підрозділів ВК«МРДК «Екоцентр» (лабораторії, АСКРС, ЛВЛ)
Відвідування сіл зони відчуження (с.с. Паришів, Корогод)
19.00 Від'їзд до м. Києва (КПП «Дитятки»)
12 квітня: 10.00-10.30 Проїзд КПП «Дитятки».
Робота в ДСП «ЧАЕС» (за окремою програмою)
19.00 Від'їзд до м. Києва (КПП «Дитятки»)
Харчування - їдальня «Прип'ять»

Список відвідувачів зони відчуження і зони безумовного (обов'язкового) відселення:

№ п/п	ПІБ	дата народження	Паспорт	громадянство
1	Azuma Hiroki			Японія

1

2	Tsuda Daisuke			Японія
3	Kainuma Hiroshi			Японія
4	Shintsubo Kenshu			Японія
5	Ueda Yoko			Японія
6	Sukeda Tetsuomi			Японія
7	Kojima Yuichi			Японія
8	Tokuhisa Noriyasu			Японія
9	Toda Seiji			Японія
10	Sekine Kazuhiro			Японія
11	Сирота Олександр			Україна

Загальна кількість відвідувачів: 11 осіб

Фото- і відеозйомка за маршрутом прямування в межах дії Закону України «Про
користання ядерної енергії та радіаційну безпеку» та Інструкції «Про порядок охо-
рони державної таємниці, а також іншої інформації...».

Заст. директора
Центру ОТЗ ДСП «ЧСК» _____ В.П. Махно

«ПОГОДЖЕНО»
Завідувач сектора з питань режиму

_____ С.В.Бірук
« __ » ___ 2013 р.

Начальник режимно-секретного
відділу ДСП «ЧСК»

_____ В.В.Манжос
« __ » ___ 2013 р.

Підстава: Запити № 922 від. 01.04.2013 р.

2

이번 취재를 위해 우크라이나 정부가 발행한 견학
허가서. 투어 가이드는 각 체크포인트와 시설에서
이 서류를 담당자에게 제시하고 견학허가를
받는다. 오른쪽 위에는 출입금지구역청 부장관 보블로
씨의 사인. ПРОГРАМА(프로그램)이라는 단어 밑에는
우크라이나어로 투어 루트가 상세히 지정되어 있다.
일정 조정 착오로 실제로는 갈 수 없었던 곳도
많다. 표 안에는 가이드를 포함한 존 입장자 전원의
생년월일, 여권 번호, 국적이 적혀 있다. 가이드
시로타 씨는 "이 서류만 해도 사인을 다섯 번 해야
하죠. 이게 바로 우크라이나예요!"라고 말하며
쓴웃음을 지었다.

이 책의 주제는 체르노빌 관광지화이다.
체르노빌은 우리에게는 낯선 우크라이나에
위치해있다. 사고 이후 29년 동안
체르노빌은 '존', '사마셜', '석관'과 같은
특수한 단어를 만들어냈다. 투어 르포를
떠나기 전에 먼저 기초정보를 정리해
두자. 체르노빌 사고는 어떤 사고이며 어떤
단어들로 불리고 있는지 알아보자.

구성: 우에다 요코+편집부

체르노빌 원자력 발전소 사고 개요

1986년 4월 26일 소비에트연방(현 우크라이나) 체르노빌 원자력 발전소
4호기에서 대규모 원자력 사고가 발생했다. 방사성물질은 광범위하게
확산됐고 오늘날의 우크라이나, 벨라루스, 러시아 3개국에 이르는 지역에서
약 40만 명이 피난을 떠났다. 피해자 수는 측정방법에 따라 다른데 약 4000명,
9000명, 1만 6000명 등 이견이 있다.

당시 체르노빌 원전은 네 개의 원자로를 가동하고 있었고 5, 6호기 건설도
진행 중이었다. 사고 전날 4호기에서는 정전시 전력공급실험이 예정되어
있었는데 실험 과정에서 제어봉의 설계 잘못과 조작 실수가 겹쳐 원자로
내에서 노심용융이 발생했다. 이어서 두 번의 수증기 폭발이 일어났고
불길은 감속재로 사용하던 흑연에 옮겨 붙었다. 진화되기까지 10일간에 걸쳐
방사성물질이 계속 흘러 나왔고, 사고에 가담한 작업자 중 28명이 급성 방사선
장애로 숨을 거두었다. 사고는 28일에서야 공표되었고 순식간에
전 세계에 보도되었다.

방사성물질 방출을 억제하기 위해 4호기는 콘크리트와 철근으로 된
석관으로 덮었다. '존'이라 불리는 반경 30킬로미터 권내는 원칙적으로 출입이
금지되었다. 한편 2011년 2월 우크라이나 정부는 사고 현장 주변을
둘러보는 견학 투어를 허용했으며 1년에 약 1만 4000명의 관광객이 현지를
방문하고 있다.

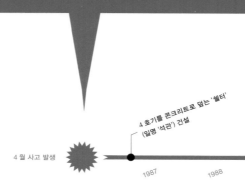

4 호기를 콘크리트로 덮는 '쉘터'
(일명 '석관') 건설

4 월 사고 발생

1987   1988   1989   1990

존 관광지화 과정

존 견학은 방사능 오염이 진정된 1990년대 중반 무렵부터 시작되어 지금은 많은 여행사가 관광 투어를 제공하고 있다. 1995년에는 국영 홍보기관이 설립되었고 외국인 견학 부처가 생겼다. 이후 존 견학은 체르노빌의 부정적 이미지를 불식시키는 중요한 역할을 맡고 있다. 처음에는 언론인과 전문가를 대상으로 진행됐는데 점차 일반인을 대상으로 한 관광에도 문호를 개방해 2011년부터 관광지화가 본격화됐다. 현재 정부에 직접 출입 신청을 한 여행사는 약 20곳이며 그 중 5곳이 전체 방문객의 약 80퍼센트를 점유하고 있다. 당일 투어 표준 요금은 1인당 150달러 정도이다. 18세 이상으로 건강한 사람이면 누구나 신청할 수 있다.

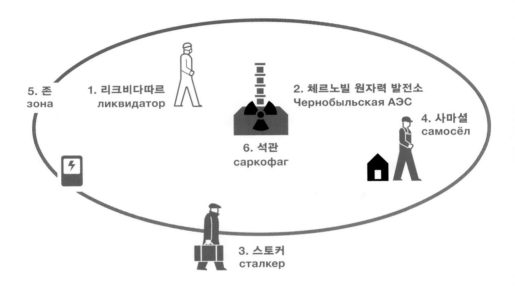

5. 존
зона

1. 리크비다따르
ликвидатор

2. 체르노빌 원자력 발전소
Чернобыльская АЭС

4. 사마셜
самосёл

6. 석관
саркофаг

3. 스토커
сталкер

1. 리크비다따르 ликвидатор

사고처리작업원. 러시아어 '리크비다찌야 (폐쇄, 청산, 해결)'는 프랑스어 liquidus (액체의, 순수한, 수수한)에서 유래한 말로 '사업의 폐쇄와 해체' 또는 '전후처리' 등 '남겨진 문제의 해결'을 의미한다. 체르노빌 사고와 전쟁의 이미지가 결합된 말이기도 하다. 사고 수습작업에 관련된 사람은 60만 명이라는 말도 있고 80만 명에 이른다는 설도 있다. 원전 노동자, 소방관, 경찰, 군, 의료관계자, 운전사, 자원봉사자에 이르기까지 여러 직종의 사람들이 포함되어 있다. 막대한 인력 동원의 이면에는 한정된 정보 안에서 이루어진 구국의 영웅모집 캠페인이 있었고 많은 소련의 젊은이들이 자원봉사자로 사고 현장에 뛰어들었다.

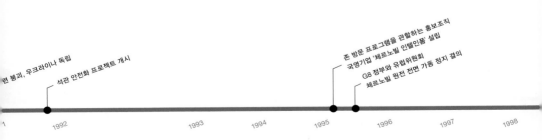

련 붕괴, 우크라이나 독립

석관 안전화 프로젝트 개시

존 방문 프로그램을 관할하는 홍보조직 국영기업 '체르노빌 인텔인폼' 설립

G8 정부와 유럽위원회

체르노빌 원전 전면 가동 정지 결의

1

1992

1993

1994

1995

1996

1997

1998

2. 체르노빌 원자력 발전소 Чернобыльская АЭС

사고 당시 RBMK1000형 원자로 1~4호기가 가동 중이었고 5,6호기를 건설하고 있었다. 구소련 시대의 정식명칭은 'V.I.레닌 기념 체르노빌 원자력 발전소'[Чернобыльская АЭС(атомная электростанция) имени В. И. Ленина]. '레닌 기념' 칭호는 명예의 상징으로 이 명칭을 부여받은 원전은 체르노빌과 레닌그라드 두 곳뿐이다. 1991년 우크라이나 독립 이후 한동안 개편되지 않다가 1997년부터 96년 설립된 국영기업 '에네르고아톰 원자력 발전회사' 관할 하에 들어간다. 2001년 국영특수기업 '체르노빌 원자력 발전소'[Державне спеціалізоване підприємство "Чорнобильська АЕС"]로 재편되었다. 2005년부터 비상사태부를 거쳐 현재는 출입금지구역청 관할이다.

3. 스토커 сталкер

어원은 영어 stalker로 '바짝 뒤를 쫓는 사람'이라는 의미. 일본어로 미행 행위를 지칭하는 '스토커'와 같은 단어이다. 이 단어는 스트루가츠키 형제의 소설 『노변의 피크닉』[Roadside Picnic (1971)]에 쓰이면서 러시아에 처음 등장했다. 영국작가 키플링의 소설 『스탤키사』[Stalky&Co (1899)]에서 영감을 얻어 썼다고 한다. 이후 타르코프스키 감독이 『노변의 피크닉』을 ‹스토커(잠입자)›[Stalker (1979)]라는 제목으로 영화화했다. 소설과 영화의 영향으로 스토커는 위험을 무릅쓰고 인류 미지의 유산을 탐색하는 사람을 가리키는 말로 쓰이게 됐다. 체르노빌 사고와 관련해서는 체르노빌 존에 들어가 금지된 지역을 안내하는 '가이드'와 스릴을 좇는 '여행자' 둘 모두를 스토커로 부른다.

4. 사마셜 самосёл

자발적 귀향자. 러시아어로 '스스로 사는 사람'이라는 의미이다. 인구가 가장 많았던 1987년에는 약 1200명, 2013년 현재는 190명 정도라고 한다. 다른 지역이나 고층 주택에 적응하지 못한 것에서 경제적인 문제까지 귀향의 이유는 다양하다. 고령자가 대부분이며 정부는 새로운 사마셜을 일체 인정하지 않고 있어 자연스런 인구감소가 진행되고 있다. 연금 외에는 가족 텃밭이나 자연 채집으로 자급자족 생활하고 있으며 출입금지구역청, 에코센터, 몇몇 뜻있는 여행사나 비영리단체 등이 여러 형태로 생활을 돕고 있다.

5. 존 зона

정식 명칭은 체르노빌 출입금지구역 30на відчуження/30на отчуждения(우크라이나어/러시아어). 일반적으로 '존'이라 불리는데 소설과 영화 ‹스토커›에 등장하는 출입금지구역과 같은 이름이다. 원래는 체르노빌 원전 반경 30킬로미터 권내의 강제이주구역을 지칭했다. 1990년대에 폴레시아 지역 등, 30킬로미터 권외의 일부 거주지역이 강제이주지역으로 포함되어 1997년에 출입금지구역에 추가되었다. 일반인이 들어가려면 관할 관청의 허가를 받아야 한다. 한편 러시아어 '출입금지'에는 '강제수용', '소개'(疏開)의 뜻도 있어 주민 강제이주와 정부 관리라는 의미를 담고 있다.

6. 석관 саркофаг

정식 명칭은 체르노빌 원자력 발전소 제4호기 쉘터. 사고로 폭발한 4호기에서 방사성물질이 방출되는 것을 막는 콘크리트 구조물. '석관'이라는 고대 관에 빗댄 다소 야유 섞인 명칭을 저널리스트와 전문가들이 사고가 일어난 해부터 사용했는데 공식적으로는 '쉘터(덮개)'[Укриття] 시설이라 부른다. 석관 공사는 약 9만 명이 모여 1986년 6월 착공부터 206일에 걸쳐 완성했다. 사용 가능 햇수는 30년 정도이며 응급조치용 시설로 설계되었다. 2012년부터 구석관을 덮는 거대한 아치형 구조물 '신안전밀폐시설'[Новий безпечнийконфамент] 건설을 개시, 2015년 완공 예정이다. 신석관의 사용 가능 햇수는 100년으로 그 사이에 폐로 처리가 이루어질 예정이다.

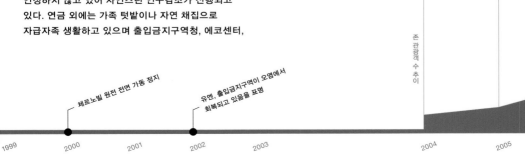

지명·인명 표기

이 책의 지명·인명 표기는 우크라이나어 또는 러시아어를 사용한다.
사고 당시 우크라이나는 소비에트 사회주의 연방공화국에 속하는
공화국 중 하나였다. 소련은 기본적으로 다언어 정책을 취하고
있었지만 대외적인 언어는 러시아어였다. 정보의 혼란을 피하기 위해
지명은 우크라이나어 표기를 우선하고 이미 러시아어를 경유해
정착한 명칭이 있는 경우에는 관례에 따른다. 인명은 러시아어 경유로
소개된 단어이거나 또 본인이 희망하는 때에는 러시아어로 썼다.
원전 관련 용어와 러시아어를 경유해 우크라이나어가 된 단어도
러시아어로 표기했다.

우크라이나어		러시아어
Марія		Мария
마리야		마리야
Київ		Киев
퀴이우		키예프

취재 대상

체르노빌 원자력 발전소는 우크라이나에 있다. 하지만 원전사고로 인한 방사능 오염은 우크라이나, 러시아,
벨라루스 3개국에 걸쳐있다. 연간 10mSv[*] 상당의 심각한 오염지역은 3개국 합쳐 13,000㎢[**]에 이르며
3개국에는 지금도 사람이 살 수 없는 강제피난구역이 지정되어 있다. 원전사고의 전체 규모를 파악하기
위해서는 3개국에 걸쳐 취재를 해야 한다. 하지만 이 책은 사고 유적지의 관광지화가 주제이므로 취재 대상을
원전 전체를 관할하고 있는 우크라이나 정부의 대응과 우크라이나 국내의 출입금지구역으로 한정했다.
현재 벨라루스의 수도 민스크발 체르노빌 투어도 있다.

방사능 측정 이번 취재에서 방사능 측정에 이용한 측정기는 다음과 같다.

⚡M Safecast bGeigie mini
내장 가이거 카운터와 GPS를 연동해 공간 방사선
량을 위치정보와 함께 기록한다. 방수 케이스에
들어 있어 주로 자동차에 탑재해 사용하는데 투어
버스에 설치해 옥외 공간 방사선량을 측정했다.

⚡N Safecast bGeigie nano
bGeigie mini를 더 소형화한 제품. 자동차 탑재용
으로도 쓰이는데 이번 취재에서는 휴대하고 다니면서
도보로 이동한 장소에서도 방사선량을 기록했다.

⚡X Safecast X Kickstarter
Safecast가 킥 스타터[***]로 모은 자금으로 개발한
터치 패널식 방사선량 측정기

⚡T TERRA MKS-05 with Bluetooth Channel
우크라이나 Sparing-Vist Center사가 만든
방사선량 측정기. 감마(γ)선, 베타(β)선의 공간선량과
누적선량 측정이 가능하다. 투어 기간 이틀 동안의
누적량 측정에 사용했다.

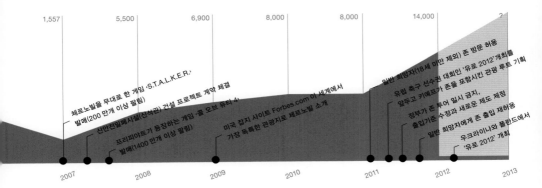

1,557	5,500	6,900	8,000	8,000	14,000	?

체르노빌을 무대로 한 게임 'S.T.A.L.K.E.R.'
발매(200 만개 이상 팔림)

신안전밀폐시설(석관) 건설 프로젝트 계약 체결

프리피야트가 등장하는 게임 '콜 오브 듀티 4'
발매(1400 만개 이상 팔림)

미국 잡지 사이트 Forbes.com 이 세계에서
가장 독특한 관광지로 체르노빌 소개

일반 희망자(18세 미만 제외) 존 방문 허용

유럽 축구 선수권 대회인 '유로 2012' 개최를
앞두고 키예프가 존을 포함하는 관광 루트 기획

정부가 존 투어를 일시 금지,
출입기준 수정과 새로운 제도 제정

일반 희망자에게 존 출입 재허용

우크라이나와 폴란드에서
'유로 2012' 개최

2007　　2008　　2009　　2010　　2011　　2012　　2013

●● 전라남도 면적이 12,121㎢이다.
●●● Kick starter. 미국의 대표적 크라우드 펀딩 서비스 업체.

	우크라이나 **Україна**		키예프 주 **Київська область**

면적 60만3700㎢/세계 45위

인구 4,543만 명(2012년 추계)/세계 27위

수도 키예프(인구281만 명)

공용어 소련 말기부터 우크라이나어가 유일한 공용어지만 구소련 시대의 이름도 남아 있으며 동부 및 크리미아 자치 공화국 내에는 러시아어 사용자가 다수

비자 90일 이내 체류시 불필요

통화 흐리브냐(UAH). 1흐리브냐=12.5엔 (약 125원)

국기 원래 '독립 우크라이나기'라 불리던 독립을 상징하는 기가 국기로 선택되었다. 윗부분의 푸른색은 하늘을, 아랫부분의 황토색은 밀을 상징한다는 견해가 일반적이다.

시차 한국·일본과의 시차는 7시간. 3월 마지막 일요일부터 10월 마지막 일요일까지는 서머타임을 적용해 시차는 6시간이 된다.

종교 우크라이나 정교회(키예프 총주교청계, 모스크바 총주교청계)가 약 70퍼센트를 점하고 있다. 이어 우크라이나 동방 가톨릭교회(14퍼센트), 우크라이나 독립 정교회(2.8퍼센트) 순이다. 이슬람교, 유대교 신자도 있다.

수도 키예프 1,500년 이상의 역사를 지닌, 9세기 후반부터 1,240년까지 키예프 대공국의 수도로서 빛을 발한 고도이다. 키 삼형제가 세웠다고 해서 '키의 마을'이라는 의미의 키예프라는 이름이 붙었다는 설이 있다. 옛 종교 건축물이 많이 남아 있으며 11세기에 건축된 소피아 대성당과 키예프 페체르스카 대수도원은 세계유산으로 등록되었다.

통신 환경 휴대전화는 NTT 도코모, au, 소프트뱅크 모두 국제 로밍서비스를 이용할 수 있다. 단 버킷 정액제 서비스를 이용할 수 있는 것은 au뿐이고, 그 외의 제품은 국내에서 모바일 와이파이 단말기를 대여해 가거나 현지에서 SIM카드를 구해야 한다. 단말기도 현지에서 구입 가능하다. 존에서도 전파는 잡힌다.

가는 방법 직항편은 없으며 모스크바를 경유할 때 비행 시간은 약 12시간(환승시간 제외)이다. 경유지는 모스크바를 비롯해 파리, 암스테르담, 이스탄불 등 다양하다.

MAP A 우크라이나 전도

Беларусь
벨라루스

Россия
러시아

Polska
폴란드

Slovensko
슬로바키아

Київ
키예프

Україна
우크라이나

Magyarország
루마니아

Moldova
몰도바

출입금지구역
강제피난구역
보장성 자발적 피난 구역
방사생태학 관리 강화 구역
출입금지구역청 제공

200km

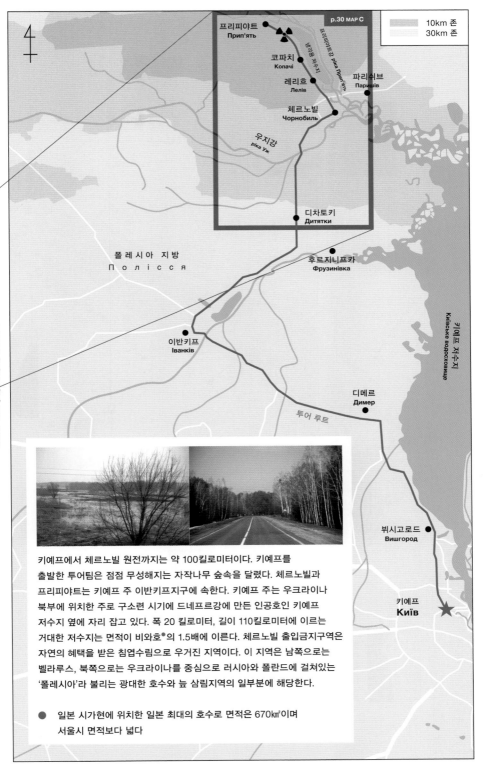

p.30 MAP C

10km 존
30km 존

프리피야트
Прип'ять

코파치
Копачі

레리흐
Лелів

파리쉬브
Паришів

프리피야트강 rіka Прип'ять

냉각용 저수지

체르노빌
Чорнобиль

우지강
rіka Уж

폴레시아 지방
Полісся

디차토키
Дитятки

후르지니프카
Фрузинівка

이반키프
Іванків

디메르
Димер

키에프 저수지
Київське водосховище

투어 루트

뷔시고로드
Вишгород

키에프
Київ

MAP B 키예프에서 존으로

키예프에서 체르노빌 원전까지는 약 100킬로미터이다. 키예프를
출발한 투어팀은 점점 무성해지는 자작나무 숲속을 달렸다. 체르노빌과
프리피야트는 키예프 주 이반키프지구에 속한다. 키예프 주는 우크라이나
북부에 위치한 주로 구소련 시기에 드네프르강에 만든 인공호인 키예프
저수지 옆에 자리 잡고 있다. 폭 20 킬로미터, 길이 110킬로미터에 이르는
거대한 저수지는 면적이 비와호*의 1.5배에 이른다. 체르노빌 출입금지구역은
자연의 혜택을 받은 침엽수림으로 우거진 지역이다. 이 지역은 남쪽으로는
벨라루스, 북쪽으로는 우크라이나를 중심으로 러시아와 폴란드에 걸쳐있는
'폴레시아'라 불리는 광대한 호수와 늪 삼림지역의 일부분에 해당한다.

● 일본 시가현에 위치한 일본 최대의 호수로 면적은 670㎢이며
  서울시 면적보다 넓다

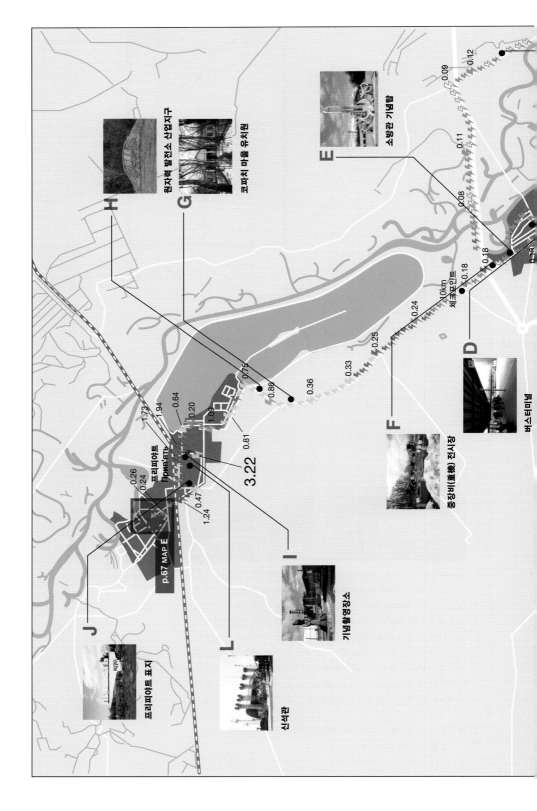

H 원자력 발전소 산업지구

G 코파치 마을 유치원

E 소방관 기념탑

0.09
0.12
0.11
0.08
0.18
0.18

D 버스터미널

체크포인트
10km
0km

0.24
0.25
0.33
0.36
0.86
0.75
0.64
0.20
0.09
0.81
1.94
1.73
0.26
0.24
0.47
1.24

3.22

F 중장비(重機) 전시장

프리피야트
Припять

p.67 MAP E

I 기념촬영장소

L 신석관

J 프리피야트 표지

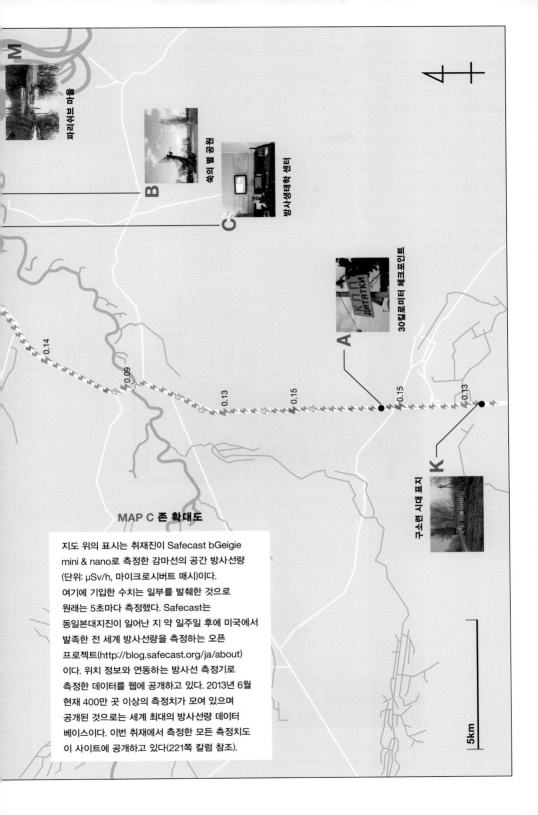

M

파라프리피야트

B

숙의 봄 공원

C

방사생태학 센터

A

30킬로미터 체크포인트

K

구소련 시대 표지

0.14

0.09

0.13

0.15

0.15

0.13

MAP C 존 확대도

지도 위의 표시는 취재진이 Safecast bGeigie
mini & nano로 측정한 감마선의 공간 방사선량
(단위: μSv/h, 마이크로시버트 매시)이다.
여기에 기입한 수치는 일부를 발췌한 것으로
원래는 5초마다 측정했다. Safecast는
동일본대지진이 일어난 지 약 일주일 후에 미국에서
발족한 전 세계 방사선량을 측정하는 오픈
프로젝트(http://blog.safecast.org/ja/about)
이다. 위치 정보와 연동하는 방사선 측정기로
측정한 데이터를 웹에 공개하고 있다. 2013년 6월
현재 400만 곳 이상의 측정치가 모여 있으며
공개된 것으로는 세계 최대의 방사선량 데이터
베이스이다. 이번 취재에서 측정한 모든 측정치도
이 사이트에 공개하고 있다(221쪽 칼럼 참조).

5km

키릴 문자표기

이 책에서는 인명과 지명을 현지 표기 그대로 키릴
문자로 표기하고 있다. 키릴 문자는 라틴 문자와
비슷하지만 다른 음소를 나타내는 자모를 포함한다. 또
러시아어와 우크라이나어는 같은 문자가 다른
음을 나타낼 때도 있다. 예를 들어 [и]는 러시아어
로는 모음 [이]이지만 우크라이나어로는 [위]이다.
독자들에게는 낯선 문자임에도 키릴 문자를 함께
표기한 이유는 인터넷에서 검색이 더 수월하기
때문이다. [Chernobyl]로는 검색되지 않는 사이트가
[Чорнобиль/Чернобыль](우크라이나어/러시아어)
로는 검색이 되고 자동번역을 사용하면 어느 정도
읽을 수 있다. 키릴문자 입력도 지금은 OS에
의존하지 않고 간단히 할 수 있다. 책을 읽고 관심이
생긴다면 키릴 문자의 세계에도 도전해 보기 바란다.

라틴 문자와 다른 주요 키릴 문자(러시아어)
Б → B Г → G Д → D Ж → ZH И → I
Л → L Н → N П → P Ф → F X → KH
Ц → TS Ч → CH Ш → SH Ю → YU Я → YA

키예프 거리. 지하도가 발달해 있으며 상점과 환전소가 늘어서 있다.
이동은 자동차나 지하철이 편리하다.

황금 돔으로 유명한 성미하일 수도원. 구소련 시기에 파괴된 적이
있는데 1998년 복원이 완료됐다. 맞은편에는 소피아 대성당이 있다.

1부 – 관광
Подорожувати

데이
1

존을 걷다

Їхати в Чорнобиль
Прогулюватися зоною

존으로

체르노빌 원자력 발전소 투어는 사고현장에서 남쪽으로 100킬로미터 떨어진 키예프에서 시작된다. 취재진 아홉 명은 후레샤치크 대로에 있는 호텔 주차장에서 메르세데스 벤츠 왜건에 올라탔다. 일기예보에서는 비가 온다고 했는데 하늘은 잠잠했다.

차 안에는 취재진 외에 비영리단체 프리피야트 닷컴 대표인 알렉산더 시로타 씨(210쪽 인터뷰 참조)가 같이 탔다. 일반 시민의 체르노빌 존 견학은 구역 내의 기관을 공식 방문하는 형태로 이루어지며 정부가 인정한 여행사나 비영리단체가 운영하는 투어 프로그램에 신청해야 한다. 이번 투어는 하루 코스가 기본인 일반 투어가 아니라, 어느 정도 자유가 허용되고 존 주변에서 숙박도 체험할 수 있는 투어를 골랐다. 여행사와 비영리단체에 따라 투어 내용은 크게 다르다. 이 책에서 소개하는 내용은 어디까지나 투어의 한 사례라는 점을 유념하기 바란다.

**체크포인트
~체르노빌**

출발할 때 약간의 문제가 있어 한 시간 정도 허비했더니 키예프 시내를 빠져나왔을 때는 이미 9시가 지나있었다. 한가로운 전원 풍경을 바라보며 달리는 상쾌한 드라이브 길에서는 마차를 타고 지나가는 농부와 마주치기도 했다. 두 시간 가까이 달렸을 때 검문소처럼 보이는 건물이 나타났다. 디차토키^{Дитятки} 체크포인트1이다. 편의적으로 '30킬로미터 체크포인트'라고 불리는데 '30킬로미터'라는 숫자는 눈짐작으로 봐도 정확하지는 않아 보였다.

검문소 바로 앞에는 작은 위령비가 세워져 있다.2 경찰관 촬영은 엄금하며, 관광객 전원은 여기서 여권 검사를 받는다. 화장실도 있다.3 존에는 화장실이 별로 없기 때문에 여기서 볼일을 봐두는 것이 좋다고 가이드가 말했다. 그렇지만 시설이 지저분해 사용하길 꺼리는 사람이 많을 것 같다.

수속 과정에 의외로 시간이 걸렸다. 신분 확인을 모두 마치자 왜건 조수석에 출입금지구역청 직원이 굳은 표정으로 올라탔다.

30킬로미터 체크포인트 디차토키 MAP C **A**
КПП Дитятки
КПП 표시는 체크포인트를 뜻함. 모든
차량이 일시 정지한다. 수속을 기다리는 동안
다른 투어 차량도 계속 들어왔다. 그 중에는
일본인 관광객도 있었다.

미리 제출한 일정대로 투어가 진행되는지를 확인하는 이른바
감시자였다. 존의 위험사항이 적힌 지시서를 건네주며 사인하라고
한다. 사인을 하고 나자 드디어 존으로 들어간다.

　　체크포인트를 지나 자작나무 숲을 10킬로미터 정도 달리자
체르노빌Чорнобиль로 들어선다. 행정구역상 체르노빌과 사고가
난 체르노빌 원자력 발전소는 직선거리로 15킬로미터 이상 떨어져
있다. 체르노빌는 과거 유대인이 많이 살던 오래된 마을이다.
체르노빌이란 지명은 원전사고가 터지고 나서 처음으로 전 세계에
알려졌지만, 사고 이전부터 사람이 살아왔고 긴 역사를 지닌
마을이다(120쪽 칼럼 참조).

　　왜건에서 내리자 곧바로 일본에서 가져온 휴대용 측정기
TERRA MKS-05를 꺼내(29쪽 참조) 공간 방사선량을 확인했다.
측정기에 나타난 숫자는 약 0.1마이크로시버트 매시.
체르노빌 사고와 후쿠시마 사고는 확산된 핵종이 달라 단순
비교할 수는 없다. 그렇지만 숫자 자체로는 도쿄보다 조금
높은 정도이다. 예상보다 낮은 수치에 모두 깜짝 놀랐다. 우선
출입금지구역청 청사에 들러 취재하러 왔다고 인사했다.
사람이 거닐고 자동차가 달리는 평범해 보이는 일상 풍경이지만
실상 시내는 지금도 거주가 금지되어 있다. 어른은 있어도
어린이는 한 명도 없다.

　　원전사고를 모티브로 한 야외 전시물이 늘어선 쑥의 별
공원Меморіальний комплекс "Зірка Полин"을 중심으로 시내를 둘러봤다4
(78쪽 참조). 디자이너 아나트리 하이다마카 씨가 직접 안내하며
전시의 상징성을 하나하나 자세히 해설해 주었다. 공원의
이름은 성서의 한 구절에서 따왔다. 체르노빌은 우크라이나어로
'쑥'을 뜻한다. 한때 신약성서 요한계시록 8장에 있는 '쑥의
별이 떨어져 물이 오염된다'는 기술이 사고를 예견한 것 아니냐고
화제가 되었는데 공원 명칭은 이 구절에서 인용했다. 공원은
2011년에 사고 25주년을 기념해 개관했으며 계속 확장될
계획이라고 한다.

　　이어서 출입금지구역의 공간 방사선량을 감시하고
안전을 확보하는 연구시설인 체르노빌 방사생태학 센터(에코
센터)Чорнобильський радіоекологічний центр를 견학했다.5 존 어디에서든
이상한 수치가 검출되면 바로 대응할 수 있게 준비하고
있으며 방사선량을 실시간으로 인터넷에 공개하는 일도 검토

4. 쑥의 별 공원 MAP C B
Меморіальний комплекс "Зірка Полин"
2011년 사고 25주년 기념식에 맞춰 만들어진 공원.
부지 내에는 강제피난 대상이 된 마을들의
표지판이 늘어선 '기억의 길' 등 생각 거리를 던져주는
전시물이 많다.

5. 체르노빌 방사생태학 센터 MAP C C
Чорнобильський радіоекологічний центр
일명 에코센터. 존의 공간 방사선량과 들고 나는
차량의 오염 상황 등을 감시한다. 현 시스템은
2009년부터 가동되었다.

день 1

**체르노빌
~원자력 발전소**

중이라고 한다. 갑작스러운 취재에도 불구하고 정중하게 맞아주는 모습이 인상에 남는다. 존에서 근무한다는 부담감은 찾아볼 수 없었다.

시내 취재에 시간을 많이 뺏겨 점심은 매점에서 간단히 사 먹기로 했다. 버스터미널[6]의 작은 매점[7]에서 스낵을 팔고 있었다. 지팡이를 짚고 숄을 두른 한눈에 보기에도 슬라브인 풍모를 지닌 노파가 나타나자[8] 시로타 씨가 귓속말로 "자발적 귀향자, 바로 사마셜이에요."라고 이야기해주었다. '사마셜'은 존에 거주하는 것을 묵인받는 원주민으로 고령화되고 있다.

점심을 마치고 드디어 체르노빌 원자력 발전소로 향했다. 원전은 체르노빌내 북서쪽에 있다. 시내에서 뻗어 나온 길을 달리다 보면 곳곳에 사고 수습에 전력을 다한 소방관을 기리는 비[9]와 당시 활약했던 중장비[10]가 늘어서 있다. 소방관 기념비에는 '세계를 구한 사람들에게 바친다'라는 말이 새겨져 있다. 중장비를 전시한 도로를 낀 맞은편에는 광대한 목초지가 펼쳐진다. "여기는 헬기 이착륙장인데 돈을 내면 하늘에서도 원전 견학이 가능해요. 1인당 1,000달러나 들지만요." 시로타 씨가 쓴웃음을 흘렸다.

원전 가까이에 가려면 또 한 번 레리흐[Лелів] 체크포인트를 통과해야 한다. 여기도 '10킬로미터 체크포인트'로 불리지만 정확히 10킬로미터 지점은 아니다. '30킬로미터', '10킬로미터'와 같은 이름은 출입금지구역을 두 영역으로 나누는 지표에 불과한 것 같다. 레리흐에서는 여권 조회도 하지 않고 차에서 내리라고도 하지 않았다. 체크포인트를 지나 5분 정도 가자 코파치[Копачі]라고 쓰인 표지판이 나타났다. 코파치는 원전사고로 파괴된 마을 중 하나이다. 건물 대부분이 파괴되어 처분되었지만, 길가에 있는 유치원만은 지금도 당시의 모습을 간직하고 있다.[11] 관광객이 꼭 들르는 곳인데, 마침 벨라루스인 젊은이들이 둘러보는 중이었다.[12] 벽이 허물어지고 천장에서 눈 녹은 물이 뚝뚝 떨어지는 건물 안에는 작은 의자와 썩은 인형이 굴러다닌다. 사실 관광객들이 기념사진을 찍기 위해 인위적으로 만들어 놓은 광경이다.[13] 질퍽거리는 바닥에 방사선 측정기를 가까이 대자 수치가 쭉쭉 올라간다. 7마이크로시버트 매시. 숲 안에는 이처럼 핫 스팟●도 많다.

● 국지적 고농도
오염 지역

코파치 마을에서 발전소는 바로 코앞이다. 숲을 벗어나자

6-8. 버스터미널과 매점 MAP C D

매점에서는 술도 판매하는데 보드카, 맥주,
위스키병이 즐비하다. 아이스크림과 포테이토칩 등
과자류와 간단한 생활용품도 판매한다. 탄수화물은
빵 정도밖에 없다.

9. 소방관 기념비 MAP C E

사고 직후에 소방 활동에 나섰던 사람들을 기리기
위해 소방관들이 자발적으로 돈을 모아 만든
기념비이다. 사고 10주년인 1996년에 완성됐다.
'세계를 구한 사람들에게 바친다'라고 적혀있다.

쑥의 별 공원 가까이에 서 있는 레닌 상.
소련 시대를 생각나게 한다.

10. 중장비 전시물 MAP C F

여기에 늘어선 중장비는 오염물질이 쌓인 3호기
지붕을 청소할 때 이용됐다. 복제 모형이 아닌 실제
사용됐던 기계이다.

존을 걷다

코파치 마을 유치원 MAP C G

Дитячий садок у селі Копачі

유치원은 체르노빌을 다룬 각종 다큐멘터리에 빈번하게 나온다. 마을 이름은
'파내다'라는 의미의 단어에서 유래했는데 지금은 건물 대부분이 땅에 묻혀버렸다.

41

냉각수 공급을 위해 만들어 놓은 인공호수가 나타났다. '체르노빌 원자력 발전소 산업지구' 입구를 표시하는 표지판이 보이고,14 왼쪽으로 꺾어 들어가면 건설 도중에 파괴된 두 개의 거대한 냉각탑이 시선을 사로잡는다.15 푸른 하늘과 대조를 이뤄 더욱 눈이 아렸다. 이어서 똑같이 사고로 파기된 5호기와 6호기가 보인다.16 1986년 4월에 4호기가 폭발했을 때 이 시설은 모두 건설 중이었다. 막대한 양의 방사성물질을 가까운 거리에서 뒤집어쓴 건설 자재는 해체되지도 반출되지도 못한 채 당시 모습 그대로 29년간 방치됐다. 몇 대의 대형 크레인이 붉게 녹슨 채 낡아가는 모습이 마치 인류의 어리석음을 꾸짖는 것 같다.

발전소 구역의 대지는 넓다. 5, 6호기 건설 예정지에서 3호기가 있는 발전소 본체까지는 20킬로미터나 떨어져 있다. 차를 타고 가다 보니 십자가처럼 나란히 서 있는 무수한 철탑과 송전선들이 연이어 눈에 들어왔다. 구소련 시대에 체르노빌 원전은 발전뿐만 아니라 우크라이나 전 영토의 송전 거점 역할도 맡고 있었다. 사고 이후에도 이 기능은 유지되고 있다. 왼쪽에는 새롭게 건설 중인 사용후핵연료 저장시설이 보인다.17 우크라이나 정부는 존의 효과적 활용 방법의 하나로 방사성물질의 저장을 진행하고 있다. 촬영하려고 차에서 내리자 시로타 씨가 방사선량이 높으니 포장된 차도에서 벗어나지 말라고 주의를 시켰다. bGeigie mini로는 1마이크로시버트 매시였다.

● 체르노빌 원자력
발전소 산업지구 가운데
1~4호기가 늘어선
산업지구를 일컫는다

촬영을 마치고 도로를 따라 좀 더 가서 이른바 협의의 원전부지● 안으로 들어섰다. 체르노빌 원전은 1호기에서 4호기까지 동에서 서로 네 개가 늘어서 있고 그 사이로 통로가 연결된 구조이다. 관광 차량은 동쪽에서 출발해 뒤를 통해 4호기로 향하는 길을 택한다. 여기서는 원칙적으로 촬영이 금지되어 있다. 카메라를 들이대었다가 온종일 신병 구속된 사람도 있다는 말을 듣고 취재진은 순간 긴장에 휩싸였다. 그와 동시에 서서히 나타나는 4호기의 모습을 보며 조용한 흥분감이 번졌다.

차가 멈췄다. 눈앞에 1986년 사고를 일으킨 체르노빌 원자력 발전소 4호기와 노심을 콘크리트로 뒤덮은 '석관'이라 불리는 시설이 보인다.18 석관 안에는 아직 엄청난 양의 방사성물질이 남아 있고 폐로 작업은 시작도 못 했다. 바로 앞에는 양손을 형상화한 돌로 만든 조형물이 있다. 조형물과 석관을 배경으로 촬영하는 관광객의 모습은 체르노빌 관광 기사에 빠지지 않는

14-16. 체르노빌 원자력 발전소 산업지구 MAP C H
Промплощадка ЧАЭС
산업지구는 건설 중인 채 방치된 5, 6호기와 냉각탑을
포함하는 넓은 범위이다. 그중에 1~4호기가
늘어선 협의의 원전 부지가 있다. 부지 밖에서는
촬영이 자유롭다.

17. 사용후핵연료 저장시설 XOЯT-2.
2015년 완성을 목표로 건설이 진행되고 있다.

존을 걷다

18. 체르노빌 원자력 발전소 기념 촬영 장소 MAP C l

조형물은 사고 이후 20년이 지난 2006년에
건설되었다. 기념비에는 사고 수습과 석관 건설에
참여했던 작업원을 기리는 말이 적혀 있다. 다른
관광객도 이곳에서 기념촬영을 했다.

광경이다.[19] 뒤를 돌아다보면 노후한 석관을 해체하고 새롭게 폐로 작업을 개시하기 위해 국제 컨소시엄 '노바르카'에서 건설 중인 거대한 아치형 시설 '신석관'이 보인다. 무슨 까닭인지 모르지만 여기서는 신석관 촬영이 금지되어 있다(62쪽 참조).

조형물에서 석관까지의 거리는 약 300미터. 모두 일제히 측정기를 들여다본다. 5마이크로시버트 매시. 생각보다는 높지 않다. 잠깐동안이라면 티셔츠와 바지만 입고 들어가더라도 문제는 없을 것 같다. 29년 전 4월 26일, 바로 이곳에서 어마어마한 양의 방사성물질이 전 세계에 뿌려졌다. 취재진은 저마다의 감상을 나누며 촬영을 계속했다.

원자력 발전소
~프리피야트
~에코폴리스

원전과 가장 가까운 도시는 체르노빌이 아니라 프리피야트[Прип'ять]라 불리는 도시이다. 4호기에서 프리피야트 시가지까지는 차로 약 5분. 프리피야트로 가는 길에는 건설이 시작된 연도인 1970년과 프리피야트라는 도시 이름이 러시아어로 표기된 유명한 이정표가 있다.[20]

프리피야트는 원전 노동자를 위해 지어진 도시로 인구가 5만 명 가까이 되던 때도 있었지만 사고 직후 내려진 강제피난 조치로 지금은 사람이 살지 않는 도시가 됐다. 구소련의 디자인을 고스란히 보여주는 집단주택이 폐허가 된 채 늘어서 있다. 체르노빌 관광에 빠지지 않는 방문 장소이면서 세계 '폐허 애호가'의 성지로도 알려져 있다. 프리피야트 방문은 이틀날 예정되어 있는데 첫째 날도 짧은 시간이지만 견학을 했다. 소개는 이틀날 보고와 함께하기로 한다(66쪽 참조).

프리피야트 견학을 마친 후에는 체르노빌로 돌아와 쑥의 별 공원 맞은편에 있는 식당에서 저녁을 먹었다.[21] 우리가 고른 투어는 다음날까지 식사 전부를 이 식당에서 하도록 정해져 있고 시간도 바꿀 수 없다. 지정된 시각에 지정된 장소에 가야 하니 행동의 자유가 제한되는 셈이다. 메뉴도 사전에 정해져 있는데 햄과 치즈의 오르되브르,• 수프, 고기 요리가 나온다. 학교 급식을 상상하면 된다. 보르시치(러시아 수프), 바레니끼(우크라이나식 만두), 돼지고기 커틀릿 등 우크라이나 가정요리의 맛은 나쁘지 않았다.[22] 음식재료는 존 밖에서 들여온다고 한다.

● 수프가 나오기 전에 식욕을 돋우기 위해 나오는 간단한 요리

19. 취재진도 기념사진을 찍었다. 오른쪽에서 세 번째 군복 입은 사람이 알렉산더 시로타 씨. 4월 초인데 눈이 아직 남아 있다.

20. 프리피야트 표지판 MAP C J
프리피야트가 거론될 때에 반드시 소개되는 표지판. 인공 도시다운 현대적 디자인이 특징이다.

21-22. 사진은 첫째 날 저녁 식단으로, 오른쪽부터 돼지고기와 고기 뼈를 우려낸 국물의 스프, 인삼과 양배추와 비트가 들어간 전채, 콩과 메밀죽을 곁들인 돼지고기 메인요리.

존을 걷다

저녁 식사 후에는 다시 존 밖으로 나가야 한다. 10킬로미터 레리흐, 30킬로미터 디차토키 체크포인트를 나올 때는 차에서 내려야 하며 두 곳 모두에서 방사선량을 측정한다.[23] 팔과 신발만을 측정하는 간단한 방식으로, 감독하는 사람도 없다. 30킬로미터 체크포인트는 베타선 자속밀도 50cm^2/min(제곱센티미터 매분) 이상이면 경고음이 울린다. 때에 따라서는 신발을 폐기하라는 경우도 있으니 주의해야 한다.

존 가까이에는 여러 숙박시설이 있는데 최근에는 외국인용 호텔도 건설하고 있다. 우리는 존에서 조금 남쪽에 있는 후르지니프카Фрузинівка마을의 캠프장 '에코폴리스'Екополіс를 택했다.[24] 원전사고 이후 존에서 연구하던 환경생태학자가 살던 곳으로 지금은 숙박시설로 바뀌었다.[25] 숲으로 둘러싸인 작은 별장이 점점이 흩어져 있고 부지는 강에 인접해 있는데 보트 놀이도 할 수 있고 바비큐를 할 수 있는 도구도 준비되어 있다.[26] 하지만 저녁 8시가 넘어서야 도착해 보트를 탈 기력도, 바비큐를 구울 체력도 남아 있지 않았다.

23. 간이 측정기. 기준치 이하면 게이트가 열린다.
감시원은 없다.

24-26. 에코폴리스 Екополіс

부지 내의 산장에는 부엌, 냉장고, 샤워 시설 등이 완비돼 있다.
내부 인테리어는 방에 따라 다르지만, 동식물의 그림을 걸어놓은 화려한 방들도 많다.

길가에는 자작나무가 늘어서 있다.

체르노빌에 가다
존을 걷다
Їхати в Чорнобиль
Прогулюватися зоною

둘째 날 2013년 4월 12일
글: 아즈마 히로키+편집부
사진: 신쓰보 겐슈+편집부

**에코폴리스
~체르노빌**

둘째 날도 아침 일찍부터 하루를 시작했다. 오늘은 이번 여정의
하이라이트인 원자력 발전소 내부 견학이 있는 날이다. 취재진도
잔뜩 의욕에 차 있다.

에코폴리스에서 디차토키까지 차로 15분. 우선 첫째 날에 못
보고 지나쳤던 구소련 시대의 이정표에 들렀다.27 빨간 글자로
대담하게 '체르노빌 지구'라고 쓰여 있다. 가운데에 있는 황금색
동그라미에는 예전에 레닌의 얼굴이 새겨져 있었던 듯하다.
체크포인트에서는 어제와 마찬가지로 경직된 표정의 직원이 차에
올라탔다. 여권 조회를 마치고 다시 존으로 들어갔다. 자작나무
숲이 아름답다.

차 안에서 시로타 씨가 환호성을 질렀다. 무슨 일인가 쳐다보니
말 무리가 풀을 뜯고 있다.28 야생으로 돌아간 말은 사람이 살지
않는 존의 생태계 회복을 상징한다. 어제 저녁과 똑같은 식당에서
아침을 먹고 원전으로 향했다.

**원자력 발전소
관리동**

원자력 발전소 관리동에 도착하니 벌써 열시 반이 다 되었다.29
원자력 발전소 안에는 최소한의 짐만 들고 들어가야 한다.
허가받은 장소와 방향 외의 촬영도 엄격히 금지되어 있다. 차에서
내려 왼쪽으로 향하자 1호기 건물이 바로 눈앞에 나타났다. 촬영이
가능한지 물었다가 매몰차게 거절당했다. 가이드 시로타 씨도
긴장한 듯 보였다.

취재진을 담당하는 원전 직원이 나타날 때까지 관리동
입구에서 꽤 오래 기다려야 했다. 냉전이 붕괴된 지 20년이 훨씬
지났는데도 우크라이나는 역시 옛 소련 국가이다. 관료제의 흔적이
남아 있어 투어 진행도 지나치게 시간이 허비된다. 헬멧을 쓴
원전 노동자가 바로 옆을 지나갔다. 외국인 관광객이 익숙한지
아무런 반응도 없다.

드디어 나타난 담당자에게 여권을 건네고 통행증을
발행받았다. 통행증에는 소형 개인 선량계가 부착되어 있다.30

27. 소련 시대 표지 MAP C K
소련 시대 행정구분에 따른 것으로 오늘날 행정구역과는 다르다.
레닌의 초상만 떨어져나가고 당시 모습 그대로 남아 있다.

28. 야생말. 투어 가이드들도 좀처럼
보기 힘들다고 하는데 취재진은
여러 번 마주쳤다.

29. 원자력 발전소 관리동 MAP D a
Административно-бытовой корпус ЧАЭС
입구에 들어서자마자 잠시 대기하라고 한다. 벽에는 직원용으로 보이는 '체르노빌
원자력 발전소 뉴스'가 걸려 있는데 사용후핵연료 저장시설 건설 정보 등이 나와 있다.

30. 'VISITOR'라고 적힌 통행증은
IC 카드로 되어 있다. 그 뒤에 보이는
조그맣고 네모난 검은색 기기가
적산선량계이다. 측정 데이터는 나중에
받을 수 있다.

존을 걷다

день **2**

투어를 마친 후 참가자 개개인의 피폭적산선량을 알려주고 나중에
또 발전소를 방문한 경우에도 통산 피폭적산선량을 관리할 수
있다고 한다(77쪽 참조). 관내로 향하는 입구에는 자동개찰기 비슷한
게이트가 설치되어 있다. 한 사람 한 사람 통행증을 단말기에
대고 직원이 네 자리 비밀번호를 입력하면 문이 열리는 구조이다.
게이트를 빠져나가면 이번에는 금속 탐지기가 기다리고 있다.

　담당 직원의 지시에 따라 계단을 올라간다. 계단 벽에는
흥미진진한 사진과 그래프가 붙어 있지만, 이것도 촬영은 안 된다.
체르노빌 원자력 발전소는 관리동에서 서쪽으로 1호기, 2호기,
3호기, 4호기가 일직선으로 늘어서 있고 사이에 긴 연결 통로가
있다. 우선 연결통로가 있는 층까지 올라가야 한다.

　연결통로 층에서 통과하는 작은 방에서 웃옷을 벗어
하얀 가운으로 갈아입고 모자를 쓰고 신발 커버를 신는다.31
머리카락은 모자 안으로 넣어야 하고, 고무 재질의 신발 커버는
벗겨지기 쉬우므로 주의해야 한다. 휴대전화 등 통신기기는 전부
전원을 꺼야 한다. 카메라 기능만 쓴다고 부탁했지만, 예외는
없다며 거절당했다. 촬영을 원한다면 별도의 휴대용 카메라를
준비하는 것이 좋다.

황금 복도
~제1 중앙제어실

준비를 마치고 연결통로로 향했다. 창문 밖은 모두 촬영금지다.
폐로 작업을 하는지 부지 안에는 중장비도 움직이고 있다.

　1호기 건물에 들어서자 통로의 벽이 황금색으로 바뀌었다.
일명 '황금 복도'Золотой коридор라고 불리는 이 통로는 4호기까지 바로
이어지는 체르노빌 원전의 중심이다.32 벽은 발전소가 문을 연
1978년 당시부터 황금색이었다고 한다. 색 선택에 특별한 의미는
없다고 하는데 황금색 벽이 몇백 미터 쭉 뻗어있는 비현실적
광경에 모두 숨을 죽였다.

　처음 간 곳은 1호기와 2호기 사이에 있는 제1 중앙제어실
Центральный щит управления(ЦЩУ)-1 33이다. 앞서 말한 것처럼 체르노빌
원전의 배전기능은 지금도 작동하고 있다. 그 때문에 중앙제어실은
현재도 가동되고 있으며 하얀 가운을 입은 직원이 일하고 있다.
지금도 모두 개설 당시의 제어기기를 그대로 사용하고 있다.
책상에는 키보드도 모니터도 없고 고풍스러운 스위치보드와
다이얼식 전화뿐이다.34 중앙에 놓인 책상을 골동품 그 자체인

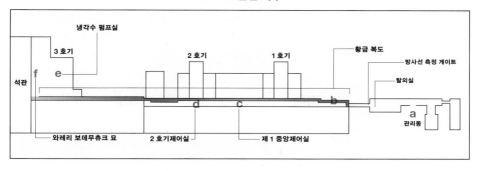

원전 부지내의 평면도. 관리동에서 4호기까지 하나로 연결되어 있다

32. 황금 복도 MAP D b
Золотой коридор
오른쪽에는 원자로와 냉각 펌프가
왼쪽에는 각 제어실이 있다.
천장과 벽면 도장은 사고 이전
그대로인데 바닥은 제염을 위해
바꿔 깔았다.

존을 걷다

33. 제1 중앙제어실 MAP D c
Центральный щит управления(ЦЩУ)- I

현재도 배전 기능을 하고 있는 설비. 사고 이전은 3, 4호기 맞은편에 또 하나의
중앙 제어실이 있었지만 현재는 이곳만 쓰고 있다.

존을 걷다　　　　　　　　　　　　　　　　　　　　　　　　57

대형 컴퓨터가 둘러싸고 있다. 뒤를 보니 배선이 그대로 드러나 있다.[35] 작업 중인 직원에게 물어보니 사고 이전부터 일해온 직원도 많다고 한다. 그들에게는 오히려 옛 환경 그대로가 편할지도 모르겠다.

쓰나미로 파괴된 후쿠시마 제1원전과 달리 체르노빌 원전 시설은 사고를 일으킨 4호기 외에는 대부분 그대로 남아 있다. 관리동과 중앙제어실도 여전히 제 기능을 계속하고 있는 모습에 새삼 놀랐다.

2호기 제어실
~3호기
냉각수 펌프

이어서 2호기 제어실^{Блочный щит управления(БЩУ)-II}[36]로 들어갔다. 회색을 기조로 한 300제곱미터 정도 되는 공간에 발을 들인 순간 취재진은 깜짝 놀라 저마다 비명을 질렀다. 체르노빌 원전사고는 작업원의 작은 조작 실수로 시작됐다. 그 현장으로 보도된 제어실과 완전히 똑같은 모습이 눈앞에 펼쳐졌기 때문이다. 4호기 제어실은 없어졌지만 지금 이 방과 똑같은 구조였다고 한다. 마치 사고 순간으로 시간여행을 간 것 같은 착각에 사로잡혔다.

중앙제어실이 원전 전체의 관리를 맡는 데 비해 2호기 제어실은 2호기의 노심을 직접 제어하던 장소이다. 20세기 중반 사람들이 꿈에 그리던 미래가 그대로 구현된 듯하다. 마치 스탠리 큐브릭의 영화 속에 들어와 있는 기분이다. 벽 구석에 펼쳐진 두 개의 원형 표지판은 노심의 모습을 반영하고 있다. 표지판을 가득 메운 미터기는 옛 제어봉 하나하나의 온도를 표시한다.[37] 중앙제어실과 달리 2호기 제어실의 기기는 모두 멈춰 있다. 핸들과 버튼에는 기능 정지를 나타내는 하얀 테이프가 붙어 있는데 만져볼 수 있는 것도 몇 개 있다.[38] 만져 봐도 되느냐고 물었더니 직원은 어깨를 으쓱하며 고개를 끄덕였다. 핸들을 잡고 굳은 미소로 기념사진을 찍는 취재진. 인류의 꿈과 좌절이 교차한 곳, 이 제어실 자체가 귀중한 산업 유산이 아닐까.

제어실을 나와 황금 복도를 따라 서쪽으로 향했다. 오른쪽 문을 통해 3호기 건물로 들어섰다. 좁은 철제 계단을 오르자 피복이 벗겨진 파이프가 천장을 가로지르는 어두침침한 복도가 나온다.[39] 안내하는 직원이 좌측 벽 건너편이 바로 석관이라고 조용히 말해준다. 손에 든 측정기는 10마이크로시버트를 표시한다. 복도 끝에는 사고 당시 4호기 안에서 작업하다 그대로

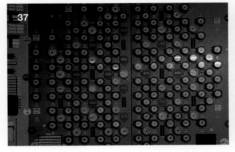

존을 걷다

36. 2호기 제어실 MAP D d
현재는 전혀 사용하지 않지만 사고가 일어난
4호기 제어실과 똑같은 디자인이다. 4호기 제어실은
사고 때 화재로 손상됐다.

묻힌 원전 직원 와레리 보데무츄크의 묘비가 있다.[40] 지금도
유족이 찾아와 꽃을 바친다고 한다.

견학 코스의 종점은 3호기 냉각수 펌프실이다.[41] 늘어선
노란색의 거대한 역원추형은 황금 복도, 2호기 제어실과
마찬가지로 SF영화 속으로 들어온 것 같은 착각을 느끼게 한다.
방사선량은 12.5마이크로시버트로 매우 높다. 우크라이나인
원전 직원이 취재진을 지나쳐 더 안쪽으로 담담히 걸어 들어간다.

신석관

냉각수 펌프실 견학을 마치고 곧장 황금 복도를 다시 되돌아
나왔다. 관리동까지 돌아오는 것은 빠른 걸음으로도 10분 이상
걸린다. 관리동 입구에서 신발 커버를 벗어서 버리고 게이트로
들어간다. 팔과 신발의 방사선량을 확인하는, 이제는 낯익은
장치이다.[42] 여러 번 하다보니 취재진도 익숙해졌다.

관리동을 나와 통행증을 목에 건 채 왜건에 탔다. 다음은 첫째
날에도 방문했던 석관 앞 광장이다.

이번에 가는 목적은 석관이 아니라 지금 건설 중인 '신안전
밀폐시설'Новий безпечний конфайнмент 일명 신석관을 보기 위해서다.[43]
신석관은 이미 소개한 것처럼 노후한 석관(구석관)을 해체하고
폐로작업을 재개하기 위해 건설하는 아치형 구조물이다.
신석관 건설은 프랑스가 중심이 된 국제 컨소시엄 '노바르카'가
맡았다. 2015년 완공을 목표로 진행하고 있으며 최종 높이는
108미터가 되는데 지금은 아직 반 정도밖에 진행이 안 됐다.
4호기의 서쪽 부지에서 만들어져 완성 후에는 레일 위를 움직여
4호기를 푹 덮게 된다고 한다.

신석관 견학은 광장 옆 작은 전시동에서 시작한다. 전시동에는
구석관 내부가 상세하게 재현된 입체모형이 놓여 있고[44] 신석관
계획 경위가 우크라이나어와 영어로 표기된 판넬이 걸려 있다.
벽에는 신석관 건설에 도움을 주는 각국의 국기가 있다. 홍보 담당
직원이 나타나 설명을 시작하는데 구구절절 말이 길어 도중에
중단시켰다.

전시동을 나와 신석관 공사 현장으로 향했다. 직원용 입구를
통해 부지 내로 들어간다. 또다시 안전상태 체크. 통행증을
대고 직원이 비밀번호를 입력하는 똑같은 구조의 게이트이다.
음악이 흐르고 직원이 농담을 주고받고 있다. 머릿속에 그린 '폐로
작업에 참여하는 원전 노동자'의 이미지하고는 상당히 다른

40. 와레리 보데무츄크 묘 MAP D f

왼쪽의 비문에는 '영웅 와레리 보데무츄크'라고 쓰여 있으며
오른쪽에는 도와달라고 양손을 뻗어 허우적거리는 사람의 모습이
새겨져 있다. 바로 앞에 보이는 것은 우크라이나 국기와 같은
색상의 리본이다. 시신은 벽 너머 4호기 안에 있다고 추정되지만
아직 발견되지 않았다.

41. 냉각수 펌프실
MAP D e

사진은 3호기 냉각수 펌프. 취재 중 가장 높은 방사선량을 기록한 장소이기도 하다.
4호기에도 같은 모양의 냉각수 펌프를 가동했으며 정전 테스트를 위해 펌프에
전기 공급을 중단한 것이 사고 요인의 하나로 지목됐다. 우측 계단은 끝까지
연결되어 있어 직원들이 오가고 있다.

42. 측정기가 작동하는 수치를 나타낸 표. 부위에
따라 기준은 다르며 피부표면의 베타선 자속밀도가
100cm²/m을 넘으면 통과할 수 없다. 작업복은
그 2배, 작업화는 4배까지 허용된다.

44. 신석관 전시동

모형은 사고 후 4호기 상태를 상세하게 재현하고 있다.
벽면에는 사고 직후의 대응과 신석관 계획이 적힌
판넬과 도면이 붙어 있다.

존을 걷다

45. 사진 중앙이 신석관이다. 완성 후 왼쪽에
보이는 구석관 위로 레일을 이용해
이동하여 구석관 전체를 덮을 계획이다.
오른쪽 끝에 보이는 것이 직원용 출입구이다.

존을 걷다

день
2

느긋한 분위기다.

입구 건물을 나오자 왼쪽에는 현재의 구석관이, 오른쪽에는 신석관이 동시에 보이는 넓은 공간이 나온다.45 신·구 두 석관의 대조가 인상적이다. 너무 거대해 우스꽝스럽기조차 한 신석관의 모습을 보고 있으려니 새삼 원전사고를 저지른 인류의 어리석음이 절절히 다가온다. 주위에는 중장비 작동음이 끊이지 않고 노바르카 헬멧을 쓴 직원들 여럿이 지나다닌다.

프리피야트

신석관 견학을 마치니 벌써 13시 40분이다. 그 후 17시까지 프리피야트 취재와 사마셜 마을 방문을 마쳐야 한다. 발전소 견학 프로그램에는 이외에도 건설 중인 핵연료 저장시설 등 흥미진진한 공간이 포함되어 있지만 여기서 일단락 짓기로 했다. 점심 먹을 시간도 없다. 관리동에 통행증을 반납하고 서둘러 차에 탔다.

프리피야트 시내로 향했다. 시가지 바로 앞에 체크포인트가 있어 견학 허가 확인을 받는다. 차에서 내릴 필요는 없다. 시로타 씨에 의하면 게이트 설치 목적은 방사선량 관리보다는 약탈 방지에 있다고 한다. 사고 직후에는 약탈이 꽤나 심했다고 한다.

프리피야트는 체르노빌 원전과 함께 만들어진 인공 도시이다. 도시 이름은 인접한 강 이름에서 따왔다. 인공도시라서 그런지 시가지에는 9~10층 정도의 아파트가 쭉 늘어서 있다. 곳곳에는 구소련을 상징하는 휘장도 남아 있다. 1986년에 시간이 멈춘 프리피야트에는 아직 세계 초강대국의 영광을 누리던 시절의 소련이 남아 있다. 러시아인에게는 향수를 불러일으키는 장소인 것 같다. 영화 ‹3번가의 석양›●을 떠올리게 한다.

● 일본 도쿄 변두리 3번가에 사는 사람들의 따뜻한 교류를 그린 작품

프리피야트 견학은 대부분 중앙광장^{Центральна площа}에서 시작된다.46 거리를 관통하는 레닌 대로^{проспект Леніна}를 등지고,47 정면에는 ‘에너지 작업원’이라는 이름의 문화궁전48이, 오른쪽에는 ‘호텔 폴리샤’가, 왼쪽에는 레스토랑이 늘어선 넓은 광장이 있다. 지금은 나무가 우거져 있지만 옛날에는 확 트인 공간이었다. 호텔 폴리샤의 오른쪽 옆에는 사고 직후 처리작업을 위한 사무실로 쓰인 오피스 빌딩이 남아 있다. 입구에는 지금도 원자력을 나타내는 세 잎사귀 마크가 보인다.49

문화궁전은 말 그대로 문화와 스포츠가 중심이 된 공공시설이다. 안에는 극장과 체육관이 있다. 프리피야트는 폐허 마니아들의 성지가 됐지만, 요즘은 건물의 노후화로 폐허 안

43. 신석관 MAP C L
Новий безпечний конфайнмент
2015년 완성을 목표로 공사가
착착 진행되고 있으며 취재 중에도
끊임없이 작업 소리가 들린다.
지금 모습은 완성된 형태의 절반
정도 크기라고 하는데 그 거대함에
압도되었다.

MAP E 프리피야트 시내

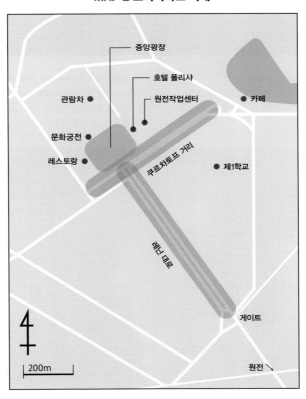

약 0.6㎢의 거주구역에 5만 명 못되는 인구가 밀집한
인공도시. 거리 이름이 된 이고르 쿠르차토프는 '소련 원자
폭탄의 아버지'로 불리는 핵물리학자이다.

존을 걷다

46. 중앙광장 Центральна площа
옛날에는 마을의 중심으로 번화가였지만 지금은
나무와 풀만이 무성하다. 사진 왼쪽에 호텔 폴리샤가
보인다.

47. 레닌 대로 проспект Леніна
게이트 부근 철교에서 중앙광장까지 프리피야트를
남북으로 종단하는 중심 도로. 도로 옆으로 아파트,
가게, 유치원 등이 있다.

48-49. '에너지 작업원'. 가이드를 맡아준 시로타
씨의 어머니는 연극배우인데 이 문화궁전의
예술 클럽에서 활약했다. 안에는 스포츠 센터도 있어
수영장과 복싱 링 흔적이 남아 있다. 아래는 사고
이전, 사람들이 오가는 모습.

존을 걷다

출입은 원칙적으로 금지되어 있다. 특히 올해는 예년보다 눈이 많이 내려서인지 맑은 하늘에도 불구하고 실내에는 지붕에 쌓인 눈이 녹아내려 끊임없이 물이 떨어진다.

가이드가 안내해주지는 않지만 원하는 사람은 본인의 책임 하에 건물 안에 들어가 볼 수 있다. 극장의 음악실을 들여다보니 구소련 시대 지도자의 초상화가 어지러이 나뒹굴고 있다.[50] 쇼핑센터 지하창고는 깜깜한 가운데 눈 녹은 물이 폭포처럼 떨어지고 있어 마치 타르코프스키의 영화 속 한 장면처럼 환상적인 모습을 연출한다.[51]

문화궁전 뒤쪽으로 돌아가니 작은 유원지가 나온다. 1986년 5월 1일, 개원을 불과 5일 앞두고 사고를 당한 비극의 유원지이다. 폐허가 된 회전목마, 범퍼카 탑승장과 함께 높이 20미터 정도의 조그만 관람차가 남아 있다.[52] 노란색 곤돌라가 인상적인 이 관람차는 지금은 프리피야트 관광의 상징이 되었다. 존을 촬영한 사진집과 프리피야트를 무대로 한 영화나 게임에 꼭 등장하는 명물이다.

동행한 시로타 씨는 프리피야트 출신으로 초등학생 시절에 원전사고를 경험했다. 당시 시로타 씨의 어머니는 문화 궁전에서 근무하는 배우였다고 한다. 추억 이야기에 귀를 기울이면서 레닌 대로와 수직으로 교차하는 쿠르차토프 거리^{вуліца}를 산책했다. 시로타 씨가 다녔던 프리피야트 제1학교의 운동장은 지금은 나무가 우거진 숲으로 변했다. 학교 교실 지붕은 며칠 전 무너졌다고 한다.[53] 시로타 씨는 '프리피야트는 사라져 갈 운명'이라고 말한다. 쿠르차토프 거리의 동쪽 끝에 있는 프리피야트강 입구에는 멋들어진 카페가 쓸쓸히, 덩그러니 남아 있다.[54]

시내의 방사선량도 생각보다 낮다. 관람차 앞에서 측정했는데 0.2마이크로시버트 정도다. 그래도 시로타 씨는 바닥에 앉거나 물건을 내려놓지 말라고 주의를 시킨다.

사마셜 마을 ~체르노빌

취재의 마지막은 사마셜이 사는 마을이다. 강제피난 뒤 법령을 어기면서까지 출입금지구역 안으로 귀향을 선택한 그들은 어떤 생활을 하고 있을까. 평소 생활하는 모습을 취재하고 싶어 미리 약속을 잡았다.

차는 원전으로 향하는 길 동쪽에서 왼쪽으로 꺾어 프리피야트강을 건넌다.[55] 눈 녹은 물로 강이 범람해 자작나무

55. 눈 녹은 물로 불어난 프리피야트강.
좌우로 물에 잠긴 자작나무가, 저 멀리 원전과 냉각탑이 보인다.

존을 걷다

숲이 침수되었다. 몇 년에 한 번 있을까 말까 한 진귀한 풍경이라고 한다. 길을 곧장 달려 10킬로미터쯤 가면 벨라루스 국경이다. 존 안에는 검문소가 없으므로 자칫 잘못하다 벨라루스 영토로 들어가 버리기도 한단다. 우크라이나와 벨라루스의 차이를 알아채는 것은 국경 경비대가 총을 들이댔을 때 정도일 거라고 시로타 씨가 농담 반 진담 반으로 말했다.

체크포인트를 통과하면 포장이 안 된 작은 길로 들어선다. 레리흐와 같은 10킬로미터 체크포인트일 텐데 이곳은 관광객이 거의 없어서인지 담당자 부재로 어떤 확인 절차도 거치지 않았다. 덜컹거리는 차 안에서 또 10분 정도 지나자 목적지 파리쉬브 마을Паришів이 나타났다. 오래된 민가가 띄엄띄엄 보이는데 인기척은 전혀 없다.[56] 길이 진흙탕이라 차 주행이 어려워 차에서 내려 도보로 집 두 채를 방문했다.

유감스럽게도 취재하기로 했던 두 집 모두 사람이 없었다. 사마셜은 모두 고령으로 인터넷은커녕 전화도 없어서 직접 방문하는 수밖에 없다. 사마셜 인구는 사망과 거주지 이전으로 점점 줄어들어 이 마을에도 두 사람밖에는 없다고 한다. 어쩔 수 없이 포기하고 체르노빌로 향했다.

마을에 사는 사마셜도 있지만, 시내에 사는 사마셜도 있다. 자발적 귀향에도 여러 사연이 있을 터이다. 시내에서 사마셜 예브헨 마르게비치 씨를 소개받아 이야기를 나눌 수 있었다(220쪽 담화 참조).

존에서

관광객이 존에 머물 수 있는 시간은 원칙적으로 10시부터 18시까지이다. 여행사는 이 시간을 고려해 모든 일정을 잡는다.

16시에 프리피야트를 나와 17시에 사마셜 인터뷰를 시작한 취재진은 원칙을 어긴 셈이다. 안 그래도 딱딱하게 굳은 표정이던 직원의 험상궂게 일그러진 얼굴을 보며 쫓기듯이 저녁을 먹고 18시 55분에는 어찌어찌 디차토키를 빠져나왔다. 에코폴리스에 숙박하는 시로타 씨를 배웅하고 키예프에 있는 호텔에 도착하니 21시 30분이다.

11일 8시부터 12일 20시까지 이틀간 진행된 약 36시간의 출입금지 구역 취재에서 피폭적산선량은 TERRA MKS-05로 측정했을 때 약 9마이크로시버트였다. 참고로 취재를 마치고 키예프에서 모스크바와 상하이를 거쳐 나리타까지

56. 파리쉬브 마을Паришів MAP C M

사마셜이 산다고 해서 찾아갔는데 이날은 없었다.
히로카와 료이치의 『체르노빌의 사라진 마을 458곳』에
따르면 피난 전에는 600세대 약 1,000명이 살던
마을이었다고 한다.

존을 걷다

ДЕНЬ 2

귀국편 비행기 안에서 측정한 피폭적산선량은 28마이크로시버트. 취재진 가운데 방사선 전문가가 없으니 정확하지 않을 수도 있는 참고치일 뿐이다. 그렇지만 일본에서 상상했던 것보다도 훨씬 공간 방사선량이 낮고 또 당국의 대응도 엄격하다는 인상을 받았다.

투어를 통해 존과 폐로작업의 현실을 배우고 원자력산업의 어마어마한 규모와 사고의 심각성을 뼈저리게 느꼈다. 후쿠시마 제1원전사고 유적지 투어도 교육과 위기관리의 관점에서 균형 있게 잘 설계한다면 현실적으로 고려해 볼 수 있지 않을까. 새삼 다시 생각해보게 된 이틀이었다.

중앙에 붙어 있는 종이는 투어를 마치고 한 달 후 체르노빌 원자력 발전소에서 우편으로 보내온 발전소 견학 동안의 피폭적산선량 증명서이다. 왼쪽부터 순서대로 견학자 이름, 국적, 견학일, 그리고 피폭량이 기재되어 있다. 취재진이 세 시간 동안 발전소 안을 견학하면서 입은 방사선량은 30마이크로시버트 또는 40마이크로시버트였다. 취재진이 독자적으로 측정한 수치(이틀 동안 누계 9마이크로시버트)와는 큰 차이가 나서 상세 내역을 문의해 봤다. 원전에서 보내온 답장과 자세한 해석은 221쪽 칼럼을 참조하기 바란다. 결론을 간단히 말하면 피폭량이 너무 낮아서 정확한 수치가 나오지 않는다는 내용으로, 오히려 편집부가 측정한 수치가 더 정확하다는 판단이다. 가이드인 시로타 씨는 원전에서 보낸 숫자는 그냥 참고로 받아들이는 게 좋다고 한다. 사진 오른쪽은 신석관 전시실에서 배포한 홍보물이다. 영어와 러시아어 2개 국어로 표기되어 있으며 정보가 알차다. 그 밑에 붙어 있는 종이는 투어 첫날 밤 바비큐 요리를 위해 산 음식재료 리스트. 여행기에는 실려 있지 않지만, 이 음식재료를 구매하기 위해 취재진은 이른 아침 1시간을 소비했는데 결국 하나도 못 먹고 말았다.

музей

체르노빌에 가다

기억을 남기다

Їхати в Чорнобиль
Залишати пам'ять

글: 아즈마 히로키+편집부
사진: 신쓰보 겐슈+편집부

체르노빌박물관
Національчий
музей
"Чорнобиль"

키예프 중심부, 상가 거리 포디르 지구 한 모퉁이에 국립 체르노빌박물관이 덩그러니 서 있다. 전시동은 예전에 소방서 건물이었다. 종교적 상징을 이용한 '감상적' 전시 방법은 자료가 무덤덤하게 놓여 있는 일본 박물관과는 많이 다르다. 그중 몇 개를 메인 디자이너 아나트리 하이다마카 씨의 해설과 함께 소개한다.

주소
04071 Київ, пров. Хоревий,1
тел. +380 44 417 5422
тел/факс +380 44 425 4329
museum@chornobyl museum.
 kiev.ua
www.chornobylmuseum.
 kiev.ua

개관시간
월~토 10:00~18:00
(최종 입장 17:00)

휴관일
일요일, 매월 마지막 월요일

지하철역
콘트라크토브 광장
Контрактова площа 역

비용
입장료: 10UAH(성인)
카메라 지참: 20UAH
비디오 지참: 50UAH
영어 독일어 일본어 프랑스어 오디오
 가이드: 50UAH
영어 독일어 퍼스널 투어:
 100~200UAH

비극을 전시하다

체르노빌박물관
쑥의 별 공원 디자이너
아나트리 하이다마카
Гайдамака, Анатолій
Васильович

2013년 4월 10일~11일
키예프 체르노빌박물관
체르노빌 쑥의 별 공원

키예프 대조국전쟁박물관을 비롯해 비극의
역사를 전시하는 시설을 많이 설계한 인민 예술가
아나트리 하이다마카 씨. 체르노빌박물관과 쑥의
별 공원도 그의 작품이다. 종교적 상징성을
이용해 객관적 전시보다는 감정적 호소를 중시하는
독특한 방식에는 어떤 의도가 숨겨져 있을까.
키예프와 체르노빌에서 그의 해설을 직접 들으며
작품에 녹아있는 철학을 접해봤다.

길었은 상처다 빛그은 전시하다

사과. 디아스포라

가장 가까운 지하철역인 콘트라크토브 광장역에서 도보로 2분 걸리며, 박물관 외관은 주위 건물과 별반 다르지 않다.[1] 입장료는 10흐리브냐(약 120엔=1,200원)이다. 전시물은 상징성 높은 것들이 많아 해설을 들으며 관람하는 편이 좋다.

박물관은 2층으로 되어있다. 입구에 들어서면 맨 먼저 일본에 전하는 메시지가 보인다. 후쿠시마 제1원전사고 다큐멘터리가 상영되는 모니터를 중심으로, 왼쪽에는 우크라이나어 시가, 오른쪽에는 일본어로 번역한 시가 걸려 있다.[2]

입구 홀에서 2층으로 이어지는 계단에는 박물관을 상징하는 지명표시가 설치되어 있다. 전시된 지명은 원전사고로 강제 피난 대상이 된 마을의 이름이다.[3] 마을 이름에 사선이 그어진 표지판들은 마을의 해체를 상기시키고 있다. 계단 챌판(단과 단 사이의 수직 부분)에는 사과나무가 그려져 있다.[4] 일본의 벚나무처럼 사과나무는 체르노빌의 상징인 것 같다. 크게 뻗어 나간 가지는 피난 주민을, 무성한 열매는 다음 세대 아이들을 의미한다. 디아스포라의 이미지화이다.

체르노빌박물관 개략도

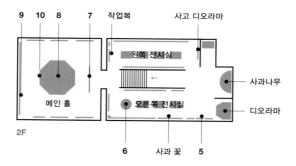

9 10 8 7 작업복 사고 디오라마

왼쪽 전시실

← 사과나무

메인 홀

오른쪽 전시실

디오라마

2F

6 사과 꽃 5

1F

기획 전시실

소지품 보관실

입구홀

3, 4

안내

2 후쿠시마에 보내는 메시지

시를 쓰듯 전시하다

지금까지 키예프 대조국전쟁박물관과 세바스토보리 대기근(홀로도모르)❶박물관 등 많은 시설의 디자인을 해왔습니다. 비극을 전시하는 일이 관심 테마의 하나가 되었죠. 체르노빌박물관은 내무부의 의뢰를 받아 진행했습니다.

우크라이나는 일본과 마찬가지로 원전사고, 전쟁, 기근 등 많은 비극을 경험한 나라입니다. 전시를 준비할 때에는 감정과 상징성을 중시합니다. 회의록과

같이 사실을 나열하는 것이 아니라 감정을 환기하는 배치가 되도록 주의를 기울입니다. 이른바 시를 쓰듯이 전시를 합니다. 무미건조한 사실을 열거하는 것만으로는 역사가 지닌 무게가 전해지지 않습니다. 사실을 알기 위해서라면 책을 읽고 영화를 보면 되지요.

또 하나 중시하는 것은 문제 제기입니다. 원자력을 예로 들어볼까요. 에너지 문제는 해결이 어렵습니다. 오늘날 현실은 위험하기는 하지만

원자력 없이는 살 수 없습니다. 그렇지만 안전성을 높이는 일은 할 수 있겠죠. 왜 후쿠시마에서는 쓰나미를 고려하지 않고 해안에 원전을 세웠던 것일까요. 왜 체르노빌에서는 강 세 개가 합류하는 지점에 원전을 세웠을까요. 모두 잘못된 판단으로 후쿠시마에서는 원전사고의 원인이 되었고 체르노빌에서는 강이 동시에 오염되는 결과를 낳았습니다. 전시를 통해 이런 사실을 전하고

원자로 속 교회

● 3차원의 실물 복제품
또는 축소 모형

2층은 메인홀, 좌·우 전시실 등 세 개의 방으로 이루어져 있다.
입체 지도와 디오라마● 등 사고의 기초정보가 전시되어 있고
진열장 안에는 사고 당시의 문서, 도면, 방호복, 측정기 등 각종
기기가 들어 있다.[5] 중요한 자료가 많지만 설명이 거의 붙어 있지 않아
의미를 알기 위해서는 오디오 가이드의 도움을 받는 것이 좋다.
천장에 매달린 방호복과 바닥에 그려진 사과나무 등 대담한 전시
방법이 인상에 남는다. 오른쪽 전시실은 방사선측정기를
감싸는 파란색과 노란색의 커다란 천이 중앙에 드리우고 있다.[6]
파랑과 노랑은 우크라이나의 국기색이다. 사고의 고통에서
벗어나고자 하는 의미가 담겨 있다고 한다.

● 예배용 화상인 이콘을
거는 칸막이로 주로
동방교회에서 발달했다

　　　메인홀은 마치 교회와 같다. 청자색 조명이 비치는 홀
중앙부 바닥에는 사고를 일으킨 원자로의 지붕이 실물 크기로
재현되어 있다. 노심 영역에 들어가려면 먼저 이코노스타시스●를
본뜬 문을 지나가야 한다. 왼쪽에는 성 가브리엘의 성상이
오른쪽에는 방사선 방호복이 놓여 있다.[7] 방호복은 사고 당시
소련의 서기장이었던 미하일 고르바초프를 상징하고, '미하일'은
성 미카엘로 이어져 러시아 정교의 상징과 원전사고의 이미지가
교차하는 구조를 이룬다. 노심 중앙에는 존에서 가져온 나무배와
헝겊 인형이 마치 살아있는 제물처럼 전시되어 있다.[8] 고개를
들어보니 천장에는 원자로를 소재로 한 세계지도가 그려져
있는데 원자력 발전소 소재지에는 램프가 켜져 있다. 정면 벽면에
붙은 모니터 뒤로는 바닥과 마찬가지로 4호기 원자로의 지붕과
똑같은 디자인에 피해를 당한 아이들의 사진이 다닥다닥
붙어 있다.[9] 아이들이 지켜보는 가운데 다큐멘터리 영상을
감상하는 형국이다.[10] 다시는 사고가 일어나지 않는다고
장담하는 사람들에게 노심 위에 서서 다시 한 번 생각해 보라고

싶었습니다.
　　　우크라이나는 대체 에너지로 옮겨갈 수 있다고
생각합니다. 다만 시간이 걸리겠죠. 인류는
정말 간단하고 효율 높은 시스템인 원자력을 먼저
발견해 버렸으니까요.

히로시마, 체르노빌, 후쿠시마

우리는 원전사고 이후 계속 히로시마를 참고해
왔습니다. 체르노빌 사고 이후 세계 각국이 도움의
손길을 주었습니다만, 일본은 특히나 국가뿐만 아니라
민간단체도 많은 도움을 주었습니다.
히로시마의 평화기념자료관을 방문한 적이 있는데
그곳은 다큐멘터리 성격이 강하고 감정에 호소하는
부분은 적다고 느꼈습니다.
　　　체르노빌박물관에도 일본 코너가 있습니다.

일본인 여학생이 접은 종이학 천마리가 전시되어
있습니다. 그 여학생은 히로시마에서 피폭당해 원폭
후유증으로 고생하는데 회복을 기원하며 천 개의 종이
학을 접었습니다. 이 이야기는 전 세계에 알려졌지요.
　　히로시마 뒤에 체르노빌이 있고 그 뒤에
후쿠시마가 있습니다. 이 역사는 명확한 사실로 피할
수 없는 일입니다. 일본이 제2차 세계대전의 비극을
역사에서 지울 수 없는 것처럼요. 아마 일본에서도

전쟁에서 싸우다 죽어간 사람들을 기리는 박물관과
기념관이 지어졌을 것입니다. 그것과 마찬가지로
우리에게도 비극을 재확인시키고 원자력을 잘못 사용하면
어떻게 되는지를 되돌아보게 하는 시설이 필요한 거죠.
　　작업할 때마다 박물관을 찾는 사람들이 반드시
뭔가 새로운 발견을 할 수 있게 만들고자 했습니다.
제가 기획한 전시는 어릴 적 기억, 옛날이야기,
민족적인 관습과 결합된 상징으로 이루어져 외국인이

디자이너는 말하고 싶었다고 한다.

　홀 구석에는 정보 단말기가 설치되어 있어 피해를 당한 마을의
역사, 사고 이후의 경과, 방사선량 등을 살펴볼 수 있다. 단말기는
일본의 정부개발원조(ODA)로 설치된 것으로 '日本'이라고 쓴
큰 스티커가 붙어 있다. 후쿠시마 사고가 있었던 후라서 그런지
이 또한 전시의 일부처럼 비친다.

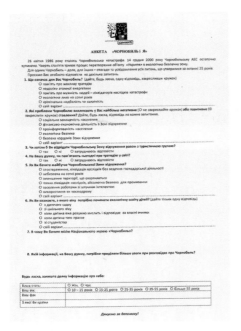

관람객용 설문지 '체르노빌과 나'
체르노빌박물관 관람객이 기재하는 설문지
'체르노빌과 나'. 우크라이나어 외에도 러시아어와
영어로 된 설문지가 갖춰져 있다(사진은 우크라이나어).
'체르노빌은 당신에게 어떤 의미입니까', '존 투어를
해보고 싶으신가요?', '존의 미래에 대해 어떻게
생각하십니까?'와 같은 질문이 이어진다. 상세한
내용은 현재 집계 중이지만 유럽, 미국, 아시아에서 온
방문객 중 절반 이상이 존 투어를 했거나 혹은
참가를 희망한다고 답했다. 한편 존의 미래에 대해서는
응답자의 70퍼센트가 앞으로 수백 년은 위험한
상태가 지속될 거라고 답했다.

이해하지 못하는 부분도 있습니다. 그래도 전시를 본
사람들은 모두 각자 제 나름의 어떤 의미를 읽어내는
것 같습니다. 여러분이 전시를 보고 무슨 생각을
했는지는 모르겠습니다만 전시는 분명 사람의 마음에
울림을 주는 힘이 있습니다.

　일본에도 일본의 상징이 있을 것입니다. 그런
상징을 이용해 쓰나미와 원전사고 피해의 기억이
사라지지 않게 해야 합니다.

자료와 상징의 균형
좀 전에 감정을 중시한다고 말했습니다만 박물관은
역사 자료도 많이 소장하고 있습니다. 서류와 사진도
있습니다. 메인홀 중앙에는 노아의 방주를 상징하는
보트가 있는데 보트 안의 헝겊 인형은 모두 존에서
가지고 나온 것입니다. 이것도 훌륭한 자료입니다.
이 전시는 아이들이 좋아하는 것 같은데 자신들의
놀잇감을 전시하려고 가지고 오는 아이들도 있습니다.
전시방법은 자료의 양에 따라 규정됩니다.

10

또 장소에 따라서도 달라지지요. 저는 지금 존 안에
체르노빌박물관을 만들고 있습니다. 쑥의 별
박물관이라고 부르는데 그곳은 전시방법을 달리합니다.
쑥의 별 박물관은 사고 현장에 있으므로 장소 자체가
자료입니다. 그러니 사고를 보여주기 위해 그 이상의
자료를 전시할 필요가 없습니다. 서류뭉치만 자료가
되는 것은 아닙니다. 그래서 쑥의 별 박물관에는 더욱
상징성이 높은 전시를 시도하고 있습니다.

내일은 함께 쑥의 별 공원을 둘러봅시다.

музей

체르노빌에 가다

기억을 남기다

Їхати в Чорнобиль

Залишати пам'ять

글: 아즈마 히로키+편집부
사진: 신쓰보 겐슈+편집부

쑥의 별 공원
**Меморіальний
комплекс
"Зірка Полин"**

존 안, 체르노빌 중심부에 있는 국립 쑥의 별 공원(쑥의 별 메모리얼 콤플렉스). 사고 25주년을 기념해 불과 2개월 만에 건설되었다. 매년 4월 26일 기념일에는 수천 명이 이곳에 모인다. 부지 내에는 후쿠시마 제1원전사고 이후에 설치된 '후쿠시마의 기억'과 디아스포라가 된 피난민을 이어주는 '우편 광장' 등 깊은 의미가 담긴 옥외 전시가 펼쳐져 있다. 설계와 디자인은 키예프의 체르노빌박물관과 마찬가지로 하이다마카 씨가 했다.

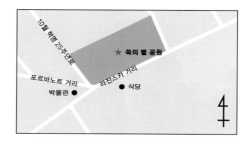

주소
07270 м.Чорнобиль, вул. Радянська, 58

연중무휴, 입장료 무료

4월 11일 쑥의 별 공원

25주년 추도식
공원 건설은 2011년 2월, 체르노빌 사고 25주년을 2개월 앞두고 시작됐습니다. 이 거리 전체가 국가 소유로 지금은 환경부가 관할하고 있습니다. 그래서 공원 건설도 순조롭게 진행됐습니다. 공원은 미완성이고 박물관도 아직 정식으로 개관하지 않았습니다. 내부를 보여드릴 수 없어서 아쉽군요.
　2011년 4월, 25주년 기념일에는 대규모 기념식을 거행했습니다. 공원 옆 찻길은 통행이 금지되었고

1부　관광

포르바노프 거리와 라잔스카 거리의 교차점에서 본 풍경. 왼쪽에 박물관이, 오른쪽에 제3의 천사가 보인다.

1

수천 명이 이 공원에 모였습니다. 종소리를 신호로 각자가 옛 고향을 찾아갑니다. 대부분 마을에는 무덤만이 있을 뿐이지만요. 그 후에 또 다시 이 공원에 모여 추도식을 열었습니다. 기념식은 매년 있습니다. 올해도 곧 열리겠네요.

황새의 거처

박물관의 외벽을 봐주십시오.[9] 폭발이 일어나는 것처럼 보이는 곳, 이것은 신의 눈입니다. 반짝이는 봉 모양이 여러 개 뻗어 나오는데 바로 우라늄 연료봉입니다. 그리고 날고 있는 새는 황새입니다. 학이 일본을 상징하는 것처럼 황새는 우크라이나를 상징합니다. 황새는 사람의 거주 지역 가까이에 사는 성질이 있습니다. 이 외벽의 주변에는 돌을 많이 늘어놓고 싶습니다. 폭발로 이러저러한 것들이 사방으로 흩어진 것을 보여주기 위해서입니다.

천사와 황새 공원은 동서로 뻗어 있는 직사각형 모양이다. 공원의 동쪽에는 황새를 모티브로 한 외벽이 인상적인 쑥의 별 박물관^{Музей "Зiрка Полин"}이 있다. 황새는 디아스포라의 생식능력을 상징한다. 박물관은 2013년 여름 전면 개방을 준비 중이었다.

박물관 정면 공원 입구에는 '제3의 천사'라는 이름의 철골 조각이 우뚝 솟아 있다.[1] 대좌에는 우크라이나의 시와 함께 요한계시록에서 인용한 구절이 새겨져 있다. 요한계시록 8장에는 제3의 천사가 나팔을 불면 쑥이라는 이름의 별이 하늘에서 떨어져 물의 3분의 1이 오염되고 많은 사람이 죽는다는 문장이 나온다. 체르노빌이란 지명은 우크라이나어로 쑥을 가리키는데 계시록의 이 기술이 마치 원전사고를 예견한 것처럼 되어버렸다. 공원 이름은 여기서 따왔다.

천사상에서 동쪽으로는 강제피난 당한 마을의 표지판이 쭉 늘어선 '기억의 길'이 공원을 가로지르며 뻗어 있다.[2] 이곳에서는 체르노빌박물관의 전시가 대규모로 재현되었다. 표지판에는 하얀색과 검은색 두 종류가 있는데 흰색은 주민 일부가 남아 있는 마을, 검은색은 완전히 폐허가 된 마을이다. 몇몇 표지판에는 옛 주민들이 가져다 놓은 꽃이 놓여 있다.[3]

'제3의 천사' 옆에 세 개의 비석이 있습니다. 25주년 기념식 때 우크라이나와 러시아 대통령이 설치한 것입니다. 벨라루스 대통령도 올 예정이었지만 오지 않았습니다.

비석 중 하나에는 사고 초기 대응 업무에 종사하다 사망한 작업원들의 이름이 적혀있습니다.[10] 모든 사람의 사망연도가 1986년으로 된 것 보이시죠? 두 번째 비석에는 사고 처리에 참여한 작업원들의

이름이 적혀 있습니다. 소방관, 의료관계자, 군인, 운전수 등입니다. 다양한 직업의 사람들이 참여했음을 알 수 있습니다.

마지막 비석에는 상징주의 시가 새겨져 있습니다. "저기서 집이 불탔다, 불타 쫓겨나 여기에 새로운 거처를 찾았다……." 새로운 거처는 어디일까요. 새로운 장소일 수도 있고 고향을 가리키는지도 모릅니다. 시는 이렇게 끝맺습니다 "황새는 돌아왔고

하이다마카 씨가 그린 디자인 스케치

3

2

짐의 꼬리표에는 '영원히'라고 적혀 있다."

사람들이 모이는 장소
'기억의 길'이 공원 중앙을 가로지릅니다. 하얀
표지판은 일부 주민이 남아 있는 마을, 검은 표지판은
완전히 소개(疏開)된 마을입니다. 마을 이름을
사용하는 것에 대한 반응이 어떠냐고요? 부정적인
반응은 없습니다. 오히려 매년 많은 사람이 찾아와

각자 자신의 마을 표지판에 자수를 놓은 수건을
걸어주거나 꽃을 바치기도 합니다.
　저기에 놓인 배는 프리피야트강에서 가져온
것입니다.[11] '우리는 모두 하나의 배에 타고 있다'라는
제목이 붙었습니다. 원자력 시대의 노아의 방주인
셈이죠.
　공원은 지금도 확장 중입니다. 저기 보이는 공장도
개조해 전시시설로 바꾸려고 합니다. 체르노빌에는

기억과 우편

길을 걷다 보면 작은 광장이 나온다. 바로 '우편 광장'이다.[4]
중앙에는 철골로 제작된 나무 모양의 오브제가 서 있고 바로
앞에 소련 시대의 푸른 우체통[5]이 있다. 우체통 주위에는 우편함
세 개가 설치되어 있다. 유실된 마을의 주소를 적어 우체통에
넣으면 좌우에 마련된 각 마을우편함에 분리해 보관하는 방식이다.
피난민끼리 교류의 장이 되고 있다.

공원 동쪽 끝에는 '후쿠시마의 기억'이라는 이름의 조각
작품이 있다.[6] 종이학을 본뜬 홍백의 오브제와 '후쿠시마',
'히로시마'라고 새겨진 철판이다.[7] 처음 구상할 때는 히로시마와
나가사키가 주제였는데 제작이 진행되는 도중에 후쿠시마
제1원전사고가 발생해 변경했다고 한다. 근처에는 후쿠시마 사고
1년 후인 2012년 4월 우크라이나와 일본 양국 시민이 함께 제작한
공동식수 기념판도 있다.[8] 하이다마카 씨는 앞으로 '후쿠시마의
기억'에 벚나무를 심고 '기억의 길'에는 후쿠시마 지역 피난
대상 마을의 표지판을 추가하고 싶다고 한다. 공원 확장 구상도
있는 것 같다. "이 땅에는 원래 다양한 민족이 살고 있었다.
이곳에 전 세계 예술가가 모일 수 있는 시설을 만들고 싶다."
일흔네 살 노장 예술가는 활력 넘치는 목소리로 말한다.

원래 러시아인, 폴란드인, 유대인 등 다양한 민족이
살고 있었습니다. 이 공원을 세계 예술가들이 모이는
장소로 만들고 싶습니다. 저는 여기서는 영화감독과
같습니다. 영화감독이 영화를 만들 듯 체르노빌 전체의
감독과 연출을 하고 있습니다.

기념물 '후쿠시마의 기억'은 후쿠시마와
히로시마를 위해 만들었습니다. 앞으로 벚나무 공원도
만들려 합니다. 지금 심어진 벚나무 세 그루는 작년

4월 26일에 심은 것입니다. 하지만 여기서 그치지 않고
일본인들이 직접 나무를 심어 이 공원이 벚나무로
뒤덮이기를 바랍니다. 일본 대사관의 협조를 얻을 수
있다면요. '기억의 길'에도 후쿠시마 마을의 표지판을
추가하고 싶습니다. 똑같이 방사능 오염으로 살 수
없게 된 장소에 연대를 표하고 싶습니다.

후쿠시마에도 사람들이 모일 수 있는 기념공원이
있으면 좋겠네요. 히로시마가 그런 것처럼 후쿠시마도

그 역사가 드러나 보이도록 해야 합니다. 필요하다면
저도 돕겠습니다.

❶ 스탈린 정권 하인 1932~1933년에 걸쳐 현
우크라이나 및 우크라이나인 거주지역에서 있었던
대규모의 기근. 식량 부족에도 불구하고 밀의
징발과 수출이 계속되어 피해가 확대됐다. 사망자
수는 수백만에 이르며 인위적인 학살 행위라고
보는 견해도 있다.

9

Ти пам'ятай, дорого, їх сини...
За ними – чистота,
така пресвітла,
Що можна бігти всій наскрізь світи...

По них з окіл
на лютому Прип'ять
чекають мами, і люди свої тримають...

10

11

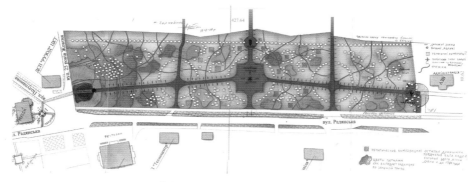

하이다마카 씨가 그린 공원 전체의 구상도.
지금의 공원 모습과는 다른 부분이 있다.

약력 1938년생. 스트로가로프 모스크바예술산업대학
기념비·장식예술과 졸업. 1998년 우크라이나 인민예술가. 2001년
우크라이나 예술 아카데미 회원. 2005년~2006년 우크라이나
대통령 특임 고문. 1995년 키예프 대조국전쟁박물관 주임 디자이너.
체르노빌박물관, 키예프 서적·출판 박물관, 마케도니아
성삼위일체 교회 외 국내외 박물관 전시 디자인, 기념물 인테리어
등 수많은 작업에 참여했다.

단어 속의 체르노빌

우에다 요코(러시아 문학·연극 연구자)

이번 투어에 통역자로 동행해 모든 인터뷰의 통역과 번역을 담당했다. 번역을 하며 이름과 지명 표기를 어떤 언어로 할지, 우크라이나어로 해야 할지, 러시아어로 해야 할지 고심에 고심을 거듭했다. 체르노빌 원전사고는 소련과 우크라이나, 두 국가의 역사를 배경으로 한 사건이기 때문이다.

소비에트 사회주의 공화국연방은 다민족 국가로 1956년부터 1991년 붕괴하기까지 열다섯 개의 공화국으로 이루어져 있었다. 1989년 여론조사 결과를 보면 소련의 민족 수는 공화국을 형성하지 않은 민족을 포함해 128개로 총 117개의 언어가 쓰인다고 한다. 소련에서는 90년대까지 국가의 공식 언어를 정하지 않았으며 러시아어가 모든 민족 언어의 상위에 놓이는 일을 회피해 왔다. 그렇지만 암묵적으로는 러시아어가 공통어로 쓰이고 있었다. 정치학자인 시오카와 노부아키에 따르면● 소련 시대의 우크라이나에서는 초등·중등 교육을 우크라이나어·러시아어 중 어떤 언어로 받을지 선택 가능했다고 한다. 하지만 대학 교육은 러시아어가 주였기 때문에 그 이전까지의 교육도 러시아어를 고르는 경우가 많았다고 한다. 소련 안에서 언어적으로 러시아어에 가까운 우크라이나와 벨라루스는 특히 러시아어를 사용하는 경향이 강하게 나타났다.

우크라이나는 독립 전인 1989년부터 우크라이나어 사용을 강화해 언론과 교육 과정에서 러시아어를 배제했다. 한편 2005년에는 민족 언어를 보호하는 유럽 지방언어·소수언어 헌장에 조인하고 2011년에는 비우크라이나어를 쓰는 지역의 소수 언어를 인정하는 법령도 공포했다. 이 법령에 의해 지역인구의 10퍼센트 이상을 점하는 소수민족의 언어가 지역의 공용어로 인정받게 되었다. 거기에는 러시아어도 포함된다.

그렇다면 체르노빌 취재에서 우리가 접한 언어는 무엇일까. 비영리단체 프리피야트 닷컴의 시로타 씨를 예로 들면 시로타 씨와는 교섭 단계부터 메일, 채팅, 스카이프에서 러시아어로 대화를 나눴는데 시로타 씨가 쓰는 말은 러시아인 지식층이 사용하는 표준 러시아어였다. 생각해 보면 다른 모든 사람에게서 나타났던 특징적인 우크라이나 방언·「ㄱ」게·음을

〈X 하〉로 발음하는 일도 없었다. 물론 시로타 씨의 매끄러운 발음은 배우였던 어머니의 영향이 컸을 것이다. 시로타 씨가 유소년기를 보낸 원전 위성도시 프리피야트의 언어 상황을 물었더니 "저는 어머니와 러시아어로 대화했습니다. 대부분의 소련 사람처럼요."라고 말했다. 우크라이나인 시로타 씨는 소련 태생이다.

한편 정부 관계자인 출입금지구역청의 보블로 씨가 이름을 러시아어로 표기해달라고 해서 놀랐다. 역시 소련 시대에 유소년기를 보내면서 러시아어 이름에 익숙해졌기 때문일 것이다. 그러고 보니 보블로 씨는 시베리아에서 군 생활을 하는 동안 시베리아 출신 아내를 만났다고 한다. 지금 보면 우크라이나와 러시아 사이의 국제결혼인 셈이다.

지금까지 주로 러시아어로 집필하던 작가 미루누이 씨는 현재는 영어로 집필 활동을 하는데 일상생활에서는 우크라이나어를 사용한다고 한다. 체르노빌박물관의 콜로레브스카 씨와 예술가인 하이다마카 씨가 쓰는 러시아어는 억양도 어휘도 우크라이나어의 영향이 강했다. 또 키예프에서 들었던 언어 중 우크라이나어가 점하는 비율이 꽤 높았던 것도 의외였다. 작년에 이웃 국가 벨라루스의 비테프스크를 갔을 때 러시아어 이외의 언어를 거의 들을 수 없던 것과는 대조적이다.

키예프와 체르노빌에서 보낸 며칠 동안 우크라이나어의 부드러운 울림에 귀를 기울이는 한편 러시아어로 이야기하면서 국가와 사람과 언어의 공존을 새삼 생각해 보게 됐다. 체르노빌 사고 당사자인 우크라이나, 러시아, 벨라루스 세 국가는 국경을 접하고 있고 고대 키예프 루시를 공통 기원으로 하는 역사 속에서, 통합과 분열, 지배와 독립을 반복해왔다. 세 국가가 소련이라는 하나의 국가였던 체르노빌 사고 당시, 사고 문제를 다루는 언어는 러시아어였다. 독립 국가가 된 지금, 문제도 세 개로 분할되었고 언어도 나뉘어졌다. 하지만 체르노빌 사고 현장만 본다면 일종의 공통어로서의 러시아어가 아직 남아 있는 것으로 이번 취재에서 확인되었다. 언어는 개별 사상이나 개인과도 밀접하게 연결되어 있으며 간단히 바꿀 수 없다.

● 시오카와 노부아키, '소련 언어 정책 재고찰', 『슬라브 연구』 46호, 1999년.

체르노빌에서 세계로

З Чорнобилю у світ

글·사진: 이데 아키라, 관광학자

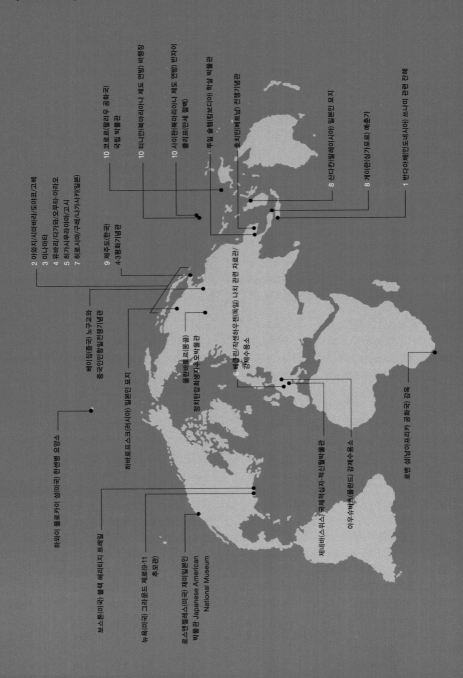

10 쿠로르르(팔라우 공화국) 국립 박물관

10 티니안(북마리아나 제도 연방) 비행장

10 사이판(북마리아나 제도 연방) 반자이 클리프(만세 절벽)

1 투올 슬렝(캄보디아) 학살 박물관

8 촐치민(베트남) 전쟁기념관

8 신타라(말레이시아) 일본인 묘지

8 케이란(싱가포르) 메춘가

1 반다아체(인도네시아) 쓰나미 관련 잔해

2 아와지/시마바라/도야코/고베

3 미나마타

4 유바리/다가와/오무타·아라오

5 하기·시무라야마/고지

7 히로시마/나가사키(일본)

9 제주도(한국)

4·3평화기념관

10 쿠로르르(팔라우 공화국) 국립 박물관

베이징(중국) 노구교회 중국인항일전쟁기념관

6 베를린/작센하우젠(독일) 나치 관련 관련 자료관/강제수용소

울란바토르(몽골) 정치인압화희생자·자신월박물관

하바롭포스크(러시아) 일본인 묘지

하와이 몰로카이 섬(미국) 한센병 요양소

제네바(스위스) 국제적십자·적신월박물관

아우슈비츠(폴란드) 강제수용소

로벤 섬(남아프리카 공화국) 감옥

보스톤(미국) 블랙 헤리티지 트레일

뉴욕(미국) 그라운드 제로(9·11 추모관)

로스앤젤레스(미국) 재미일본인 박물관 Japanese American National Museum

다크 투어리즘은 전쟁·재해와 같은 인류의 아픈 족적을 더듬어 죽은 자에 대한 추모와 함께 지역의 슬픔을 공유하려는 관광의 새로운 패러다임이다. 이 새로운 관광 개념은 학문적으로는 1990년대부터 연구가 시작되어 초기에는 제2차 세계대전 관련 지역이 많이 거론되었는데, 최근에는 뉴욕의 '그라운드 제로'ground zero 등으로 연구의 폭이 넓어지고 있다. 일본에서는 오키나와 전적지와 히로시마 원폭 돔으로 수학여행을 가는 등, 학습 관광의 하나로 익숙한 여행 형태이다. 다만 다크 투어리즘의 근원적 의의는 슬픔의 승계에 있으므로 학습 그 자체가 목적이 아님에 주의해야 한다. 현존하는 슬픔을 공감하는 것만으로도 학습은 자연적으로 이루어진다. 따라서 다크 투어리스트를 지향한다고 해서 처음부터 뭔가를 배워야 한다는 부담감을 가지고 여행을 떠날 필요는 없다. 마음결에 스친 한 사건이나 사상이 있을 때 그곳에 가보고 싶다는 순수한 마음을 따라가기만 하면 된다.

인류의 역사를 가만히 보듬어 안으려 할 때 투어리즘은 매우 의미 있는 방법론이다. 한 공간에서 생긴 슬픔은 그곳에 가야만 무게와 참담함을 생생하게 느낄 수 있다. 그리고 외부에서 찾아오는 사람들을 통해 슬픔은 공유되고 지역 사람들 또한 치유의 힘을 얻을 수 있다. 동시에 지역의 슬픔은 투어리스트를 통해 외부에 전파된다. 이 결과로서 시대와 지역을 넘어 보편적인 슬픔의 존재가 인지되고, 지역은 서로 '구조적인 연결 고리'를 얻게 되기도 한다. 여기서는 이 책의 주제인 체르노빌 외에 지금까지 방문했던 다크 투어리즘 방문지 중에서 인상 깊었던 곳을 소개하려 한다.

다크 투어리즘을 통해 인류의 역사는 교과서에 나온 위인이나 영웅만으로 이루어진 것이 아니며 학대받은 사람들 또한 역사를 만들어 온 주인공임을 체험하기 바란다. 무라카미 하루키는 예루살렘상을 수상하는 자리에서 "높고 단단한 벽과 그 벽에 부딪혀 깨지는 달걀이 있다면 나는 항상 달걀 편에 서고 싶다."는 말을 했다. 이 말은 예루살렘의 가자 침공을 비판한 것인데, 약자들이 억압적인 힘 앞에서 떠안는 슬픔은 자연재해든 전쟁이든 그 참담함이 다르지 않을 것이다. 다크 투어리즘은 바로 달걀 편에 서서 그 참담함을 함께 공감하려는 여행이다.

1. 쓰나미 재해의
흔적을 찾아서
반다아체
(인도네시아)

2004년 12월 26일 인도양에 쓰나미가 일어나기 전까지
반다아체라는 이름을 들어본 사람은 거의 없을 것이다. 반다아체는
인도네시아 최서북부에 위치한 거점도시이다. 당시 쓰나미의
타격으로 도시가 완전히 사라졌다는 보도가 나오기도 했었다.

직접 현장을 찾아가 보면 이 보도는 분명 틀렸다는 사실을
확인할 수 있다. 쓰나미가 발생하기 이전, 아체 지방에서는
인도네시아 중앙정부로부터 분리 독립하려는 투쟁이 퍼져나가고
있었다. 아체 지방 주민의 대부분은 매우 엄격한 이슬람교도이며,
세속적인 무슬림으로 구성된 인도네시아 자카르타 사회와는
양상이 달랐다. 아체 투쟁은 꽤 과격했던 듯하며 집 밖을 자유롭게
나다닐 수조차 없을 정도였다고 한다. 외국인과의 접촉은 물론 아체
주 밖에 사는 인도네시아인과의 교류도 제한되었다.

쓰나미는 이런 상황을 180도 바꿔 놓았다. 이제껏 적이었던
인도네시아 군사들이 피해자 구조에 온 힘을 쏟았다. 또 전 세계
NGO가 들어와 현지 사람들과 함께 지역 복구를 위해 지혜를
모으고 땀 흘리며 뛰어다녔다. 말하자면 쓰나미가 정치와 국경을
넘어 사람들의 연대를 만들고 오늘날 우리가 만난 반다아체의
번영을 가져온 셈이다. 한마디로 재해 발생 이전으로 돌아가려는
복구가 아니라 재해 발생과 함께 새로운 가치를 만들어 낸
독특한 개혁이 이루어졌다. 반다아체의 피해 복구 사례는 후쿠시마
재건 계획에 참고할 만한 유익한 시사점을 많이 던져준다.

현재 반다아체는 쓰나미 박물관을 중심으로 쓰나미 재해 관련
유물과 건물을 관광 자원으로 활용해 국제적 관광 교류지로 자리
잡았다. 반다아체 사례를 분석해보고 싶다면 먼저 쓰나미 박물관을
찾아 쓰나미 피해의 전모를 파악해보자. 그러고 나서 쓰나미에
떠밀려온 해상풍력발전소와 주택가에 처박힌 난파선을 둘러본다.
이런 재해 관련 유적지 주위에는 많은 벤처(객차를 붙인 자전거)가 손님을
기다리고 있으며 기념품 판매대가 늘어서 있다.

반다아체에서는 이제 지역 경제의 선순환이 이루어지고 있다.
재해의 상흔을 관광 자원으로 이용한 반다아체 사례는 일본에서는
볼 수 없던 지역 개발 모델이다. 재해 복구의 성공적 사례를
접해보고 싶다면 꼭 한번 들러보기 바란다.

- 반다아체 공식 관광 사이트
  www.bandaacehtourism.com/

반다아체 쓰나미 박물관 내부의 구름다리 모습

관장인 라마다니 씨도 보인다. 천장에 달린 깃발은 쓰나미 때 아체를 지원한 국가의 국기로 일본 국기도 걸려 있다. 쓰나미 박물관은 아체 거리의 상징으로 주민들은 이 건물을 마을의 자랑으로 여긴다.

해변에 밀려 올라온 옛 일본군 도치카

반다아체 교외에서 전쟁의 흔적을 찾아보는 체험도 할 수 있다. 사진은 네덜란드군에 대항하기 위해 만들어놓은 옛 일본군의 도치카(철근 콘크리트제 방어진지)이다. 전후 인도네시아 독립에는 일본군이 깊게 관여했으며 현지에서 이에 얽힌 이야기를 듣는 것도 흥미롭다.

체르노빌에서 세계로

2. 자연재해의 흔적을 찾아 떠난 여행

아와지 | 시마바라 | 도야코·고베 (일본)

일본은 재해 대국으로 알려졌으며 그에 따른 박물관과 자료관도 많다. 그중에는 지진이나 화산 분화를 단순한 자연 현상으로 치부해버려 피해자가 입은 마음의 상처나 생활상의 곤란 등을 깊이 살펴보기 어려운 전시 시설도 있다.

예를 들어 한신·아와지 대지진의 흔적을 담은 옛 호쿠단(현 아와지)에 있는 노지마 단층보존관은 지진 관련 연구자가 학술적 가치의 중요성을 주장해 지금까지 전시가 이루어지고 있다. 또 운젠후겐다케의 분화를 다룬 박물관 가마다스돔(운젠다케재해기념관)도 이과계열 박물관으로는 매우 높은 수준의 전시라고 하는데 사회과학과 관련한 전시는 적다. 그곳을 방문하더라도 피해자·피난자가 어떤 기분으로 하루하루를 보내고 있는지 상상하기는 어렵다.

지진이든 화산 분화든 자연재해는 단순한 자연현상으로 끝나지 않는다. 피해자의 생활에 직접 영향을 준다는 측면에서 보면 큰 의미를 지니는 사회현상이다. 이런 관점에서 재해를 받아들이고 후세에 제대로 된 의미를 전해주는 데에 성공한 시설로 도야코 화산과학관과 고베 사람과방재미래센터 두 곳을 꼽을 수 있다. 두 시설 모두 생각지도 못한 자연재해가 인간의 생활과 심리상태에 어떤 영향을 주는가에 중점을 둔 전시를 선보이고 있다. 특히 사람과방재미래센터는 6,400명이 넘는 사망자를 낸 한신·아와지 대지진 복구 과정에서 슬픔을 어떻게 승계하고 어떤 미래를 만들어 갈 것인가 하는 쟁점을 시민의 시점에서 생각하기 위해 만든 지역의 핵심축이다.

이 센터는 초기 구상 단계부터 시민이 참여했고 전시품도 피해자가 실생활 속에서 사용한 물품이 많다. 전시를 보면 복구 과정에서 사람들이 보여준 강인한 모습이 잘 드러나 있어 인간이 본래 지닌 생명력을 느낄 수 있다. 또한, 한신·아와지 대지진의 교훈에 기반을 둬 더욱 고도화된 국내외의 새로운 구제 활동을 소개하고 있으며, 고귀한 희생으로 생명을 구한 사례도 전시를 통해 배울 수 있다. 고베를 여행하게 되면 꼭 찾아가 보기 바란다.

- 사람과방재미래센터
  www.dri.ne.jp
- 도야코립 화산과학관
  www.toyako-vc.jp/volcano
- 가마다스돔(운젠다케재해기념관)
  www.udmh.or.jp

- 노지마 단층보존관
  www.nojima-danso.co.jp/
  nojimafaultpreservation
  museum.php

사람과방재미래센터
한신·아와지 대지진을 계기로 만들어진 박물관으로
지금은 전 세계 사람들이 찾아오는 세계 최고 수준의
재해박물관이다. 막대한 수집자료와 증언으로
피해자 및 피해사회의 실상에 다가서고 있어 재해의
실상과 복구를 위한 노력을 입체적으로 배울 수 있다.

3. 미나마타병을 마주하는 여행
미나마타(일본)

후쿠시마 제1원전사고가 발생한 이후 미나마타병과 원자력재해 피해의 유사성을 지적하는 견해가 종종 나왔다. 미나마타병은 수질오염으로 생긴 현상인데 방사선 누출로 오염된 후쿠시마와는 환경오염이라는 유사성이 있다. 또 미나마타 지역 출신자를 차별하는 현상은 원전사고 발생 직후 후쿠시마에서 떠나온 피난민이 절감한 불합리한 대우와 닮은 측면이 있다. 이 두 사례 모두 과학적 근거가 없는 공포가 사회의 단절을 초래하는 모습을 잘 보여준다. 이처럼 미나마타병은 후쿠시마가 겪는 고난과 여러모로 공통분모가 있다.

미나마타가 근 50년에 걸쳐 어떻게 공해를 극복해 왔는지를 배우는 것도 큰 의미가 있다. 미나마타는 비단 공해병으로 인한 피해뿐만 아니라, 보상 대상인 환자와 공해발생 원인이 된 짓소^{Chisso} 기업 근무자와의 대립으로 지역사회가 분열되는 아픔도 겪었다.

이런 점에서 보면 공해는 단순한 의학적 문제가 아니라 사회적 논점 거리도 많이 포함하고 있음을 알 수 있다. 미나마타에서는 1993년에 이미 자료관을 설치했는데, 국가는 지금까지 피해자 구제와 사회 복구에 냉담했던 측면을 반성하며 2001년 미나마타병 정보센터를 지었다. 현재 미나마타는 오염을 극복해, 세계에서도 선진적인 에코타운으로 평가받고 있다. 정보센터, 자료관, 환경센터까지 갖춰져 환경 학습의 장으로 많은 관람객이 찾고 있다.

정보센터, 자료관, 환경센터를 둘러보면 미나마타병과 미나마타 지역이 걸어온 역사를 확인할 수 있다. 시간 여유가 있다면 공립시설이 생기기 이전부터 민간 단위에서 미나마타병을 알리고 해결하려 애써온 일반재단법인 미나마타병센터 소시샤●의 미나마타병 역사고증관도 찾아보기 바란다. 학술 전시로는 조잡한 면이 있지만 빽빽이 꽂혀 있는 연좌데모에 쓰였던 깃발이 고통스러웠던 시대를 생생히 대변해준다.

● 1974년 미나마타병 피해자 관련 문제 상담·조사연구를 추진하고 성과를 보급·활용하기 위해 설립한 민간 법인

야쓰시로해 일부인 미나마타해는 지금은 일본에서 손꼽히는
미항이다. 어류에서 검출되는 수은 농도도 다른 바다에서 잡힌
것보다 낮아, 현지 생선을 자신 있게 제공하는 음식점도 많다.
미나마타 지역의 벚나무는 옛날부터 유명했지만 이제 미나마타
사람들은 '벚나무 가로수 길에서 바라보는 바다는 장관이에요.'라고
자랑스럽게 말한다. 미나마타의 부활은 후쿠시마의 미래와
연결해서 고찰해 볼 점이 많다. 환경오염을 어떤 자세로 마주해야
하는가 하는 질문에 중요한 힌트를 제시한다.

- 미나마타병 정보센터
  www.nimd.go.jp/archives
- 미나마타병 자료관
  www.minamata195651.jp

- 구마모토현 환경센터
  www.kumamoto-eco.jp/center
- 소시샤
  www.soshisha.org/jp

미나마타만
미나마타병 정보센터 옥상에서 바라본 미나마타만의 모습. 옛 미나마타병이 발생한
이 바다도 오랜 시간의 풍화 속에 환경오염을 극복했다. 여름에는 해수욕도
가능하고 생선도 식자재로 쓸 수 있다. 정보센터와 자료관을 둘러본 후 옥상에 올라
바다를 바라보니 만감이 교차한다.

체르노빌에서 세계로

4. 에너지 혁명의 현장을 찾아 떠난 여행

유바리 | 다가와 | 오무타·아라오 (일본)

● 대형문화시설 건물을 짓는 데에만 치우쳐 운영이 비효율적이고 내용이 빈약한 국가와 지자체의 정책을 비웃는 말

후쿠시마 제1원전 관광지화 계획(235쪽 참조) 이야기를 처음 접한다면 아이디어가 참 황당무계하다고 느낄 사람이 많을 것이다. 사실 나 또한 그랬다. 하지만 에너지 혁명으로 몰락을 경험했던 옛 탄광마을이 관광의 힘으로 새로운 전성기를 맞고 있는 현상을 보다 보면 후쿠시마 제1원전도 관광이라는 새로운 관점에서 들여다볼 필요가 있지 않을까 하는 생각이 든다.

1960년대까지 일본에는 수많은 탄광이 존재했고 채굴양도 어마어마했다. 하지만 화력발전의 주력이 석유로 바뀌면서 탄광 경영은 사양 산업에 접어들었고 거의 모든 탄광의 불빛이 꺼졌다. 한때 최고의 전성기를 구가했던 옛 탄광 마을로 여행을 떠나보는 것은 어떨까.

유바리는 '탄광에서 관광으로'를 모토로 내걸고 마을 부흥을 도모했다. 현재의 석탄박물관이 바로 그 기점이 됐다. 유바리 자체는 하코모노 행정●으로 재정이 파탄 났지만, 석탄박물관 관련 시설은 시 안팎에서 존속의 목소리가 높아 현재는 4월부터 10월까지 간신히 문을 열고 있다. 이곳에서는 자연과학 측면에서 다룬 석탄의 의미, 석탄과 탄광의 경제사적 의미, 그리고 탄광에서 일하는 사람들의 생활 등 다양한 내용을 배울 수 있다.

다가와는 탄광에서 일하는 사람들의 서민문화가 꽃핀 지역으로, 다가와 석탄·역사박물관에서는 최전성기 탄광 문화의 절정을 볼 수 있다. 특히 유네스코가 세계기억유산으로 지정한 야마모토 사쿠베 씨의 탄갱 기록화는 하층 탄광 노동자의 실상을 생생하게 그리고 있어 둘러볼 만하다.

마지막으로 놓쳐서는 안 될 방문지로 규슈의 오무타·아라오에 걸쳐있는 미쯔이미이케 탄광을 들고 싶다. 이곳은 에너지 수요의 전환으로 폐산 위기에 내몰렸던 역사를 지닌 곳이면서, 한편으로는 최전성기 무렵부터 마르크스주의 활동가들이 모여들어 첨예한 노동운동을 벌였던 곳이기도 하다. 그 과정에서 조합이 분열되어 심각한 공동체 붕괴를 초래하게 됐다. 현재 이곳은 폐갱을 세계 근대화 산업유산으로 지정받기 위한 프로젝트를 진행하고 있는데 이는 잃어버린 지역 사회의 연대를 다시 돈독히 하는 의미도 지닌다. 구체적으로는 아라오의 만다갱 유적과 오무타의 석탄산업과학관을 찾아가 보길 권한다. 오무타 석탄산업과학관은 사회 붕괴에 관한 구체적인 전시 없이 영상자료로만 설명되어 있으니 여유를 갖고 천천히 둘러보기 바란다.

옛 탄광은 에너지 정책이 근본적으로 전환된 뒤 에너지 공급지가
어떤 변화를 겪었는지를 가르쳐준다. 이곳 또한 후쿠시마의 미래를
생각할 때 중요한 참고자료가 된다.

- 유바리 석탄박물관
  www.yubari-resort.com/
  contents/facility/museum
- 다가와 석탄·역사박물관
  www.joho.tagawa.fukuoka.jp/
  sekitan

- 오무타 석탄산업과학관
  www.sekitan-omuta.jp
- 만다갱 유적
  www.city.arao.lg.jp/mandako

만다갱 유적
객관적으로 보면 폐허에 지나지 않는 낡은 탄광이지만 그곳에서 일본 근대화의
핵심 키워드를 읽어낼 수 있다. 아라오·오무타 지역에는 첨예한 노동운동이
전개되며 공동체가 심하게 분열됐는데, 근대화 산업유산이 다시 사람들의 마음을
하나로 모으고 있다.

**5. 한센병과
인간의 무지가
초래한 죄과를
상기시키는 여행
히가시무라야마 |
고시(일본)**

다크 투어리즘이라고 해서 꼭 비행기를 타고 가야 하는 먼 곳에 있는 것은 아니다. 이케부크로에서 서쪽으로 30분 정도 떨어진 히가시무라야마에는 국립 한센병자료관과 요양소인 다마젠쇼엔이 있다. 이곳은 한 해 평균 130만 명이 넘는 상춘객이 벚꽃을 보러 찾아오는 명소이기도 하다. 벚꽃 피는 계절에 꼭 한번 방문해 보기 바란다.

따사로운 봄날 벚나무 밑에서 주민들이 꽃구경을 즐기는 사진을 보고 있으면 마음이 한없이 느긋해질 것이다. 하지만 겨우 수십 년 전까지만 해도 한센병에 대한 차별의식 때문에 다마젠쇼엔 안에 시민들이 드나드는 일은 거의 없었다.

자료관은 고대부터 계속된 한센병 차별의 역사를 구조적으로 보여준다. 부연하자면 이 전시를 통해 차별은 위정자가 어느 날 갑자기 법률을 만들면서 발생하는 것이 아니라, 우리들의 의식 속에 차별이 먼저 자리 잡고 있으며 사회제도 속에 구체화하는 과정에서 굳어진다는 사실을 여실히 보여준다. 또 치료 가능한 병임에도 불구하고 인간의 무지로 오랫동안 한센병 환자들을 격리·차별해 온 점에 대해 죄책감을 느끼게 될지도 모른다.

우선은 자료관을 천천히 둘러보자. 그리고 나서 자료관 입구에 부탁하면 다마젠쇼엔의 전 구역을 보여주는 '인권의 숲과 사적 관람'이라는 안내 책자를 받을 수 있다. 안내 책자를 보면서 천천히 동네를 산책해보자. 각 종파의 절과 교회가 늘어선 독특한 경관도 생각 거리를 던져준다.

한센병 요양소는 2013년 3월 현재 일본 전역에 14곳(국립 13곳, 사립 1곳)이 있다. 그중에는 박물관 시설을 병설해 시민에게 개방하고 있는 곳도 있다. 공간형 자료관을 보유하고 있는 시설로는 구마모토 기쿠치케이후엔과 오카야마의 나가시마아이세이엔이 잘 알려졌다. 특히 구마모토는 국가배상청구소송을 일으킨 곳이기 때문에 법률을 중심으로 한 사회과학 측면의 전시가 잘 정리되어 있다. 환자들은 원내에서 다양한 문화 활동을 지원받아 하이쿠, 단가, 소설, 그림 등 다양한 작품을 창작하기도 했는데 전시실에서 직접 그 작품을 볼 수 있다. 각종 경연대회에서 상위에 입상하기도 한 작품을 감상하다 보면 삶과 예술의 관계에 대해 깊이 생각해 보는 계기가 되기도 한다.

앞에서 다룬 미나마타병과 한센병, 후쿠시마는 사실 동일 선상에
놓여 있다. 3·11 이후 후쿠시마의 아이들이 기쿠치케이후엔에서
유학 생활을 한 적도 있다. 그 때 불합리한 차별을 당한 아이들의
마음은 아무런 까닭 없이 차별당한 한센병 환자들의 괴로움과도
겹친다. 미나마타병이 만들어낸 사회 차별은 한센병에 가해진
사회적 소외와 유사 구조를 갖는다는 지적도 종종 나왔다.

한센병에 대한 잘못된 격리 정책으로 지방의 요양소는 섬이나
인적 없는 곳에 많이 지어졌다. 풍광 좋고 경치가 빼어난 그곳에
서면 더욱 인간의 무지함이 낳은 깊은 죄를 절감하게 된다.

- 국립 한센병자료관
  www.hansen-dis.jp
- 구마모토 기쿠치케이후엔
  www.nhds.go.jp/~keifuen

- 오카야마
  나가시마아이세이엔 역사관
  www.aisei-rekishikan.jp

다마젠쇼엔 국립요양소
다마젠쇼엔의 벚꽃 나무 밑에서 놀고 있는 아이들의 모습. 다마젠쇼엔의 벚나무는
지역에서도 유명해 꽃이 만발할 무렵에는 많은 사람이 꽃구경하러 온다.
이제 차별과 편견을 뛰어넘어 사회와의 교류는 넓어졌지만, 과거의 아픈 역사를
되돌아보는 일은 여전히 중요하다.

6. 차별의 구조를 대면하는 여행

**베를린 |
작센하우젠
(독일)**

베를린은 냉전의 상징으로 잘 알려진 도시이다. 베를린 장벽은 많은 첩보 영화의 배경으로 쓰였고 베를린의 중심 공항인 테겔 공항은 베를린 봉쇄 때 서방측 공수작전의 무대가 된 장소이기도 하다. 테겔 공항 자체가 곧 다크 투어리즘의 장소라고 볼 수 있다. 하지만 여기서는 체르노빌, 그리고 후쿠시마와의 관계에서 베를린 관광을 살펴보자.

히틀러 정권하의 조직적인 유대인 박해는 누구나 알고 있는 사실이다. 차별은 어디에서 생겨날까. 정부가 어느 날 갑자기 '이 사람들을 차별하자'라고 말한다 해서 바로 차별이 일어나지는 않는다. 차별이 발생하는 데에는 차별을 허용하는 사회적 바탕이 분명 존재한다. 베를린에 가면 우선 시내에 있는 유대인 박물관을 찾아가 보자. 박물관에는 우리의 차별 의식이 어떻게 길러져 왔는지 2,000년이 넘는 유대인 박해 역사와 함께 잘 설명되어 있다. 이질적인 것을 어떻게든 배제해온 인류의 부끄러운 역사는 현재 후쿠시마 출신이나 관계자에 대한 이유 없는 차별과 오버랩되기도 한다.

고국에서 쫓겨나는 일은 출애굽기에 비교되어 '엑소더스'^exodus^ 라는 일반명사로 불리는데 고향을 떠나지 않을 수 없었던 사람들의 슬픔과 이후의 디아스포라^Diaspora^로서의 고단한 삶은, 체르노빌과 오늘날 후쿠시마의 강제피난지역 주민들의 삶을 생각할 때 유익한 시사점을 던져준다. 유대인에 대한 차별과 박해의 역사는 결코 과거의 역사가 아니라 모습을 달리해 언제 어디서든 똑같은 구조로 나타날 위험성이 있다는 것을 깨닫게 한다.

나치의 유대인 박해는 홀로코스트라는 형태로 비참한 길을 걷게 되는데 홀로코스트의 무대가 된 장소 중 한 곳이 베를린

근교의 작센하우젠 강제수용소이다. 이곳을 방문하면 처음에는 별것 아닌 사회차별이더라도 그대로 내버려두면 인간 존엄의 근간을 흔드는 사태가 발생한다는 사실을 절감할 수 있다.

베를린에는 이외에도 유대인 차별과 나치즘에 대한 반성을 촉구하는 박물관과 자료관이 많다. 그 가운데 나치의 만행을 풍부한 사진 전시 판넬로 낱낱이 보여주는 테러의 토포그래피 기념관^{Topographies des Terrors}은 꼭 가보기 바란다. 말할 자유조차 없는 사회가 얼마나 무서운지 실감할 수 있는 기념관이다.

이 책을 읽는 독자라면 어떤 시설도 슬쩍 보는 수준의 견학 만으로는 만족 못 할 것이다. 시간 여유를 충분히 가지고 방문해 보기 바란다.

- 베를린 유대인박물관
  www.jmberlin.de/site/EN/
  homepage.php

- 작센하우젠 수용소
  www.stiftung-bg.de/gums/en/
  index.htm
- 테러의 토포그래피 기념관
  www.topographie.de/en

작센하우젠 강제수용소
베를린 교외에 있는 수용소 유적지. 70여 년 전 이곳에서는 나치 독일의 조직적인 유대인 학살, 이른바 홀로 코스트가 있었다. 지금은 전 세계의 다크 투어리스트가 모여 비극의 역사를 배우고 두 번 다시 이런 사태가 일어나지 않도록 다짐하는 곳이 되었다.

문에 걸린 '노동이 너희를 자유롭게 하리라'라는 유명한 표어. 강제수용소에는 유대인 이전에도 '국가의 생산성에 기여하지 않는다'는 명목 아래 정치범, 집시, 동성애자, 장애인 등이 강제수용되었고 대부분이 목숨을 잃었다.

7. 일본, 전쟁의 의미를 묻는 여행
**히로시마 |
구레 | 나가사키
(일본)**

● 일본 연호로,
쇼와 일왕이 통치한
1926년~1989년까지를
가리킨다

●● 메이지 일왕이
통치하던 시기로
1868년~1912년까지를
가리킨다

일본인이라면 한 번쯤 히로시마 평화기념 자료관에 가봤을 것이다. 히로시마의 원폭 돔은 다크 투어리즘의 고전인 『다크 투어리즘』^{Dark} ^{Tourism}에도 거론될 정도로 세계적으로 잘 알려진 명소이다. 한 번 가보기 바란다는 말로 끝맺기에는 아쉬움이 남아 어떻게 해야 원폭 돔 견학이 의미 있을지 고심하게 된다.

히로시마 가까이에 구레가 있는데 이곳에 야마토 뮤지엄이 있다. 원폭 돔을 찾아갈 때에는 조금 더 발품을 내서 야마토 뮤지엄에도 들러보자. 구레는 원래 해군 도시로 번창한 곳으로 군함 야마토를 건조한 공장이 있다. 기회가 되면 나가사키 원폭자료관도 가보기 바란다.

이 세 곳을 둘러보다 보면 '전쟁은 나쁘다', '평화가 중요하다'고 아무리 강조해도 말만으로는 아무 의미가 없다는 당연한 결론에 이르게 된다.

히로시마 평화기념자료관과 나가사키 원폭자료관 모두 일본에 왜 원폭이 떨어졌는지 결론을 고찰하고 있는데, 히로시마는 관련 연표가 쇼와 시대●부터 시작되는 데 비해 나가사키는 메이지 시대●●로 거슬러 올라간다. 서로 다른 연표가 의미하는 바는 무엇일까. 히로시마 자료관은 쇼와 초기 일본의 무리한 대외팽창이 결국 원폭 투하라는 결과를 낳았다는 생각이고 나가사키 자료관은 메이지 이후 부국강병책의 귀결로서 비극을 맞이했다는 주장인 셈이다. 한편 야마토 뮤지엄에서는 대외팽창 정책과 부국강병책이 해군력의 증강과 그에 따른 기술 혁신을 낳아 전후 경제 발전의 기반이 되었다는 의견을 개진하고 있다.

현대를 살아가는 우리는 역사 속에서 뭔가 결정적인 한 가지 악을 발견해 그것을 손가락질하고 싶어 하지만 세상은 그렇게 단순하게 굴러가지 않는다. 여기서는 세 곳만을 거론하고 있지만, 전쟁 관련 시설을 많이 방문해보면 이런 생각은 점점 더 강해진다.

- 히로시마 평화기념자료관
  www.pcf.city.hiroshima.jp
- 야마토 뮤지엄(구레 해군역사과학관)
  www.yamato-museum.com
- 나가사키 원폭자료관
  www1.city.nagasaki.nagasaki.jp/peace/japanese/abm

야마토 뮤지엄

이 뮤지엄은 결코 전쟁을 예찬하는 시설이 아니라는
점을 유의하기 바란다. 어디까지나 전쟁의 의미를
입체적으로 생각해보게 하는 곳이다. 전시는
전후 일본의 부흥에 전쟁 중 개발된 기술이 유용
했다는 점을 말하고 있지만, 논조에서는 기술을
평화적으로 이용할 수 있게 된 점에 대한 다행스러움을
읽을 수 있다.

체르노빌에서 세계로

8. 성과 인권을 생각하는 여행
**산다칸
(말레이시아) |
게이란
(싱가포르)**

● '산다칸 8번 창관',
구마이 게이 감독,
1974년 작

●● 일본 다이아몬드
사가 발간하는
해외 여행용 가이드북

최근 종군위안부를 둘러싼 논의가 활발하다. 약 150년 전 일본이
국가 정책으로 '매춘부'를 수출했다는 사실을 알고 있는 젊은이는
과연 몇이나 될까.

'가라유키상'이라 불리는 이들은 구마모토, 나가사키와
같은 가난한 섬 출신이 많다. 가라유키상은 한때 중국 연안부터
동남아시아 일대에 걸쳐 넓게 퍼져있었는데 현재 일본에는 관련
자료가 거의 없어 가라유키상의 흔적을 찾기 힘들다. 가라유키상의
고향에서조차 이런 역사적 사실을 가르치지 않는다. 덮어두고
싶은 암흑의 역사인 셈이다. 그나마 구치노쓰 역사민속자료관의
전시 일부분과 야마자키 도모코가 쓴 르포르타주 「산다칸 8번
창관」과 이를 영화화한 작품●에서 겨우 가라유키상의 역사를 엿볼
수 있다.

우선 영화를 보면서 보르네오에서 창부로 살아가는 상황을
상상해보기 바란다. 그리고 가능하다면 산다칸을 찾아가 아직 남아
있는 가라유키상 묘에 꽃 한 송이나마 두고 오기를 바란다.

산다칸에 갔을 때 오래되어 시들시들한 꽃부터 막 갖다놓은
생생한 꽃까지 여러 군데 꽃이 보여서 놀랐다. 산다칸을 찾은
일본인의 조문 발길이 끊이지 않는가 보다. 머나먼 이국땅에서
고향에 돌아갈 간절한 마음 하나로 버려왔을 옛 동포를 위한 작은
배려인 듯싶다.

산다칸에 가려면 싱가포르에서 갈아타는 것이 일반적인데
싱가포르에는 거대한 공창 지구인 게이란이 있다. 일반
가이드북에는 실려 있지 않지만, 싱가포르 정부가 인정하는 외국인
매춘부 관리지구이다. 게이란은 가라유키상과 종군위안부 문제가
과거의 문제가 아니라는 현실을 가르쳐준다.

매춘은 단순히 '팔고 싶다', '사고 싶다'와 같은 수요와 공급으로
발생하는 것이 아니라 사회 시스템 속에 편입되어 있다. 산다칸,
게이란 모두 성과 인권을 돌아보게 하는 무척 의미 있는 장소이다.

- 산다칸 관광은 오랑우탄을 보러 가는 세필록 지역 에코 투어리즘이 주를 이룬다. 이곳에서 죽은 창부(娼婦)의 묘를 찾는 사람은 아마 일본인밖에 없을 것이다. 인터넷에서 얻을 수 있는 정보도 일본어가 많다. 산다칸은 또한 제2차 세계대전 중 일본군이 호주와 영국군 포로를 수용했던 곳으로 국제법을 위반한 잔혹한 학대가 있었다고 보고된 지역이기도 하다. 위키피디아 내용은 비교적 신뢰성이 있는데 이를 중심으로 조사해보기 바란다.

- 게이란은 『지구를 걷는 방법』●●은 물론 싱가포르가 만든 외국인용 공식 가이드북에도 나오지 않는 곳이다. 일본어판 위키피디아에는 거의 정보가 없으므로 영어판 링크를 싣는다.
  http://en.wikipedia.org/wiki/Geylang

- 싱가포르는 관리가 엄격한 국가이기 때문에 적선(합법 매춘)지대라 하더라도 음산한 분위기는 없으며 밤중에 배회해도 위험하지 않다.

9. 재일 한국인의 뿌리를 찾아 떠난 여행 제주도(한국)

● 일본의 익명 커뮤니티 사이트

●● Geopark.
지구과학적으로 의미가 있거나 경관이 빼어난 지형과 지질을 지닌 곳으로 글로벌 지오파크 네트워크의 인증을 통과함으로써 지위를 부여받게 됨. 제주도는 2010년 10월 4일 지오파크로 인증됨

2채널●을 보면 일본인 중에는 한국을 반일국가나 적대국가로 생각하는 사람도 많은 것 같다. 하지만 어떤 집단이든 생각이 각기 다른 개인들이 모여 있듯 한국인의 생각도 모두 똑같다고 한마디로 단언할 수는 없다.

여기에 소개하는 제주도는 한국 정부가 휴양지로 개발한 화산섬으로 지오파크●●로 인정받은 유명한 관광지이다. 제주도 가이드북을 보면 이곳에서 다크 투어리즘의 단서를 찾기는 어렵다. 하지만 이는 제주도의 한 단면만을 보는 데 그친 것이다.

제2차 세계대전 종결 후 일본의 한국 통치가 종언을 고했을 때 한반도에는 새로운 비극이 시작됐다. 북쪽은 공산주의, 남쪽은 자본주의 진영으로 나뉘어 극렬한 대립이 있었음은 주지의 사실이다. 이 시기 남한에서는 이른바 '빨갱이 색출'이라는 이름으로 잔학한 고문과 대규모 살상이 일어났다.

한국 초대대통령 이승만은 제주도에서 조직적 빨갱이 색출 및 고문과 학살을 자행했는데 이때 제주도의 인구가 격감했다. 일단 '빨갱이'로 지목되면 공산주의자든 아니든 무참히 목숨을 빼앗겼다. 학살을 피해 허겁지겁 집을 나선 사람들은 산속으로 들어가 숨어 지내기도 했다. 사람들이 찾아들었던 수많은 오름 뒤에 버티고 선 유달리 장엄한 산이 바로 세계 자연유산으로도 유명한 한라산이다.

60여 년 전, 이 섬에서 피비린내 나는 대학살이 있었다는 사실을 이제는 실감하기 어렵다.

이 시기 많은 제주도 사람들이 난을 피해 일본으로 건너가 오사카의 이쿠노구를 중심으로 모여 살았다. 오늘날 오사카 쓰루하시의 번성에는 이런 배경도 숨어 있다.

극단적인 반공정책은 계속되었고 제주도의 뼈아픈 역사는 제대로 평가받지 못한 채 수십 년이 흘렀다. 그나마 일본에 이주해 살고 있던 재일 한국인과 의식 있는 제주도민의 노력으로 진상규명을 요구하는 목소리가 끊임없이 이어져 최근에는 제주 4·3평화기념관을 건립하기에 이르렀다. 이런 과거 때문인지 제주도 사람들은 일본인에게 꽤 친절하다. 제주도에 도착하면 먼저 시장에 들러 지역주민의 활기와 정이 넘치는 모습을 접한 후 평화기념관에 가보기 바란다.

제주도에 얽힌 한일의 역사가 앞으로 한일 우호를 위한 초석이 되지 않을까 바라본다.

- 제주 4·3평화기념관
www.jeju43.jeju.go.kr

- 글에서 언급한 시장과 한라산 정보는 여기서
입수했다. www.konest.com/contents/
area_top.html?id=3

제주 4·3평화기념관

제주도, 평화기념관과 오름을 멀리서 바라본다. 섬 전체가 화산섬이어서 산기슭의
풍경은 아름답기 그지없다. 빨갱이 색출 광풍이 몰아칠 때는 많은 도민이
산으로 몸을 피했고 잔혹한 비극이 전개되었다고 한다. 지금은 한국의 대표적인
관광지가 된 이 땅에도 짙은 어둠의 역사가 있다.

제주도 시장

활기가 넘쳐나는 시장의 모습. 싹싹하고 친절한 시장 사람들을 만나 우선 이 섬의
분위기를 피부로 느껴보자. 수십 년 전 권력에 의한 조직적 학살이 일어났던
곳이라고는 생각도 못 할 것이다. 그러고 나서 4·3평화기념관에 들러 오늘날 평화의
소중함을 곱씹어 보기 바란다.

10. 옛 난요초●를
찾아 떠난 여행
사이판 | 티니안
(북마리아나
제도 연방) | 코로르
(팔라우 공화국)

● 南洋庁-베르사유
조약 이후 일본의 위임
통치령이 된 남양군도에
설치된 시정기관.
1922년에 개설 되었고
1945년 태평양전쟁
패전으로 소멸했다

●● 태평양 전쟁
중 일본군에 의해
강제로 끌려온 한국인
희생자들을 위한
추모비인데 이 책에서는
이 사실에 대해서는
언급하고 있지 않다

태평양의 작은 군도를 둘러보는 일은 유쾌하다. 사이판, 티니안, 팔라우 등 어디를 가도 개성이 넘친다. 제2차 세계대전의 의미를 생각할 때는 이런 섬들을 꼭 둘러보기 바란다. 옛 독일제국의 식민지였던 이곳은 제1차 세계대전 이후 일본의 위임통치령이 되어 난요초라 불리는 관청이 설치되었다.

독일의 지배하에 있을 때는 도로다운 도로도 없었고 학교나 병원 같은 기반시설도 없었는데 일본이 통치하면서 일본 황민 교육이 시행되고 인프라도 고도로 정비되었다. 제2차 세계대전 동안 일본은 이들 섬에서 사탕수수 재배를 비롯한 식산흥업 정책을 펼쳤다.

사이판은 군인뿐만 아니라 민간인도 많이 자결한 섬으로 알려져 있다. 종전 후 많은 일본인이 몸을 던진 반자이 클리프(만세 절벽)는 지금도 일본인 추모객이 끊이지 않는다. 섬 중심부 가라판 지구에서 렌터카로 갈 수 있으며 도중에 보이는 위령비는 일본인 것뿐만 아니라 한국인 위령비도 있어 전쟁 전에 한반도에서 이 땅에 이주한 사람들이 많았음을 알 수 있다.●●

티니안은 사이판에서 배나 비행기로 건너갈 수 있다. 티니안에는 B29가 이륙한 비행장이 있다. 원래 일본이 만든 이 비행장은 세계대전 중 티니안을 점령한 미국이 일본을 폭격하기 위해 사용하기도 했다. 역사의 아이러니이다.

팔라우는 괌에서 비행기로 들어가는데 코로르에 있는 국립 박물관에는 일본 통치 시기의 교과서가 전시되어 있고 일본 군인과 현지 사람들의 관계에 대한 기록이 남아 있다. 팔라우에는 지금도 일본의 지원·원조가 이어지고 있으며 몇몇 다리나 도로에는 일장기와 함께 JICA(Japan International Cooperation Agency, 일본국제협력기구) 마크가 붙어 있기도 하다.

섬에는 여든 살이 넘은 고령의 택시 운전기사가 많은데 유창한 일본어로 맞아준다. 섬을 둘러보다 보면 일본의 근대사가 단순히 침략의 역사만이 아닌 융화의 측면도 있음을 알게 된다.

- 사이판·티니안은 유명한
  관광지여서 정보가 매우 충실하다.
  www.japan.mymarianas.com
- 팔라우 정부 관광국
  http://www.palau.or.jp

- 실제로 이 주변을 방문한다면
  몇 차례에 나눠서 가는 방법과
  열흘 정도 장기 휴가를 내고
  한 번에 섬들을 다 도는
  방법이 있다. 후자의 방법을
  택한다면 전일본공수(ANA)나
  유나이티드 항공이 가맹하고 있는
  얼라이언스(항공 연합) 홈페이지를
  잘 살펴서 아일랜드 호핑(island
  hopping) 전용 요금 발매 시기를
  노려보는 것이 좋다. 괌을 기점으로
  태평양의 여러 섬을 둘러보는
  티켓을 매우 싸게 판매한다.

반자이 클리프
사이판 북단에 있는 반자이 클리프(만세 절벽)의 풍경.
태평양 전쟁 말기, 미군에 쫓긴 일본군과 민간인이
여기서 몸을 던졌다고 한다. 반자이 클리프 라는
이름은 목숨을 끊기 전 '천황 폐하 만세'라고 외친
사람이 많았던 데에서 유래했다.

체르노빌에서 세계로

사고 이전의 체르노빌

고시노 고
러시아·벨라루스 문학연구가

컴퓨터나 스마트폰 앱으로 유럽의 동쪽 지도를 한번 열어보자. 흑해 위에 우크라이나가 있고 그 위쪽 프리피야트강 유역으로 습지가 많은 아름다운 초원이 펼쳐지는 폴레시아 지방을 발견하게 된다. 폴레시아는 여러 나라에 걸쳐있는 영역으로 우크라이나 북부와 벨라루스 남부를 중심으로 일부는 서쪽 폴란드, 동쪽 러시아와 접해 있다. 체르노빌은 폴레시아 지방의 우크라이나 측에 있다. 폴레시아에는 원래 방언이 여럿 있어서 우크라이나어나 벨라루스어와 다른 중간 형태의 말을 쓰고 있다. 예전에 독일과 러시아 사이에서 '동구'라 불린 지역은 어디든 언어와 민족이 교착하는 복잡한 역사를 지니고 있는데 폴레시아 지방과 체르노빌도 예외는 아니다.

체르노빌은 무척 오래된 도시로, 지명을 확인할 수 있는 최초의 사료는 1193년으로 거슬러 올라간다. 모스크바보다도 훨씬 긴 역사를 지니고 있다. 당시 존재했던 키예프 공국은 현재의 러시아, 우크라이나, 벨라루스 세 동슬라브 민족의 모태가 되었고 체르노빌도 그 속령의 하나였다. 13세기에 칭기스칸의 손자 바투가 이끄는 군대의 침략으로 키예프 공국은 파괴된다. 이때 바투는 불길한 예언으로 경고를 받았음에도 부하의 군사를 폴레시아로 진격시켰는데 체르노빌 가까이서 몽골의 기마대가 끝을 알 수 없는 늪지에 빠져 전멸했다는 전설이 있다.

14세기에 북방의 리투아니아가 강대해지면서 키예프와 체르노빌도 그 휘하로 들어간다. 그 뒤 리투아니아는 이웃국가 폴란드와 연합 국가를 형성하는데 폴레시아를 접경으로 북측 지역(지금의 벨라루스)은 리투아니아, 남측(우크라이나)은 폴란드에 속하게 되었다. 폴란드와 리투아니아는 러시아와 독일의 학대를 받은 소국이라는 이미지가 강한데, 중세시대에는 여러 속국을 지배한 강대국이었다는 점은 잘 알려지지 않았다.

16세기에는 우크라이나의 카자크(15~20세기 초까지 우크라이나와 러시아 남부에 있던 군사 집단)와 농민이 폴란드의 지배에 저항해 들고일어나는데 동쪽의 이웃국가 러시아가 이를 지원했다. 체르노빌도 뺏고 빼앗기기를 반복했다. 18세기 말 쇠락의 길로 들어선 폴란드는 열강에 의해 세 개로 분할되는데 우크라이나와 벨라루스는 대부분 러시아 제국에 속하게 되었다. 폴레시아 지방과 체르노빌도 이때 러시아 영토가 되었다.

동구의 많은 도시와 마찬가지로 체르노빌에는 예부터 유대인이 살고 있었다. 영토 지배가 폴란드에서 러시아로 옮겨갈 무렵 이곳은 유대교 하시디즘●의 거점 중 한 곳으로 번성하였다. 19세기 말 통계에 의하면 1만 명 정도의 도시인구 중 과반수를 유대인이 점하고 있었다. 하지만 이 무렵 러시아제국, 특히 우크라이나에서는 유대인 박해(포그롬)가 종종 일어났다. 특히 러시아 혁명 이후 내전의 혼란을 틈타 들고일어난 카자크 수령 스토로크가 폴레시아 일대를 지배했을 때에는 체르노빌에 사는 많은 유대인이 학살당했다. 내전 시대를 그린 유대계 작가 이사크 바벨의 소설 『기병대』Konarmiya에는 쇠락한 '체르노빌파' 랍비가 등장하기도 한다. 그 후 제2차 세계대전 중에는 나치가 체르노빌을 점령했고 살아남아 있던 유대인 대부분은 이때 자취를 감춘다.

제2차 세계대전 이후 소비에트 연방은 우주개발과 군사력 면에서 미국과 어깨를 나란히 하는 과학기술 대국이 되었다. 우크라이나(당시는 소련 연방 내 있던 공화국 중 하나)에 세워진 최초의 원자력 발전소에는 많은 관심이 쏟아졌고 우크라이나 시인 이반 도라치는 1974년에 체르노빌 원전과 프리피야트 건설을 크게 찬양하는 작품을 남기기도 했다. 그런 이반 도라치가 1988년에는 원전사고의 재앙을 한탄하는 시 '체르노빌의 성모'를 쓰는 처지가 되었으니 역사의 장난이 참 얄궂다. 현재 체르노빌에는 주민이 거의 살지 않으며 폴레시아 지방의 동쪽 절반은 방사선 오염 지역이다.

● 유대교 경건주의 운동으로 18세기 초 폴란드, 우크라이나의 유대인 대중 사이에 널리 퍼진 종교 혁신운동

사고 이후의 우크라이나

핫토리 미치타카
러시아·구소련신독립국가(New Independent States, NIS) 연구자

소련 말기 우크라이나인들이 독립을 주장하게 된
데에는 자민족중심주의와 소련 체제에 대한 거부라는
두 가지 측면이 있다. 종종 우크라이나어화 운동을
시작으로 하는 종족민족주의(ethnonationalism)의
측면이 강조되는데, 우크라이나 독립을 묻는 1991년
12월 1일 국민투표에서는 러시아어화 된 동부와
남부의 주민, 나아가 러시아 민족에 해당하는 주민들도
대부분 찬성표를 던졌다(당시 우크라이나 주민의
22퍼센트는 러시아 민족이었다). 우크라이나인들이
체제에 대한 불신감이 심화된 가장 큰 전환기가
바로 1986년 4월 체르노빌 원전사고였음은 두말할
나위가 없다.

우크라이나는 원래 소련 15개 공화국 가운데
인구와 경제력 면에서 러시아 다음가는 공화국으로
우크라이나 없는 소련 연방은 있을 수 없다는
말까지 나왔다. 1991년 당시 소련은 이미
쇠락해가는 형국이었지만 12월에 있었던 우크라이나
국민투표가 결정타를 날려 같은 해 말 결국 붕괴됐다.
크라우츠크가 초대 대통령으로 취임하면서
우크라이나는 독립국으로서 첫발을 내디뎠다.

윤택한 농지, 강력한 철강업과 군수산업을 지닌
우크라이나는 경제력에 자신이 있었다. 하지만
막상 독립하자 우크라이나 상품은 국제적 경쟁력을
지니지 못했다. 대통령과 수상, 의회 간의 대립,
관료의 부패 등 개혁의 발목을 잡는 문제들이 산적해
있었다. 1994년 쿠치마 대통령이 정권을 잡았을
때도 사태는 달라지지 않았다. 실제로 1999년까지
기나긴 마이너스 성장이 이어졌다.

독립 후 시련의 시발점은 러시아와의 관계였다.
우크라이나 영내의 핵무기 철거, 크리미아 반도
영토 귀속, 흑해 함대 소속 문제 등 안전보장과 관련한
난제들이 떠올랐다. 또 우크라이나는 석유가 나지
않으며 천연가스도 일부밖에 자급할 수 없어 소련
해체 후에는 석유와 가스 공급을 러시아에 의존해야
했는데 자원문제가 양국의 관계를 더욱 악화시켰다.

연임으로 10년간 집권했던 쿠치마 대통령의
퇴임을 앞두고 2004년 가을 대통령 선거가 치러졌다.
처음에는 체제파인 야누코비치 수상이 당선됐다는

발표가 나왔는데 부정 선거 의혹으로 대대적인 국민
저항이 일어났다. 다시 결선 투표를 한 결과 유센코가
당선됐다(오렌지 혁명). 유센코의 당선으로 구조
개혁과 유럽연합 가입을 목표로 한 노력이 본격화될
것이라는 기대가 있었는데 유센코 대통령과 티모센코
수상과의 대립으로 아무런 성과도 이루지 못했다.
천연가스 공급과 배송문제 등으로 러시아와 대립의
골이 깊어져 급기야 2006년 1월과 2009년 1월에는
이른바 가스전쟁이 일어났다. 성장 궤도에 오른
것처럼 보였던 경제도 2008년 9월 리먼 쇼크로 큰
타격을 입었다.

가스전쟁의 트라우마를 지닌 우크라이나에게
에너지 안전 보장은 러시아에서 수입하는 석유와
가스에 대한 의존도를 낮추는 일과 동의어다. 그렇기에
원자력은 여전히 중요한 에너지 공급원이다. 2012년
우크라이나 발전에서 원자력 발전이 차지하는
비율은 46퍼센트로 올라간다. 체르노빌 사고가 일어난
지 사반세기가 지났지만 사고 당사국인 우크라이나가
지금도 원전에 크게 의존하고 있는 상황이 참
아이러니하다.

2010년 1~2월에 치러진 대통령 선거에서는
'친러시아' 성향의 지역당 출신 야누코비치 대통령이
정권을 잡았다. 그 결과 일시적으로는 러시아와의
관계가 개선되는 듯했으나 천연가스 공급과 러시아
주도의 관세동맹 가입문제를 둘러싸고 다시 대립이
격화되고 있다. 한편 2011년 10월에는 티모센코
전 수상이 유죄판결을 받고 수감되는 충격적인 사건이
일어나기도 했다. 이 때문에 유럽과의 관계는
단숨에 얼어붙었고 준비 중이던 EU와의 연합 협정도
보류되었다.

체르노빌을 찍다

Знімати Чорнобиль
사진: 신쓰보 겐슈

키예프 체르노빌박물관 메인홀.
러시아 정교의 상징과 원자로의 이미지가 교차한다.

키예프 성미하일황금돔 수도원.
구소련 시대에 파괴되어 독립 후 재건되었다.

존. 체르노빌 원자력 발전소에 다가가다 보면
지평선에 송전탑들이 무수히 솟아있다.

⚡M 0.27~0.80μSv/h

체르노빌 원자력 발전소 4호기. 콘크리트로 만든
피복 건축, 일명 '석관'으로 덮여 있다.

T 3.09~4.71μSv/h

발전소 안 지금도 남아 있는 1970년대 기술이 인상적이다.
다이얼식 전화, 아날로그 측정기와 버튼, 대형 컴퓨터.

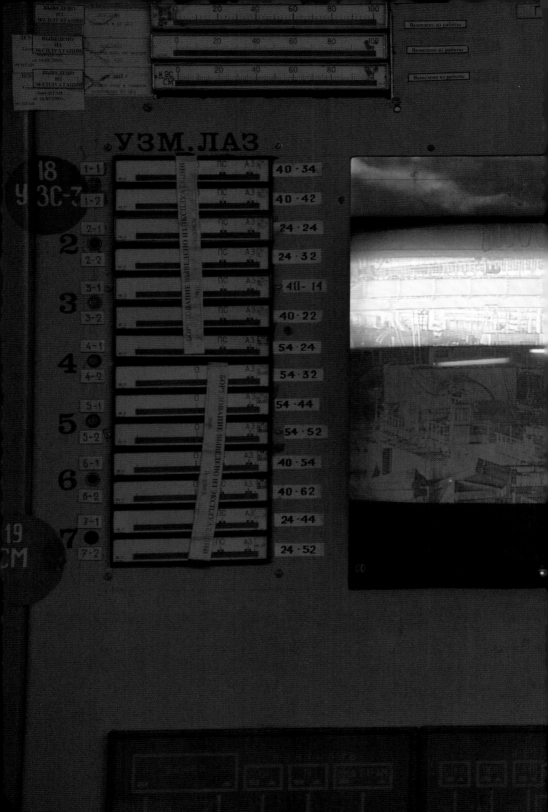

УЗМ.ЛАЗ

			ПС	АЗ	
1-1					40·34
1-2					40·42
2-1					24·24
2-2					24·32
3-1					Э 4П- 14
3-2					40·22
4-1					54·24
4-2					54·32
5-1					54·44
5-2					54·52
6-1					40·54
6-2					40·62
7-1					24·44
7-2					24·52

18
УЗС-3

2

3

4

5

6

7

19
СМ

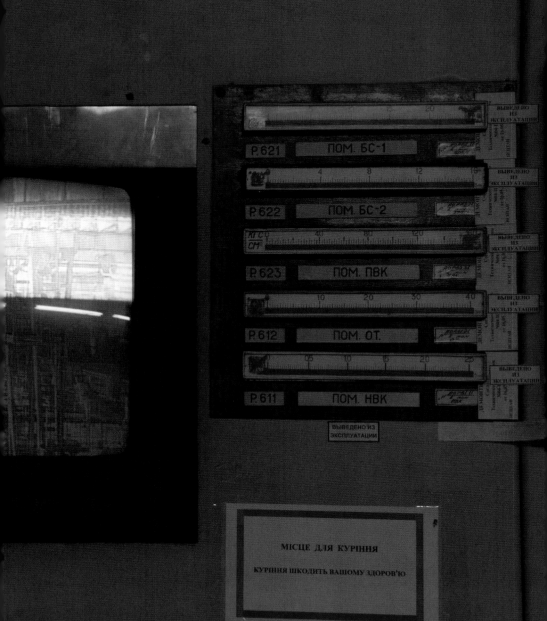

Р.621   ПОМ. БС-1

ВЫВЕДЕНО ИЗ ЭКСПЛУАТАЦИИ

Р.622   ПОМ. БС-2

ВЫВЕДЕНО ИЗ ЭКСПЛУАТАЦИИ

КГС СМ

Р.623   ПОМ. ПВК

ВЫВЕДЕНО ИЗ ЭКСПЛУАТАЦИИ

Р.612   ПОМ. ОТ.

ВЫВЕДЕНО ИЗ ЭКСПЛУАТАЦИИ

Р.611   ПОМ. НВК

ВЫВЕДЕНО ИЗ ЭКСПЛУАТАЦИИ

ВЫВЕДЕНО ИЗ ЭКСПЛУАТАЦИИ

МІСЦЕ ДЛЯ КУРІННЯ

КУРІННЯ ШКОДИТЬ ВАШОМУ ЗДОРОВ'Ю

⚡T 0.11~0.19μSv/h

프리피야트. 내버려진 관람차. 1986년 5월 1일, 사고 5일 후가 개원
예정이었던 유원지는 한번도 아이들을 맞아본 적이 없다.

프리피야트와 코파치. 폐허 견학은 체르노빌 관광의
핵심 중 하나다. 하지만 그 폐허도 이제는 붕괴하고 있다.

프리피야트 ⚡N 0.12~2.02μSv/h
코파치 ⚡N 0.18~? X 1.91μSv/h

프리피야트. 벽에 붙은 표어는 '오늘 지식의 질은 내일의 노동 효율이 된다'는 의미이다.

N 0.12~2.02μSv/h

발전소 안. 제1중앙제어실에는 지금도 직원이 근무하고 있다.   ⚡N 0.11~0.19μSv/h

2부 – 취재
Збирати матеріали

체르노빌에서 생각하다
보도·기억·지진으로 인한 재해 유적
Розмірковувати в Чорнобилі
쓰다 다이스케/저널리스트· 미디어 활동가

체르노빌 원전사고, 이 단어를 들었을 때 어떤 모습이 떠오르는가. 과연 오늘날 체르노빌 원전 주변은 어떤 모습일까.

사고는 1986년에 일어났다. 당시 소련 정부는 사고 직후부터 원전 주변 30킬로미터 권내를 출입금지구역으로 지정했다. 이 사실은 미디어를 통해 전 세계에 전해졌다. '출입금지'된 체르노빌 소식을 접한 사람이라면 완전히 폐허가 되고 원전 노동자만이 폐로 작업에 매달리는 이미지를 떠올릴 것이다. 또는 사고 때 외부 피폭이나 오염된 물과 음식재료에 의한 내부 피폭으로 심각한 건강 문제를 안고 살아가는 모습을 떠올리는 사람도 있을 것이다.

2011년 후쿠시마 제1원전 사고가 일어나기 전까지 방사선에 의한 건강 피해 문제는 어디까지나 '강 건너 불'이었다. 하지만 지금은 상황이 완전히 바뀌었다. 체르노빌 원전사고와 똑같은 7단계의 중대 사고를 겪으며 일본은 지금도 방출되고 있는 방사성물질과의 공존을 피할 수 없기 때문이다. 일본인에게 방사능 문제는 **강 건너 불에서 '발등에 떨어진 불'로 바뀌었다.** 사고 이후 주변국 건강 피해의 심각성을 다룬 내용이나 우크라이나가 현재 시행하고 있는 내부 피폭 대책 등이 일본에서 크게 보도되기도 했다.

원전사고

여기서 체르노빌 원전사고를 간단히 돌아보자.

1986년 4월 26일, 출력 조정 테스트 중이던 체르노빌 원전 4호기에서 폭발 사고가 발생했다. 같은 해 9월 23일 노출된 원자로에서 계속 뿜어져 나오는 방사성물질의 잔해를 완전히 밀폐·관리하기 위한 '석관'이 완성됐다. 소련 정부가 총 80만 명의 노동자를 동원해 엄청난 희생을 무릅쓰면서 석관의 완공을 서두른 배경에는 방사성물질에 의한 오염뿐만이 아니라 사고로 인한 우크라이나 지역의 전력 부족 문제도 있었다. 석관 건설을 마친 같은 해 10월 1일에는 1호기가, 11월 5일에는 2호기가 가동을 시작해 다음 해인 1987년에는 3호기도 재가동했다.

소련 정부는 석관의 완성과 함께 사고의 일시적 수습을 선언했다. 하지만 석관은 사용 가능 햇수가 30년으로 어디까지나 응급조치에 지나지 않았다. 실제로 최근에는 노후가 급속히 진행되어 2013년 2월에는 터빈 건물 지붕과 벽 일부가 약 600제곱미터에 걸쳐 붕괴하는 사고가 일어났다. 소련 붕괴 후 체르노빌 원전 관리 책임을 이어받은 우크라이나 정부는 4호기 옆에 석관과 터빈 건물을 완전히 덮는 철강재 '신석관'을 만들기 위해 1997년 체르노빌 피난처 기금Chernobyl Shelter Fund을 설립했다. 하지만 막대한 건설비에 비해 자금은 생각만큼 모이지 않았다.

14년 후인 2011년 후쿠시마 제1원전사고가 터지면서 상황은 반전됐다. 유럽을 중심으로 지원금이 한꺼번에 쏟아져 나왔고 2012년 4월 신석관 건설에 착공했다. 건설비는 약 15억4,000만 유로●로 추정된다. 현재 2015년 완성을 목표로 건설이 진행되고 있다.

하지만 이 신석관도 사용 가능 햇수는 100년 정도이다. 신석관 안에서 폐로 작업을 계속한다고 하는데 안에는 핵연료가 아직 2,000톤이나 남아 있다. 특히 녹아내린 핵연료를 추려내는 기술은 현재 없다. 이대로라면 100년 후에 또다시 조치를 취해야 한다. 체르노빌 원전사고가 정말 제대로 수습되는 데에는 적어도 100년 이상의 시간이 걸린다는 이야기다. 후쿠시마 제1원전사고와 마찬가지로 체르노빌 원전사고도 현재진행형 사고인 셈이다.

일련의 사고로 인한 인적 피해는 얼마나 될까. 국제원자력기구IAEA, 세계보건기구WHO 등 유엔 관련 여덟 개 단체와 우크라이나·벨라루스·러시아 정부의 전문가로 구성된 '체르노빌 포럼'이 2005년에 발표한 보고서를 보면 사고 처리에 참여한 군인과 소방관 중 작업으로 숨진 사람은 2,200명이며 체르노빌 사고로 인한 방사선 피폭 사망자 수는 앞으로 발생할 암 사망자를 포함해 전부 4,000명이라고 한다. 하지만 방사선 피폭에 의한 암 사망자 수 데이터는 여러 설이 난무해 약 3만 명이라는 예측에서부터

40만 명에 이를 것이라는 설까지 다양하다. 체르노빌 사고의 역학 평가는 아직도 정립되지 않은 실정이다.

단편적 보도 경향

오염된 땅 체르노빌은 29년이 지나도 여전히 많은 상흔을 남기고 있다. 체르노빌의 현황을 알아두는 일은 '25년 후의 후쿠시마'를 상상할 때 피해갈 수 없는 길이다. 한편 일본인이 미디어를 통해 접한 체르노빌의 현실은 체르노빌의 한 단면에 지나지 않는다는 사실 또한 주지해야 한다.

다음 표와 그래프는 1986년 이후 일본 언론의 체르노빌 보도 기사 건수와 내용을 정리한 것이다.

사고 다음 해부터 1991년까지 기사 건수가 증가한 요인은 글라스노스트 정책●●으로 소련의 엄격한 정보 통제가 해제되면서 새롭게 밝혀진 사실이 늘었기 때문이다. 원전 문제에 큰 관심이 쏠려 신문뿐 아니라 사고 후 2년간 원전 관련 서적이 80권 정도 출판되었고 많은 책이 베스트셀러가 됐다.

원전 관련 문제의식은 대중문화에도 영향을 미쳤다. 1988년에는 더 블루 하트●●●의 〈체르노빌〉, RC썩세션●●●●의 〈러브 미 텐더〉①와 같은 '반원전송'이 나와 화제를 모았다.

● 약 2조900억 원
●● 고르바초프가 주도한 개혁개방 정책
●●● The Blue Hearts: 일본의 록밴드. 1980년대 후반부터 1990년대 전반에 걸쳐 활동
●●●● RC Succession: 일본의 록밴드로 록의 황제, 라이브의 황제라는 별명이 붙는 등 일본어 록의 성립과 현 일본 록 음악의 확립에 큰 영향을 미쳤다

같은 해 도쿄에서는 1만 명이 모인 반원전 집회가 열렸다. 당시 신문기사를 확인해보면 80년대 후반 일정 기간 일본에서도 탈원전 운동이 크게 일어났음을 알 수 있다.

탈원전 움직임은 길게 이어지지는 않았다. 소련 붕괴 후에는 기사 건수가 격감한다. 그 뒤로는 체르노빌 사고 10주년, 1999년에 일어난 도카이무라 JCO 임계사고,● 사고 20주년과 같은 특별한 해에만 기사 건수가 증가하고 그 뒤에는 다시 감소하는 곡선을 그렸다. 이는 어느 신문이든 비슷한 경향을 보인다.

이 표를 보면 체르노빌 문제를 적극적으로 보도해온 신문사는 「아사히신문」과 「마이니치신문」②임을 알 수 있다. 「아사히신문」은 사고 보도 기사 이외의 기사에서도 체르노빌이라는 단어의 언급이 많았다. 「아사히신문」이 체르노빌을

국제관계 및 사회문제와 연관지어 다양한 형태로 다뤄온 사실을 알 수 있다.

「요미우리신문」과 「닛케이신문」은 기사 건수는 다르지만 기사 건수의 증감 추이는 비슷하다. 기본적으로 객관적인 사실 보도만 다룬다는 방침이 정해져 있었던 듯하다. 10주년, 20주년과 같은 특별한 해에는 르포 기사 등이 게재되었는데 「아사히신문」이나 「마이니치신문」과 비교하면 질과 양 모두 미흡하다.

일본 언론이 체르노빌 보도와 관련해 가장 많이 다룬 주제는 인근 주민과 주변국의 건강 피해 및 식품 오염이다. 그다음은 일본을 포함한 세계 각국의

● 1999년 9월 30일 일본 이바라키현 나카군 도카이무라에 위치한 핵연료가공회사 JCO가 일으킨 원자력사고. 일본 국내에서 처음으로 사고 피폭에 의한 사망자가 나왔다

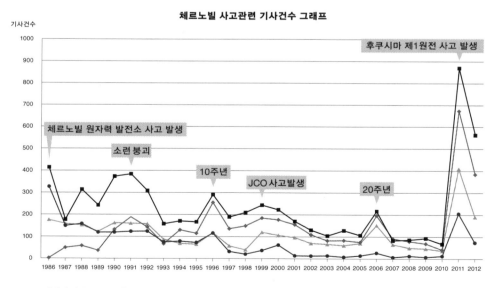

체르노빌 사고관련 기사건수 그래프

■「아사히신문」 ●「닛케이신문」 ▲「요미우리신문」 ◆「마이니치신문」

탈원전 움직임을 보도하는 기사였다. 도카이무라 JCO 임계사고로 방사능이 신체에 미치는 영향을 우려하는 기사가 많이 거론된 뒤에는 체르노빌 원전사고 자체를 다루는 기사는 갑자기 줄고 2011년 후쿠시마 제1원전사고가 일어나기 전까지는 구제활동, 기념 이벤트, 관련 영화 상영 등이 조그맣게 보도되는 정도였다.

　　체르노빌 사고는 일본에서 지속적으로 보도됐는데 큰 틀에서 보면 방사능에 의한 건강 피해, 식품 오염, 탈원전 운동의 세 가지 주제로 묶인다. 그런데 이 주제를 벗어난 곳에 우리가 모르는 체르노빌이 존재한다. **지난 29년 동안 원전 30킬로미터 권내, 이른바 존이라 불리는 곳에서는 과연 무슨 일이 일어났을까.**

　　앞에서 말한 대로 체르노빌 원전은 사고 이후에도 1~3호기는 계속 가동되어 2000년까지 발전소로 기능했다. 사고는 소련을 붕괴시키는 큰 요인이 되고 당사국인 우크라이나는 1991년 소련 붕괴와 함께 독립국이 되었다. 이와 함께 역사는 우크라이나에 체르노빌 원전이라는 큰 짐을 얹어주었다. 위험을 알면서도 사고를 일으킨 4호기 바로 옆에 있는 3호기를 2000년까지 계속 가동한 이유는 3호기가 우크라이나 전체 전력 공급의 7퍼센트를 차지하고 있었기 때문이다.

　　독립국이 된 우크라이나는 에너지 자립을 위해 더욱 원전에 의존했다. 현재 우크라이나의 원전 의존율은 약 50퍼센트이다.

체르노빌 취재에서 얻은 것

취재를 위해 체르노빌 원전을 찾아갔을 때 **체르노빌 원전이 지금도 '현역'으로 활동하고 있는 전력 시설**이라는 이야기를 듣고 깜짝 놀랐다. 2000년에 발전 기능은 멈추었지만 지금도 폐로 작업을 계속하고 있으며, 우크라이나의 서쪽 지역 원전에서 만든 전기를 동쪽 지역과 키예프로 보내는 송전기지, 전력의 허브로서 중요한 역할을 담당하고 있다. 이 시설은 발전 정지 이후 '국영 특수기업 체르노빌 원자력 발전소'로 명칭을 바꿔 오늘날에도 하루 2,800명의 노동자가 버스로 출퇴근하며 사고 처리 및 송전 업무를 지속하고 있다.

　　이런 사실은 잘 알려지지 않았다. 일본 언론이 2000년 3호기 정지 때 '체르노빌 원전 완전 폐쇄'라고 매듭을 짓듯이 보도했기 때문이다.③ 폐쇄 보도 이후 체르노빌 원전 관련 보도는 격감했고, 석관이 덮인 후 원전 노동자의 일상과 건강 관리 문제 등, 존에서 무슨 일이 일어나고 있는지 알 수 없었다.

　　현재 원전 노동자의 노동 환경은 어떨까. 원전 부지 안은 방사선량이 높으므로 작업 시간은 엄밀하게 관리되고 있다. 부지 내에서도 장소마다 다르겠지만, 실외라면 3~6마이크로시버트, 원전 내부라면 0.1~15마이크로시버트 정도이다. 작업에 따라 다르지만, 주 4일 원전 내에서 일한다면 3일은 방사선량이 낮은 지역에서 보내야 하는 형편이다.

　　한편 원전부지 안팎의 방사선량은 지난 29년 동안 큰 폭으로 낮아졌다.

체르노빌 관련 일본의 신문 보도 연표

년도	체르노빌 원전사고 관련 신문기사	일본 내 원자력문제 관련 신문기사
1986	4호기 폭발/오염범위 20만㎢ 초과/30㎞ 권내 피난 명령. 피난자는 13만 5,000명/작업원 31명 사망 확인	일본 원자력안전위원회 전문위가 보고서 정리. '일본 내에서 똑같은 사고가 일어날 일은 없다'라고 결론
1987	원전사고 재판 개시/소련 당 기관지 과잉 피폭 부정	일본 원자력안전위원회 '원자력 개발 이용 장기 계획' 정리
1988	발전소 주변 10㎞ 특별 폐쇄/글라스노스트로 '우랄 핵 참사' 실상이 밝혀짐	더 블루 하트 ‹체르노빌›, RC썩쎄션 ‹COVERS› 발매/도쿄에서 원전 반대를 외치는 1만 명 집결
1989	소련지 ‹원전 주변 암 환자 두 배 증가› 보도/벨라루스 지구에 10만 명 추가 피난	홋카이도 전력 도마리 원전, 체르노빌 사고 후 신설된 원전으로는 처음 영업 운전 개시/방사선 조사(照射)식품 해제를 둘러싼 시비론이 거세짐
1990	우크라이나공화국 최고회의, 체르노빌 원전 폐쇄 결의	일본 외무성, 체르노빌 원전사고 피해자 구제를 위해 26억 엔 상당의 대소련 의료원조 시행
1991	우크라이나 독립/고르바초프 퇴임, 소련 붕괴	방사능 유출 위험 있는 간사이전력 미하마 2호기 냉각수 유출 사고/미하마 원전사고
1992	우크라이나 정부, 사고로 인한 사망자가 6,000명이 넘는다고 발표	전력업계 쓰루가, 도카이, 후쿠시마 등 원전 증설 연이어 계획
1993	WHO, 벨라루스 공화국 어린이 갑상선암 발병률이 사고 전에 비해 20배 이상 증가했다고 발표. 사고 영향을 인정/원전 오염 지구에 구소련 각국에서 난민 2,000명 유입	도쿄 전력, 원전 4기 신설 계획
1994	우크라이나 정부, 체르노빌 원전의 단계적 폐쇄 표명	6년 만에 원전 건설 승인, 1996년 가을 오나가와 원전 3호기 착공 결정
1995	우크라이나 대통령, 2000년까지 체르노빌 원전 폐쇄 표명	고속증식로 '몬쥬'에서 나트륨 누출 화재 사고 발생
1996	IAEA 포럼에서 '석관'에 붕괴 위험이 있음이 밝혀짐/사고 직후 900명이 장애를 입었다고 판명	
1997	체르노빌 원전 방사성물질 재누출 우려, 밀폐에 대해 G7이 협력	체르노빌 원전처리 계획에 고베 제철소, 미국·유럽 4개사와 함께 수주

1998	3호기가 냉각수 누출로 정지/사고 10㎞ 권내 주민 20퍼센트 급성 방사선장애	'국제 체르노빌 센터'에 일본도 참여
1999		도카이무라 JCO 임계사고 발생
2000	1, 2호기에 이어 3호기 운전 정지, 사고 발생 후 약 15년 만에 완전 폐쇄/사고 작업자 15만 명 중 130명이 백혈병, 발병 예측을 50퍼센트 상회	
2001	러시아에 15년 만에 새 원전 건설	도쿄고등재판, 도카이 제2원전 허가 취소 소송, 2심도 주민 측 패소
2002	체르노빌 원전사고를 테마로 한 영화 ‹알렉세이와 샘›이 베를린국제영화제 베르리나신문상 수상	도쿄전력의 원전 문제 은폐 발각
2003	체르노빌형 원전을 가진 리투아니아, EU 가맹 가결로 논란	
2004	우크라이나, 원전사고 후 처음으로 새 원자로 가동	간사이전력 미하마 원전 3호기 증기분출 사고
2005	IAEA의 체르노빌 관련 보고 '피폭사망 4,000명'설 논란	
2006	4호기 석관 보수작업 급속도로 진행/벨라루스 반정부 시위 4만 명 증가	
2007	러시아 정부, 원자력 독점기업을 설립	호쿠리쿠전력 시카 원전, 임계 은폐 판명/ 간사이 미하마 원전 3호기 재가동
2009	4호기 원자로를 덮는 '석관' 보강공사 종료	러·일원자력협정 체결/원자력안전위원회 45년 만에 입지기준 수정논의 개시
2010		미하마 원전 1호기 운전 가동 40년
2011	사고 25주년 기념 우크라이나 각지에서 '반원전' 집회/우크라이나, 사고에 따른 손실이 2015년까지 15조 엔을 돌파할 전망이라고 발표	동일본 대지진/도쿄전력 후쿠시마 제1원전사고
2012		일본·우크라이나·벨라루스 원전사고 관련 협정 체결

[데이터 협조: 양제츠, 가가와 나오, 단치웨이(와세다대학 정치학연구과 저널리즘코스 다나카 미키히토 연구실)]

체르노빌에서 생각하다

방출된 세슘137의 반감기가 가까워진 데다가 제염작업이 진행되면서 0.1~0.2마이크로시버트로 일상생활에 문제가 없다고 여겨지는 방사선량 수준으로 낮아졌다. 일본의 제염 기준은 0.23마이크로시버트 이상으로 정해져 있는데 현재 존 안은 대부분 그 이하로 낮아져 있음을 알 수 있다. 원전에서 약 20킬로미터 남쪽에 있는 체르노빌는 사고 1년 후 약 10마이크로시버트라는 높은 방사선량을 보였는데 현재는 0.1~0.2마이크로시버트까지 낮아져 출입금지구역청을 비롯한 많은 기관이 들어서 있다. 시간이 지나면서 우크라이나 정부의 방침도 바뀌어 존 안의 기관에서 근무하는 사람들에 한해 30킬로미터 권내의 일시 체재와 숙박을 인정하게 됐다.

존에는 강제피난 이후 자발적으로 귀향해 30킬로미터 권내에 사는, 현지어로 '사마셜'이라 불리는 주민도 있다. 1987년 가장 많았을 때 사마셜 수는 1,200명이나 되었는데 이들은 불편한 환경 속에서도 자력으로 살아가고 있다. 소련 정부와 우크라이나 정부는 불법으로 거주하는 사마셜에게 몇 번이나 새로운 주거지로 옮기라고 설득했지만 소용이 없었다. 우크라이나 정부는 사마셜에게 강제 퇴거 명령을 내리거나 처벌을 하지는 않는다. 1990년부터 1992년 사이에는 사마셜을 위한 보상 관련 규정을 공식 발표하기도 했다. 사마셜의 거주에 대한 법적 허가가 내려진 셈이다. 사마셜은 30킬로미터 권내에 있는 이반키프 지구에 새롭게 호적 등록했으며 연금과 순회 의료서비스를 받으며 이동판매차량이 운반해 온 생활 물자를 받을 수 있게 됐다.

'스토커'의 출현

2000년대에 들어서자 존을 둘러싼 상황에 큰 변화가 찾아왔다. 원래 거주자들이었던 사마셜과는 달리 '스토커'(26쪽 참조)라 불리며 30킬로미터 권내에 출입하는 사람들이 나타났다.

내무부 소속 경찰관이며 체르노빌 원전사고 직후 원전 경비를 담당하는 경찰부대 대장을 맡았던 알렉산터 나우모프(64세, 205쪽 인터뷰 참조)는 체르노빌 '존'에서 가장 유명한 스토커 중 한 사람이다.

존의 상황과 존에 거주하는 사람, 존에서 일하는 사람을 모두 파악하고 있는 나우모프는 1990년 무렵부터 국내외 언론인과 학자를 존으로 안내하는 '스토커'역을 자임했다. 경찰대장으로 근무했던 경력이 상급 기관의 통행허가를 받는 데 유리하게 작용한 영향이 크다. 존에 관한 폭넓은 지식과 풍부한 경험을 살려 1년에 평균 10~15회, 2003년까지 총 200명 이상을 존으로 안내했다.

나우모프를 처음으로 '스토커'라 부른 사람은 미국의 보도사진가였다. 존을 안내하는 나우모프를 보고 스트루가츠키 형제의 소설이 떠올라 스토커라는 별칭을 나우모프에게 붙여주었다고 한다. 그 뒤 서서히 나우모프는 스토커라는 별명으로 많은 사람에게 알려졌다.

"나는 왜 존에 가는 걸까요? 사고 후 일주일을 존에서 보냈기 때문입니다.

과거에 일하던 장소로 돌아간 것뿐입니다. 어디서 일하고 있었는지 그곳에는 사고 후 어떤 일이 일어났는지 함께 간 사람들에게 이야기해줍니다."

나우모프는 훌륭한 가이드인 한편 사고 직후 존의 실상을 글로 다룬 문필가로서의 면모도 돋보인다. 나우모프의 에세이는 체르노빌을 무대로 한 많은 픽션과 논픽션의 소재가 되었다.

그중 하나가 2007년 3월에 발매되어 전 세계에 200만 개 이상 팔리는 기록을 세운 컴퓨터 게임 〈S.T.A.L.K.E.R.〉(262쪽 칼럼 참조)이다. 이번 취재 때 방문한 프리피야트 등이 이 게임의 무대이다. 게임을 계기로 스토커가 된 젊은이도 있을 정도다.

나우모프는 "게임을 통해서라도 젊은이들이 체르노빌이 어떻게 변했는지 눈으로 직접 확인하는 일은 의미가 있다고 생각합니다."라고 말한다.

존 안내와 에세이 집필 뿐 아니라 텔레비전, 라디오 등의 다양한 매체를 통해 왕성히 활동하는 나우모프가 있기에 존의 현실이 전 세계에 전해지게 되었다. 나우모프는 '스토커'가 늘어나는 데 가장 큰 기여를 한 사람이다.

큰 반향을 불러일으킨 비공식 투어

체르노빌 원전에서 4킬로미터 떨어진 프리피야트에서 사고를 맞닥뜨렸던 한 소년이 성장해 존의 가이드가 된 예도 있다. 국제 비영리단체 '프리피야트 닷컴' 대표를 맡고 있는 저널리스트 알렉산더 시로타(38세,

210쪽 인터뷰 참조)는 사고 당시 프리피야트에 있는 초등학교에 다니던 아홉 살 소년이었다. 현재는 프리피야트의 기억을 보존하고 후세에 전하는 활동에 힘쓰는 한편 존에 흥미가 있는 사람들을 안내하는 투어 코디네이터 역할도 한다.

사고 당시 프리피야트에는 원전 노동자 가족을 중심으로 4만5,000명의 주민이 거주했는데 사고 다음 날 모두 강제피난을 당했다. 시로타는 열여섯 살이 되던 해인 1992년 겨울에야 다시 프리피야트 땅을 밟을 수 있었다.

유령도시가 된 프리피야트는 시로타에게 강렬한 인상을 남긴다. 겨우 다섯 시간 머무는 동안 이제 이 마을에 다시 살 수 없게 되었음을 깨달은 그는 여행에서 돌아온 한 달 후에 '기억해주기 바란다(I want them to remember)'라는 제목의 에세이를 쓴다. 엄마의 도움으로 영어로 번역된 이 글은 반년 후 *DHA NEWS*라는 유엔 잡지에 게재되었고 이를 계기로 시로타는 저널리스트로 데뷔하게 되었다. 체르노빌의 피해를 직접 겪은 당사자로서 생생한 증언을 남길 수 있다는 점에서 주목받은 시로타는 본격적으로 체르노빌 문제를 주제로 한 저널리스트의 길로 들어선다. 그러면서 집필을 위한 취재와 외부인 안내를 목적으로 존을 자주 찾게 되었다.

시로타가 편집장을 맡고 있던 프리피야트 닷컴은 2003년에 개설된 사이트이다. 2005년에 이 사이트의 회원이 되었고 다음 해인 2006년에 편집장이 된 시로타는 같은 해 자원봉사로 일하는 편집자들을 위한 선물로 존을 견학하는

대규모 투어를 처음 기획했다. 편집자들은 체르노빌이라는 테마로 많은 일을 해 왔지만 한 번도 존에 들어간 적이 없었다.

이 비공식 존 투어는 큰 반향을 불러일으켰고, 이후 사이트의 커뮤니티 회원용 투어를 한 달에 한 번 정도 정기적으로 진행했다. 현재도 투어는 '체르노빌 존'(http://chernobylzone.com.ua) 사이트를 통해 개최되고 있다.

존은 지금도 출입과 거주가 금지된 구역이다. 편의시설이나 카페가 있을 리 없다. 투어라고는 해도 사고를 일으킨 4호기의 석관과 비통한 상흔을 간직한 프리피야트를 견학하는 것뿐이다.

이처럼 비극과 고통의 무대가 된 장소를 방문하는 관광 형태를 일반적으로 '다크 투어리즘'이라 부른다. 폴란드의 아우슈비츠 강제수용소, 미국 뉴욕의 그라운드 제로, 캄보디아 프놈펜 학살박물관, 히로시마 평화기념자료관 등 다크 투어리즘 장소는 전 세계 곳곳에 존재한다. 일본에는 '관광'이라는 단어가 레저의 일종으로 다뤄지는 일이 많아 다크 투어리즘이라는 단어와 개념은 아직 잘 알려지지 않았다. 일본인에게는 오히려 오래전부터 익숙한 현장견학이나 최근 일반적으로 쓰이게 된 스터디투어 개념이 시로타가 실시한 투어의 내용을 이해하는 데 도움이 될 것이다.

'존' 투어의 해제와 그 목적
우크라이나 정부는 얼마 전까지 안전 등의 이유로 관계자와 전문가, 저널리스트에 한해서만 존 출입을 허가했다. 나우모프와 시로타가 외부 사람을 안내하거나

가까운 사람들을 데리고 투어를 꾸릴 수 있었던 것은 다름 아닌 **사고 관계자 또는 당사자였기 때문이다.** 여행사가 이끄는 패키지로 된 대대적인 '관광' 투어는 최근까지도 찾아볼 수 없었다.

일본도 똑같다. 후쿠시마 제1원전에서 20킬로미터 권내의 출입금지구역에 들어가 취재하는 저널리스트는 많지만 대부분 공식적인 허가를 받은 것이 아니다. 권내의 주민이 잠시 집에 들르러 갈 때 같이 따라가거나, 목장이나 공장 경영자 등 특별히 출입 허가를 받은 사람과 함께 들어가 취재를 하는 정도이다.

우크라이나 정부는 2011년 12월 방침을 바꿔 이전까지 제한적으로 승인했던 외부인의 견학 투어를 전격 허용했다. 우크라이나 비상사태부의 외곽단체 '체르노빌 인텔인폼'이 20개사 정도의 여행사에 관광객 모집을 위탁하고 출입금지구역청이 관리하는 형태로 정식으로 존 투어를 할 수 있게 되었다. 해금되자 전 세계에서 투어 신청이 쇄도했다. 지금은 많을 때는 하루 약 스무 개 단체, 300명이 존을 찾는다.

출입금지구역청의 드미트리 보블로 제1부장관(56세)은 해금의 목적을 '존을 통해 방사능 위험성을 올바르게 인식하게 하기 위해서'라고 밝혔다.

"방사능의 위험성은 과대평가해서도 과소평가해서도 안 됩니다. 존 투어는 일반 관광과는 다릅니다. 원자력 시설에서 어떤 안전 규칙을 지켜야 하는지를 가르치는 것과 사고의 기억을

남기는 것을 목적으로 하고 있습니다. 그러므로 우리는 존의 안전에 더욱 세심한 주의를 기울이고 있습니다. 여행자를 방사능으로부터 지킨다는 의미에서도, 원전 노동자를 지키기 위한 의미에서도 그렇습니다."

보블로 부장관이 말한 것처럼 우크라이나 정부의 공식 관광 투어는 교육과 계몽의 성격을 강하게 띠고 있다.

그 배경에는 우크라이나의 높은 원전 의존율이 자리하고 있다(121쪽 칼럼 참조). 최근 우크라이나와 러시아는 천연가스 공급을 둘러싸고 관계가 악화됐다. 이 때문에 우크라이나가 러시아로부터 사들이는 천연가스의 가격이 치솟아 국가 예산을 압박하고 전기요금이 급상승했다. 러시아산 가스 의존도를 낮추고 대체 에너지 개발과 동시에 원전을 적극적으로 이용하는 방침을 내놓은 정부의 에너지 계획에는 현재의 원전 의존율 50퍼센트를 유지하면서 대체 에너지 비율을 현재의 1퍼센트에서 10퍼센트까지 높이는 것을 목표로 한다.

현재 우크라이나는 원전을 열다섯 기 가동하고 있는데 사용 가능 햇수 문제도 있어 장차 최대 일곱 기를 더 지을 계획이다. 앞으로 국가가 원전을 추진하려면 국민과 주변국의 이해를 얻는 일이 중요한 과제이다.

체르노빌 원전과 프리피야트를 있는 그대로의 모습으로 보여줌으로써 원전사고를 '교훈' 삼아 계몽하고, 원전추진정책의 프로파간다로서 사용 하려는 것이다. 솔직히 같은 7단계 사고를 일으킨 후쿠시마 제1원전을 지닌

일본인으로서는 복잡한 심경에 빠질 수밖에 없다. 하지만 보블로 부장관의 '사고가 할퀸 자국을 그대로 보여주는 일이 원전정책의 투명화로도 이어진다'는 생각은 오늘날 일본에는 없는 신선한 발상이다. 이 지점에 '25년 후의 후쿠시마 제1원전'을 상상하는 중요한 힌트가 숨어있는 것은 아닐까.

다양한 방사능 위험을 가르쳐주는 투어

체르노빌 관광 투어는 어떤 계기로 시작되었고 어떻게 현재와 같은 규모까지 성장해왔는지 다시 정리해보자.

여러 관계자의 이야기를 종합해보면 아무래도 투어의 맹아는 1990년대 말부터 2000년대 초에 있는 것 같다. 맨 처음은 나우모프와 시로타처럼 사고 당사자나 관계자가 우크라이나 출입금지구역청의 허가를 받아 저널리스트와 학자 등의 전문가를 데리고 출입을 했다. 그 후 출입 가능한 범위와 규모가 점점 확대됐고, 2006년 무렵에는 NGO와 비영리단체가 주최하는 형태로 사실상 투어가 생겨난 것으로 보인다.

이런 변화의 시기에 투어 기획에 크게 공헌한 사람이 체르노빌 원전사고 당시 군의 방사능 척후대로 사고에 관여한 적이 있으며 지금은 작가로 변신한 세르게이 미루누이(55세, 183쪽 인터뷰 참조)이다.

미루누이는 2006년 처음 투어 기획에 참여했는데 시로타가 커뮤니티 회원 투어를 시작한 것과 관련이 있다.

미루누이는 시로타의 부탁으로 투어 특별 게스트로 참여했다. 그 후 2년에 걸쳐

프리피야트 닷컴의 투어 가이드로 일했다. 이 경험을 바탕으로 미루누이는 존을 둘러보는 다양한 투어를 기획했다고 한다. 미루누이가 기획한 투어는 역사적인 장소, 흥미진진한 지점, 방사능 교육에 적합한 장소를 조합해 견학 코스로 만드는 것이 큰 특징이다. 방사선량이 높은 지점 가까이 안내할 때는 방사선의 종류와 인간의 신체를 방사선으로부터 방어하기 위한 지식을 자세하게 설명한다. 방사능과 공존하는 방법을 가르치는 일이 중요하다고 생각하기 때문이다.

미루누이가 교육과 계몽에 집착하는 이유는 오늘날 방사능 사고가 사회에 미치는 가장 큰 폐해는 방사능에 의한 오염과 건강 피해가 아니라, 잘못된 정보에 기반을 둔 과잉 공포와 헛소문이 초래하는 사회 불신이라는 지론을 갖고 있기 때문이다.

"1986년 사고 처리 직후에 정보 오염이라 부를 만한 피해를 경험했습니다. 당시 아이러니하게도 우리처럼 존에서 일하던 사람들이 오히려 가장 침착한 태도를 보이고 있었습니다. 왜일까요? 우리는 정보를 갖고 있었고 피폭의 규모를 알고 있었기 때문입니다. 당시 존의 방사선량은 현재의 1,000배 수준이었습니다. 방사선 척후대 대원은 방사선량이 높은 위험 장소에서 작업할 때에는 그곳이 위험하다는 것을 알기 때문에 서둘러 일하고 쏜살같이 빠져나왔습니다. 그래서 피폭량을 최소한으로 줄일 수 있었고 정신적인 상처도 받지 않았습니다."

미루누이가 원전사고 당시 피폭당한 방사선량은 전부 200~300밀리시버트였다. 현재 건강상태는 특별한 이상 없이 양호하다고 본인은 말한다.

건강 피해보다 잘못된 정보로 인한 사회·경제적 손실이 더 큰 문제라고 하는 미루누이의 견해는 저선량 피폭으로 인한 피해를 중시하는 사람에게 받아들이기 힘든 주장이다. 하지만 일본에서도 필요 이상으로 방사능 공포를 부추기는 미디어 때문에 후쿠시마 사람들에 대한 차별과 경제 손실이 생기고 있는 것 또한 자명하다. 체르노빌도 후쿠시마도 그 점은 마찬가지이다.

방사능을 과도하게 두려워하지 않고 사람들에게 올바른 지식을 전하면서 정보 오염으로 인한 피해를 막고자 하는 작업은 미루누이만의 전매특허는 아니다. 후쿠시마 제1원전사고 이후 일본에서도 하야노 류고(일본 원자물리학자), 노지리 미호코(일본 이론물리학자, 소립자물리학 연구자), 가쓰카와 도시오(일본 미에대학 생물자원학부 준교수), 기쿠치 마코토(물리학자, 오사카대학 사이버미디어센터 교수) 등 과학자들이 시민에게 방사능 측정기(가이거 카운터) 사용법과 올바른 방사선 지식을 가르치는 집회를 개최한다거나 트위터를 통해 시민의 질문에 답하는 활동을 펼쳐 일반시민의 불안 해소에 성과를 올리고 있다.

미루누이도 단순한 '안전추(일본에서 방사능의 영향을 과도하게 안전하다고 보는 사람들을 일컫는 인터넷 은어, 그 반대는 위험추)'는 아니다. 그는 하리코프대학에서 물리화학을 공부한 후 연구원으로 일한 경험이 있다. 체르노빌 원전사고 후 전공을 바꿔

헝가리 부다페스트에 있는 중앙유럽대학에서 '환경분야의 과학과 정치'를 수료한 과학자이다. 이론을 갖춘 과학자이자 체르노빌 사고 현장에 있던 사고처리작업원이며, 무엇보다 대량의 피폭을 경험한 당사자인 미루누이는 '방사능 사고에서 가장 중요한 것은 올바른 지식을 갖추고 미디어가 선동하는 정보에 우왕좌왕하지 않는 것'이라고 말한다(이와 같은 이력을 지닌 인물이 일본에 없어 안타깝다). 이 주장을 우리도 진지하게 받아들여야 한다.

존 투어를 통해 참가자에게 방사능 교육과 계몽을 하자는 미루누이의 투어 취지는 출입금지구역청 보블로 부장관의 이야기와 일맥상통하는 것처럼 들린다. 사실 미루누이의 투어 기획은 정부의 공식 투어에도 적용되고 있다. 관점에 따라서는 미루누이가 '어용학자'로 정부의 원전 추진 프로파간다를 거들고 있다고 생각하는 사람도 있을지 모르겠다.

하지만 의외로 미루누이는 존 투어의 프로파간다 효과에는 부정적이다. 원래 투어 기획은 여행사의 독자적 권한이며 정부는 민간 투어를 방해하지 말아야 한다는 것이 그 이유이다. 정부가 존 투어로 원전 추진에 긍정적인 반응을 유도하고 싶다 하더라도 실제로 사고가 할퀸 자국을 직접 눈으로 확인한 관광객들이 원자력을 환영할 리가 만무하다는 것이 투어 가이드로서 미루누이가 느낀 솔직한 심정이다.

이번 체르노빌 투어 취재를 할 때 많은 사람이 게임 ‹S.T.A.L.K.E.R.›를 이야기했다. 게임 스토리와 설정에 대해서는 얼굴을 찌푸리는 사람도 있지만,

체르노빌에 흥미와 관심을 두게 만들었다는 의미에서는 게임의 존재를 모든 사람이 긍정적으로 받아들이는 점이 인상에 남는다. 미루누이는 특히나 이 게임을 매우 긍정적으로 평가했다.

미루누이의 말을 빌리자면 이 게임 이전의 체르노빌 이야기는 원주민과 원전 노동자에게 정신적인 상처를 안겨주는 말뿐이었다고 한다. 하지만 게임 덕분에 젊은이들이 자연스럽게 흥미를 갖게 되었고 문제에 대해 적극적으로 말할 수 있게 되었다고 한다. 즉 ‹S.T.A.L.K.E.R.›는 체르노빌 문제에 대한 새로운 인식과 긍정적 문화 현상을 낳는 데 성공한 비즈니스 프로젝트이다.

데이트 장소가 된 사고박물관

게임 ‹S.T.A.L.K.E.R.›는 인상적인 방법으로 젊은 사람들의 관심을 끌고 문제를 터부시하지 않으면서 체르노빌을 다음 세대에 전해주고 있다. 형태는 다르지만 같은 수법으로 성공한 사례가 또 있다. 바로 키예프에 있는 우크라이나 국립 체르노빌박물관(78쪽 참조)이다.

체르노빌박물관은 우크라이나가 독립한 다음 해인 1992년에 문을 열었다. 개관한 지 20여 년이 지나는 동안 120만 명이나 방문했다. 최근에는 젊은이들의 데이트 장소로 인기를 모으고 있다.

왜 '데이트 장소'로 인기가 있는 것일까. 그 이유는 체르노빌박물관의 독특하고 인상적인 전시기법에 있다. 통상 이런 다크 투어리즘 박물관은 히로시마의 평화기념자료관이나 오키나와의

평화기원자료관처럼 흥미를 배제한 다큐멘터리와 아카이브가 중심이 된다. 하지만 체르노빌박물관은 다큐멘터리적 전시는 전체의 30퍼센트 정도로 나머지 70퍼센트는 예술적이며 철학적인 물음을 던지는 전시품으로 구성되어 있다. 일본에서는 익숙하지 않은 이 전시기법이 많은 사람을 다시 찾아오게 한다.

체르노빌박물관의 안나 콜로레브스카 부관장(56세, 195쪽 인터뷰 참조)은 "젊은 세대의 사랑을 받는 체르노빌박물관은 우리의 자랑"이라고 말한다.

1992년 개관 당시 박물관의 전시물은 240점에 불과했다. 하지만 콜로레브스카 부관장을 중심으로 직원들이 여러 차례 존에 들어가 사고 관계자들로부터 착실하게 자료를 모아, 1996년 국립 박물관으로 인정받아 재개관할 때에는 전시품이 7,000점에 이르렀다. 국립이라고는 하지만 우크라이나 정부가 주는 재정적 보조는 직원의 인건비뿐이다. 그것도 일반 업종에 비하면 낮은 수준이라고 한다. 소장품 수집 비용은 전부 외부에서 기부받아 운영하고 있다. 그래도 전시가 점점 충실해지는 것은 인류가 떠안은 철학적 문제를 많은 사람이 보고 느끼기를 바라는 직원들의 높은 열의 때문이다.

체르노빌박물관의 전시철학은 무엇일까. 전시실 입구에 쓰인 '슬픔에는 끝이 있지만 우려에는 끝이 없다'는 표어에서 짐작해볼 수 있다.

"우리의 과제는 사고처리작업원, 희생자, 목격자 등 몇천 명이나 되는

사람들의 운명을 통해 오늘날 세계 산업 발전에 가장 중요하다고 여겨온 원자력 에너지가 일으킨 사고가 어떤 것인지 보여주는 것입니다. '누가 버튼을 눌렀는가'가 아니라 '왜 버튼을 눌렀는가' 이를 사회학자와 철학자의 시점에서 생각해보자는 것이지요. 누르고 싶었기 때문인지 아니면 누르기를 강요받았는지 혹은 다른 이유가 있었는지, 그런 인간적인 측면에 초점을 둔 전시를 하려 노력하고 있습니다."

체르노빌박물관에는 각국의 대사와 대통령도 방문한다. 그들은 입을 모아 박물관 전시를 보고 나서 체르노빌 사고에 대한 시각이 바뀌었다고 말하며 돌아간다고 한다.

키예프에 있는 'Tour 2 Kiev'는 〈S.T.A.L.K.E.R.〉가 인기를 모은 다음 해인 2008년부터 체르노빌 투어를 진행해(미루누이가 지적한 것처럼 사실상의 '해금' 전부터 여행사는 투어를 진행했다) 성공을 거둔 여행사 중 하나이다. 정부 공인 투어를 취급하는 이 여행사 사장 안드레 자첸코(48세, 176쪽 인터뷰 참조)도 콜로레브스카 부관장과 마찬가지로 '투어에서 가장 중요한 것은 참가자들에게 철학적 물음을 던지는 것'이라고 말한다.

"존 투어는 매력적인 풍광을 찾아가거나 디즈니랜드와 같은 즐길 곳을 찾는 것과는 전혀 다릅니다. 우리는 매우 위태위태한 세계에 살고 있다는 점을

관광을 통해 세상에 널리 호소해야
한다고 생각합니다. 체르노빌 또는
후쿠시마를 방문하는 최대의 의미는
인간의 자기의식 고양에 있습니다."

Tour 2 Kiev 투어는 세계 각지에서 신청이
들어오며 많은 관광객이 이 여행사를
통해 체르노빌을 방문하고 있다.
2012년에는 유럽 축구선수권이 폴란드와
우크라이나에서 공동 개최되어 관광객이
대폭 증가했다고 한다.
　체르노빌 투어가 최근 경제 효과를
가져온 것은 사실이지만 여행사에게 존
투어는 결코 매력적인 일만은 아니다.
일반적인 투어 요금은 점심을 포함해
1인당 약 150달러이다. 그러나 한 사람 당 여
행사가 얻는 영업이익은 그것의 10퍼센트인
15달러 정도밖에 되지 않는다. Tour 2
Kiev도 투어를 통해 참가자에게 교육과
계몽을 하고 싶다는 자첸코의 철학에 따라
경비만 충당하는 수준으로 투어 요금을
싸게 책정하고 있다.
　체르노빌박물관과 체르노빌 투어의
공통점은 그곳을 방문한 사람에게
올바른 정보를 제공하는 것에 덧붙여,
참가자에게 철학적인 질문을 던진다는
점이다. 우크라이나인은 역사를 감성적으로
표현하는 일에 긍정적이다. 반면에
일본의 히로시마, 나가사키, 오키나와의
사례를 보면 다크 투어리즘의 전시가
지나치게 절제된 경향이 있다. 감성적이고
과감한 접근을 경박하다고 단죄하는
일본의 분위기와 관계있지 않을까.

비극의 기억을 남기는 이유

전시를 통해 철학적인 물음을 던지는 일이
일본인에게 낯선 것만은 아니다. 2012년
3월부터 6월까지 일본과학미래관에서
개최된 기획전 '세계의 종말 이야기, 피할
수 없는 73개의 물음'은 "어떤 병에 걸릴지
미리 알 수 있다면 알고 싶습니까?",
"변화하는 것과 지속하는 것은 양립할 수
있을까요?"와 같은 철학적 질문만으로
구성된, 일본에서는 보기 드문 이색적인
전람회였다. 시선을 끄는 전시물이나
창작물도 없었고 대규모 홍보도 없어서
사람들이 많이 올까 걱정했는데 뚜껑을
열어보니 결과는 대성공이었다. 입소문을
타면서 관람객이 늘었고 여러 번 다시
찾아온 사람도 많았다. 기획전 큐레이터인
오기타 아사코는 독자 기획전으로는 최고
수준의 관람객 동원을 기록했다고 말했다.
　오기타는 젊은 커플이 많이 방문하는
것을 보고 놀랐다고 한다.

　　"직원들도 어디에 시선을 두어야 할지
　　모를 정도로 커플들로 북적거렸어요.
　　'당신은 가늘고 길게 살고 싶습니까?
　　짧고 굵게 살고 싶습니까?' 이런 질문을
　　보며 키득키득하더군요. 평소에는
　　주고받을 일 없는 철학적 물음을
　　접해보면서 그동안 몰랐던 상대의 또
　　다른 면을 볼 수 있는 계기가 되는
　　것 같아요."

이 현상은 체르노빌박물관이 젊은이들의
데이트 장소로 주목받는 것과도 부합한다.
사람들에게 철학적이며 감정적 물음을

던지는 일은 때로는 우수한 다큐멘터리를 보여주는 것 이상으로 가슴 뜨거운 무언가를 가르쳐주는 좋은 기회가 된다.

박물관과 같은 아카이브나 체르노빌 투어와 같은 다크 투어리즘으로 비극을 남기려는 움직임은 왜 나온 것일까. 대답은 간단하다. 유형의 형태로 남기지 않으면 비극의 기억은 서서히 옅어지기 때문이다.

체르노빌박물관의 시초는 사고 다음 해인 1987년에 사고처리작업을 하다 사망한 소방관들을 위한 상설 사진전시 공간을 만든 것이었다. 다양한 자료를 일찍부터 수집할 수 있었던 것은 목적이 다르기는 했지만 사고 다음 해부터 수집 활동을 개시해 6년이라는 짧은 시간 안에 개관했기 때문이다.

시간이 경과할수록 귀중한 자료는 흩어지고 체험을 생생히 증언해줄 사람도 줄어든다. 아카이브가 의미 있는 것이 될지 안 될지는 전적으로 **비극이 일어나고 나서 얼마나 빨리 '남길' 것을 정해 작업에 착수하는가**에 달려 있다.

그렇지만 일본에서는 이런 비극을 아카이브나 역사적 사료로 남기는 일에 대한 장벽이 매우 높다. 일본에서 가장 유명한 비극의 기억을 남긴 유적이며 1996년에 세계 문화유산으로 등록된 히로시마 원폭 돔은 역사화 작업의 높은 장벽을 보여주는 대표적인 예이다.

1954년 원폭 돔을 상징으로 삼아 설계한 단게 겐조의 '히로시마 평화기념공원'이 완공된 뒤, 히로시마에는 '볼 때마다 원폭 투하의 참사를 떠올리게 되니 없애달라'는 민원이 끊이지 않았다. 보존할지 없앨지

방침을 정하지 못해 오랫동안 그 상태 그대로 유지해오다가 1960년대에 들어서자 노화로 인한 붕괴 위험성이 제기됐다. 한때 사라질 위기에 놓였던 원폭 돔은 한 소녀가 남긴 일기 때문에 보존하자는 쪽으로 대세가 기울었다. 한 살 때 피폭됐고 15년 후 백혈병으로 사망한 가지야마 히로코가 남긴 일기에는 "저 보기만 해도 괴롭고 아픈 산업장려관(투하 당시의 원폭 돔 시설 명칭)만이 오래오래 남아 무시무시한 원폭의 고통을 후세에게 전해주겠지."라고 적혀 있었다. 이 일기에 마음이 움직인 평화운동가 가와모토 이치로가 중심이 되어 보존 운동이 시작되었고 1966년에 히로시마의회는 원폭 돔을 영구보존하기로 결의했다.

양분되는 재해 유적 논의

원폭 돔과 마찬가지로 동일본대지진의 쓰나미로 파괴된 건물을 '재해 유적'으로 남길 것인가 말 것인가는 재해 각지에서 논의가 양분됐다.

보존파는 재해 기록을 남기면 쓰나미 방재 의식을 높일 수 있고, 유적을 관광자원화 하면 외화를 획득하는 경제효과도 있다고 주장한다. 해체파는 볼 때마다 쓰나미 악몽이 떠올라 괴로우니 빨리 철거하기를 바란다. 논의의 대립구도는 어디든 똑같다.

재해 유적에 학술·관광자원적 가치가 있더라도 재해를 당한 주민 감정을 우선시해 충분한 검토 없이 철거되는 예도 많다. 2012년 5월 18일 자 『가호쿠신보』 기사 '재해유적 남길까 말까, 딜레마에 빠진 지자체'를 보면 후쿠시마 연안에

쓰나미로 파괴된 미야기현 오나가와초 에지마 공제회관. 건물 세 개 동 앞에는 재해 전의 모습을 찍은 사진과 설명을 적은 입간판이 놓여 있으며 오나가와를 찾는 관광객이 들르는 견학 장소가 되었다. 오나가와초 복원 계획에는 넘어진 건물을 투명한 아크릴 등으로 덮어 주위를 녹지 공원으로 하는 이미지 일러스트가 게재되어 있다. (사진=쓰다 다이스케)

있는 마을 중 열여섯 곳은 재해 구조물을 보존할 생각이 없다고 답했다. 절반 이상의 지자체가 본격적인 논의가 이루어지기도 전에 건물을 헐기로 결정한 것이다. 일단 보존하기로 해도 반대에 부딪혀 결론이 흔들리는 경우도 많다. 미야기현 오나가와초는 2011년 9월에 책정된 '오나가와초 부흥 계획'에서 피해지역 중 가장 먼저 쓰나미로 파괴된 오나가와 경찰서, 오나가와 약국, 에지마 공제회관(사진 참조) 등 세 개의 건물을 보존하는 방침을 세웠다. 계획서에는 보존 이유를 '희생자의 넋을 기리고 그 기억과 교훈을 후대에 전해주기 위해', '쓰나미로 파괴된 빌딩은 쓰나미 연구에 귀중한 자산'이라고 밝히고 있으며 마을 주민들의 목소리를 존중하면서 보존에 힘쓰겠다고 적혀 있다.

장기적으로는 유적을 중심으로 위령비와 기념 공원을 정비할 예정이며 이미 보존을 염두에 두고 기초조사를 끝마쳤다.

계획이 책정되었지만, 주민들의 반발은 여전히 거세다. 모형을 전시하는 대신에 건물은 해체하자는 대체안도 나오고 있으며, '아직 보존을 결정한 것은 아니다. 주민 감정을 배려해가면서 검토해간다'(오나가와초 사무소)는 상황이다.●

미야기현 게센누마시 JR시시오리 카라쿠와역 앞에 떠밀려와 좌초된 대형어선 '제18 교토쿠마루호'. 관광객이 많이 찾는 상징적인 장소가 되어 시에서도 5~10억 엔을 들여 이 지구에 '부흥기원공원'을

● 2014년 3월 현재, 경찰서는 남겨두고 약국과 회관은 해체하기로 결정됐다

조성하고 교토쿠마루호를 공원 안에 유물로 보존할 계획을 세웠다. 하지만 2013년 3월 어선의 소유주 와비스케 어업(이와키 시)이 해체를 결정했다. 와비스케 어업의 야나이 가쓰유키 사장은 3월 25일 자 『아사히신문』 기사에서 "후대를 생각하는 것보다 지금을 살아가는 사람들의 심경을 고려해 결정했다."고 해체 이유를 설명했다. 회사에는 해체를 요구하는 의견과 보존을 바라는 의견 양쪽에서 많은 전화와 편지가 쇄도했다고 한다.

미야기현 이시노마키시를 뒤덮은 쓰나미로 약 300미터 휩쓸려가 옆으로 쓰러진 '거대한 깡통' 모습을 한 어유저장 탱크도 재해 유물로 보존하자는 목소리가 컸다. 하지만 2012년 6월 소유주인 수산가공회사 '기노야이시노마키 수산'이 해체를 결정했다. 이 결정은 쓰나미로 이시노마키시 오가쓰초 공민관 옥상으로 날아든 대형 버스가, 철거를 요구하는 피해자의 목소리에 재해 1년 후인 2012년 3월 10일 옥상에서 내려진 선례를 따른 것이었다.

젊은 여직원이 끝까지 자리를 지키며 주민들에게 피난을 호소하다 결국 쓰나미에 휩쓸려 사망하는 비극을 맞은 미야기현 미나미산리쿠초 방재대책청사. 지역에서는 일찍부터 이 청사를 재해 유물로 남길지 말지를 두고 논의가 양분되었는데, 2012년 7월 유족들의 강한 요청으로 일단 해체하기로 했다. 하지만 해체를 표명한 시정 당국의 방침에 주민들은 '재해의 기억을 남겨야 한다'며 끊임없이 보존을 요구하는 목소리를 내고 있다. 결국 '여러 의견을 수렴하고 싶다'며 청사 해체

여부를 유보시켰다. 희생당한 여직원의 언니는 2013년 3월 방송된 재해 특집방송④에서 "방재대책청사는 동생이 마지막으로 살아 있던 장소이다⋯⋯ 내게는 소중한 장소"라고 말하며 청사의 보존을 호소했다. 하지만 의견이 다른 유족들도 있다. 유족들 사이에서도 의견이 갈리니 시에서 가볍게 결론을 낼 수 없는 것도 당연하다.

재해 유물의 보존과 해체를 둘러싼 논의는 언제 하느냐에 따라서 보존파와 해체파의 비율이 바뀐다. **재해 직후는 압도적으로 해체파가 우세하지만, 시간이 지나면서 보존파가 늘어난다.** 철거되어 완전히 탈바꿈한 상태를 본 지역주민이 '이래서는 우리에게 무슨 일이 있었는지 우리 존재가 완전히 잊혀버릴 것'이라는 불안에 휩싸이기 때문이다. 이는 어디든 똑같은 경향을 보인다.

현지에서 재해 유물 문제를 취재하는 기자와 저널리스트에게 물어보면 지역과 피해 규모에 따라서도 차이가 있는데 대체로 2012년 가을을 기점으로 보존파가 해체파를 웃돌게 되었다고 한다. 하지만 아무리 보존파 비율이 늘어나도 해체파가 '제로'가 되는 일은 없다. 그리고 '당사자의 기분을 생각하라'는 요구는 항상 보존파 비율 이상으로 강한 영향력을 지닌다. 앞으로 귀중한 재해 유물이 될 것이라는 점을 알면서도, 일본에서는 많은 경우 '당사자와 유족의 기분을 생각해라', '무례하다'는 목소리에 묻혀버린다.

체르노빌은 사고 당시 존 전체가 국유지였다. 또 현재 주민을 모두

강제피난시켰기 때문에 유물 바로 옆에 사는 주민은 없다. 일본 쓰나미 피해의 경우 쓰나미가 할퀴고 간 상처 바로 옆에 계속 남아 있는 주민이 있다. 우크라이나와 일본을 단순 비교할 수는 없지만 박물관과 투어라는 형태로 사고의 기억을 남기는 우크라이나와 많은 재해 유물을 해체한 일본의 대응이 대조적인 것은 사실이다.

인간은 망각의 동물이다. 그런 인간 가운데에도 특히 정치인은 잊어버리는 것이 일이라도 되는 양 행동한다.

체르노빌 원전사고가 일어난 지 약 25년이 지난 어느 날 우크라이나 정부는 체르노빌박물관에 '체르노빌 이외에도 비극은 많으니 체르노빌만 특화하지 말고 자까르빠따 주에서 일어난 홍수 등을 포함한 인류 비극을 전시하는 박물관으로 개편하자'고 요청했다. 그 계획은 직후에 일어난 후쿠시마 제1원전사고로 백지로 돌아갔다. 아카이브를 남기는 일에 깨어 있던 우크라이나조차도 언제부터인가 체르노빌의 기억을 희미하게 만들고 있었던 것이다.

역사 앞에서 '만약에'라는 말이 얼마나 무의미한지 잘 알면서도 또 다시 가정해본다. 만약 후쿠시마 제1원전사고가 몇 년 늦게 일어났더라면 체르노빌박물관은 '우크라이나 비극박물관'으로 바뀌고 귀중한 아카이브가 흩어지거나 사라졌을 수도 있다. 재해의 기억을 어떻게 남길 것이냐는 화두를 던져주는 일례이다.

현지인의 반응
재해 유물의 보존을 이야기할 때 최대의

장애물은 당사자의 마음을 어떻게 치료할 것인가이다. 마찬가지 현상은 투어를 진행할 때도 생긴다. 아직 수습되지 않은 원전사고의 작업 현장을 보여주는 일은 '원전 노동자를 구경거리로 만드는 일은 용서할 수 없다. 그곳에서 일하는 사람들의 기분을 생각해봐라'라는 비판을 불러온다.

체르노빌은 어떨까. 세르게이 미루누이는 원전 주변 마을로 다시 돌아온 사마셸과 원전 노동자의 투어에 대한 반응은 전혀 다르다고 말한다. 사마셸은 투어에 매우 긍정적인 것 같다. 자신들에게 관심을 두는 사람들이 있다는 것만으로도 위안이 되고 '우리가 잊힐 일은 없다'는 심리 효과가 생겨나기 때문이다. 방문객 수가 늘어나면서 눈에 보이는 경제 효과가 있는 것도 사실이다. 한편 존에서 일하는 노동자는 일하는 데 방해가 되는 까닭에 냉담한 경우도 많다고 한다.

출입금지구역청 보블로 부장관은 노동자 중에는 투어에 긍정적인 사람도 있다고 말한다. 동물원 원숭이처럼 구경거리가 되고 있다는 의식보다 오히려 이런 역사적 사고의 사후 처리를 맡고 있다는 자부심이 더 크기 때문이다.

취재하면서 존에 있는 버스터미널에서 많은 노동자와 마주쳤다. 노동자들은 우리와 같은 명백한 '이방인'을 보고도 아무런 신경도 쓰지 않고 담담히 일상 대화를 나누었다. 노동자가 관광객에게 특별히 부정적인 감정을 지니고 있는 것처럼 보이지는 않았다.

원전 노동자들은 자부심을 느끼고 방사능이라는 거대한 적과 끝이 보이지 않는 싸움을 펼치고 있다. 체르노빌 원전에서도 후쿠시마 제1원전에서도 마찬가지다. 그렇다면 위대한 노동자들이 역사 속에 묻히지 않도록 기록하고 그곳에서 무슨 일이 일어나는지 전 국민, 전 세계를 향해 알려야 하지 않을까. 현장을 직접 보며 세상과 삶에 대한 철학적 물음에 다가서게 하고, 두 번 다시 똑같은 재앙을 겪지 않도록 당사자 의식을 갖게 하는 것, 다크 투어리즘의 목적은 바로 여기에 있다.

재해 유물 면에서도 후쿠시마 제1원전 폐로 작업 면에서도 일본은 필요 이상으로 당사자를 배려하다 보니 중요하게 짚고 넘어가야 할 문제들이 터부시 되는 경향이 강하다. 그러다보면 사람들은 점점 문제에 대해 말하지 않게 된다. 그 결과 계승해야 할 소중한 기억과 가치들은 연기처럼 사라져버린다. 일본이 넘어야 할 벽이다.

큰 재앙을 온몸으로 겪고 있는 당사자에게 다가가 마음을 치료하는 일 또한 중요하다. 그들의 의견을 존중하면서 복원 계획을 세워야 한다. 피해 지역에서는 꼭 필요한 과정이다. **하지만 당사자의 의견이 항상 옳은 것은 아니다.** 오히려 재해의 기억이 묻혀버린다는 점에서 당사자의 의견은 부정적으로 작용하는 일이 많다는 점도 염두에 두어야 한다.

원자력 사고 아카이브 좌절의 뼈아픈 경험
1999년 9월 30일 이바라키현 도카이무라에 있는 핵연료가공회사 'JCO' 도카이무라 사업소에서 날림작업공정으로 임계사고가 일어났다. 일본 국내에서는 처음으로 사고로 인한 피폭 사망자가 나오는 매우 심각한 사건이었다.

사고가 난 지 4년 후가 되는 2003년 9월, 도카이무라의 무라카미 다쓰야 촌장은 'JCO' 도카이무라 사업소에 사고를 일으킨 전환 시험동 내부 설비를 해체하지 말고 그 상태 그대로 주민에게 공개하고 보존해 박물관으로 만들 것을 요구하는 신청서를 제출했다.

신청서에서 무라카미 촌장은 도카이무라가 1981년에 자매결연을 맺은 도시 미국 아이다호폴스를 예로 들었다. 아이다호폴스는 1961년 1월 당시로써는 최대의 원자력 사고가 일어났다. 그 후 사고의 교훈을 후세에 남기기 위해 사고가 일어난 원자력 시설을 그대로 보존 공개하고 있다.

"전환시험동도 두 번 다시 사고를 일으켜서는 안 된다는 교훈을 후세에 전하는 시설로 남겨두었으면 한다. 기억은 풍화되지만, 오늘의 실패를 내일 어떻게 살리는가가 중요하다."

무라카미 촌장은 JCO와 국가를 상대로 사고의 교훈을 남기는 시설 건립을 강력하게 요청했다. 도카이무라에서는 그 후 1년간, 시설의 보존과 해체를 둘러싸고 마을이 양분되었다. 마을 주민을 대상으로 한 설문조사 결과는 해체 42퍼센트, 현장보존 26퍼센트, 이전보존 15퍼센트로 의견이 팽팽히 대립했다.

하지만 도카이무라 의회는 '사고로

스트레스를 받은 주민 감정을 배려해야 한다'며 시설의 해체를 지지했다. 현장 모형을 만드는 것으로 아카이브를 대체한다고 하는 얼렁뚱땅 얼버무린 국가안을 의결 채택했다.

이때 만약 도카이무라에 임계사고 아카이브 시설이 보존되고 전력 관련 회사에 원전의 안전성을 요구하는 여론이 강했다면 후쿠시마 제1원전도 그렇게까지 어마어마한 중대사고로 확대되지는 않았을 것이다. 역사에 'if'는 없지만, 도카이무라 사고 아카이브가 좌절된 것이 우리에게 던져주는 시사점은 크다.

체르노빌 원전사고는 시험운전 중에 일어난 인위적인 실수에 공장 설비 구조 결함이 더해져 핵 임계를 넘어서는 대참사가 일어났다. 설계상의 과오와 현장 대응의 과오가 겹친 것이다.

하지만 일본도 체르노빌을 비웃을 수만은 없다. 후쿠시마 제1원전은 불충분한 지진 쓰나미 대책과 전원 상실을 고려하지 않은 과혹사고,● 대책 미비, 그리고 벤트 작업●●을 비롯한 늑장 현장 대응이 겹쳐 폭발을 일으켰다. 체르노빌도 후쿠시마도 '이중의 인재'로 일어났다는 의미에서는 똑같다. 원전사고는 언제나 인재이다. 인간이 실수하는 어리석은 동물이라면 우리는 어떤 형태로든 그 어리석음의 실태를 후세에 전해 극복하게 하는 수밖에 없다. 탈원전 정보를 제공하는 싱크탱크 '원자력 자료정보실'의 설립자 다카기 진자부로는 체르노빌 원전사고 직후에 출판한 『체르노빌 원전사고』에서 체르노빌 사고의 교훈을 다음과 같이 전한다.

체르노빌 사고는 핵(재해) 앞에는 국경이 있을 수 없음을 우리에게 재인식시켰다. 하물며 시, 구, 동과 같은 지역 단위는 문제도 되지 않는다. 롯카쇼무라의 핵연료 사이클 기지 문제는 롯카쇼무라 지역 주민들에게 가장 절실한 문제겠지만 일본, 아니 전 세계 사람들에게도 이 문제에 관심을 두고 발언할 권리와 의무가 있음을 보여줬다.

철학자이자 작가이며 이 책의 편집장을 맡은 아즈마 히로키는 2012년 10월 16일 필자가 진행하는 라디오 프로그램⑤에 출연해 다카기와 똑같은 이야기를 했다.

"후쿠시마는 갑자기 세계사에 남을 지명이 되었다. 50년 후 100년 후에도 분명 전 세계가 그 이름을 기억할 것이다. 그러므로 이는 결코 후쿠시마현만의 문제가 아니라 일본 전체의 문제이다. 그리고 이 사건에 대응하기 위해서는 '후쿠시마에서 새로운 미래가 시작됐다'는 인식을 모든 일본인이 가져야 한다."

체르노빌 문제도 후쿠시마 문제도 주민들만이 '당사자'가 아니다. 원전사고

● severe accident: 원자력 발전소 등의 원자로시설에서 설계 시에 고려한 범위를 넘는 위급 사태가 발생해 상정한 수단으로는 적절하게 노심을 냉각, 제어할 수 없는 상태가 되어 노심 용융과 원자로 격납용기 파손에 이르는 사고

●● 밸브를 열어 압력 용기 내 공기를 배출하는 배기 작업

체르노빌에서 생각하다

문제는 전 세계 모든 사람이 당사자라는 의식을 지녀야 한다.

지나친 당사자 우선주의의 횡행도, 방사능 기피에 따른 황당무계한 소문 피해도, 재해 유적을 둘러싼 대립도, 그 바탕에는 문제가 곪게 하는 잘못된 의식이 자리 잡고 있다. 분규를 두려워하고 민감한 문제의 논의를 미루는 일이야말로 우리에게서 당사자 의식을 빼앗는 것은 아닐까.

체르노빌 원전사고 다음 해인 1987년 5월 3일 「아사히신문」 한신 지국에 검은색 복장을 한 남자가 침입해 두 명의 기자가 총격을 당하고 그중 한 명이 숨진 '적보대 사건'이 일어났다. 사건은 미결로 2002년 시효를 맞았다. 현재 한신 지국 3층에는 산탄총 흔적이 생생하게 남은 펜과 살해당한 기자가 입었던 피에 물든 점퍼가 전시되어 있다. 이 전시장에는 오랜 기간 사건 담당 기자로 일한 「아사히신문」의 가리노 세이치가 전시 설명을 자원해서 맡고 있다. 지난번 한신 지국을 찾아갔을 때 가리노 씨는 전시를 보면서 나직이 이런 말을 흘렸다.

"아무리 글로 기록해둬도 문자는 잊힙니다. 사람들 뇌리에 남으려면 영상이나 박물사료여야 합니다."

누구보다도 글의 힘을 믿고 있을 베테랑 기자가 중얼거린 말이 길게 여운을 남긴다. 눈으로 볼 수 있는 사료 수집은 중요하다.

우리는 체르노빌 사고를 보았음에도 타산지석의 교훈을 살리지 못하고 후쿠시마 제1원전사고를 일으키고 말았다.

체르노빌 사고에서 일본이 배워야 할 교훈은 무엇일까. 무엇보다 정부와 도쿄전력에 가능한 모든 정보를 공개하도록 요구하고 후세에 남길 지속가능한 아카이브를 구축해야 한다. 동시에 언론은 당사자 우선주의 보도에서 탈피해 새롭게 공개되는 데이터를 기반으로 보도를 지속함으로써 일본인 모두가 이 문제의 당사자라는 인식을 갖게 해야 한다.

방사능은 10만 년이나 계속 남는다. 정부, 전력회사, 원자력 마을을 적대시하고만 있어서는 사태가 호전되지 않는다. 우리가 싸워야 할 근원적 대상, 그 이름은 바로 망각이다.

① 이 곡이 들어있는 앨범 ‹COVERS›는 당시 소속
   레코드사가 발매 중지를 결정해 후루쓰라는 이전
   레코드사에서 발매되었고 오리콘차트 1위에 오를
   정도로 화제가 되었다.

② 「마이니치신문」은 데이터베이스 정비가
   완료된 1995년부터는 「아사히신문」과 비슷한
   경향을 보였다. 따라서 데이터가 없는 시기도
   「아사히신문」과 비슷한 경향일 것이라고 추측된다.

③ "체르노빌 원전 오늘 완전 폐쇄. 오염, 실업,
   자원… 과제 산적" 「요미우리신문」 2000년 12월
   15일 자 조간

④ "슈퍼 J채널 SP '재해' 지금도… 732일째의 현실"
   (TV아사히 2013년 3월 11일 방송)

⑤ J-WAVE 'JAM The World'(월요일-금요일 8시).
   매주 화요일은 쓰다 다이스케가 보조역을 맡는다.

체르노빌에서 생각하다

우크라이나인에게 묻다
Розмовляти з українцями

인터뷰어: 가이누마 히로시,
　쓰다 다이스케, 아즈마 히로키
통역·번역: 우에다 요코
사진: 신쓰보 겐슈 외

1. 출입금지구역청 제1부장관
드미트리 보블로(56)
Бобро, Дмитрий Геннадьевич

2. 여행사 'Tour 2 Kiev' 대표
안드레 자첸코(48)
Дяченко, Андрій Васильович

3. 작가, 체르노빌 관광 플래너
세르게이 미루누이(55)
Мирный, Сергей Викторович

원전사고가 일어난 지 29년. 소련붕괴, 독립,
오렌지 혁명 등 크나큰 변화를 경험한
우크라이나인들은 지금 체르노빌을 어떻게
생각하고 어떤 행동을 취하고 있을까.
정부 고위관료부터 비영리단체대표까지
체르노빌과 관련된 핵심 인물 여섯 명의
이야기를 들었다.

4. 체르노빌박물관 부관장
안나 콜로레브스카(56)
Королевська, Анна Віталіївна

5. 전 내무부 소속 대령, 존 안내인
알렉산더 나우모프(64)
Наумов, Александр Викторович

6. 비영리단체 ‘프리피야트 닷컴’ 대표
알렉산더 시로타(38)
Сирота, Александр Ефимович

1. 계몽을 위한 관광 1

드미트리 보블로 – 출입금지구역청 제1부장관

2013년 2월 27일
도쿄 겐론 사무실

인터뷰어: 가이누마 히로시
통역·번역: 우에다 요코
사진: 편집부

드미트리 겐나지에비치 보블로
Бобро, Дмитрий Геннадьевич
1959년 키예프에서 태어났다.
우크라이나 출입금지구역청
제1부장관. 키예프공과대학 졸업
후 1987년 엔지니어로 체르노빌
원전 안전제어 관련 일을 했다.
출입금지구역 및 거주금지구역관리국
체르노빌 원전문제 부문장 등을
역임했다. 2011년부터 출입금지
구역청 제1부장관을 맡고 있다.

2011년, 체르노빌 원전사고가 일어난 지 25년 남짓 지났을 때 우크라이나 정부는
원전 30킬로미터 권내 존 안을 둘러보는 견학 투어를 허가했다. 존 투어는 꾸준히 인기를
끌고 있는데 투어를 허용한 정부 당국의 목적은 원전 정책의 투명화라고 한다.
우크라이나 정부는 지금도 전력의 약 절반을 원자력 발전에 의존한다. '주민과 정부가
서로 신뢰관계를 구축하기 위해 정보 공개는 필수'라고 말하는 출입금지구역청
제1부장관 보블로 씨에게 후쿠시마 오염구역은 어떻게 다루어야 하는지, 관광지화에
대해서는 어떻게 생각하는지 물었다.

사고 당시 보블로 씨는 스물일곱 살로 지금의 제 나이와
똑같으셨네요.

그 당시 키예프에 있는 '아세날'이란 공장에서 엔지니어로 일하고
있었지요. 역사에 '만약'은 없지만 체르노빌 원전사고가
없었다면 아마 소비에트 연방은 붕괴하지 않았을 테고 제 인생도
지금과는 많이 달랐을 겁니다.

저희는 민간의 입장에서 후쿠시마 원전사고 유적지를
'관광지화'하자는 제안을 하고 있습니다. 우크라이나에서는
관광객을 받아들이는 데 누가 주도권을 쥐고 있습니까.

원자력 에너지가 무엇인지 직접 보고 이해했으면 한다

국가입니다. 핵에너지 사용과 방사능안전에 관한 법률 가운데
'국가는 국민이 원자력 발전소와 핵에너지 관련 시설을 방문할
수 있도록 보장할 의무를 진다'라고 정해져 있습니다. 여기에는
체르노빌과 현재 가동 중인 원자력 발전소를 포함합니다.

사고 유적지를 개방하는 최대의 목적은 계몽입니다. 원자력
에너지가 무엇인지, 직접 눈으로 보고 이해하기를 바라는 것이죠. 정보
공개는 양날의 칼입니다. 원자력 지지에도, 반대에도 이용될 수
있습니다. 우리는 객관적인 태도를 보이려 노력하고 있습니다.
예를 들어 안전성을 따져보면 사고만 일어나지 않으면 원자력
발전이 화력발전보다도 방사성물질 배출량이 적습니다.① 하지만
사고가 일어나면 엄청난 피해가 발생합니다. 체르노빌 사고 이후
우크라이나를 비롯해 전 세계는 무엇보다 안전을 우선해야 한다는
'안전문화' 원칙을 취하고 있습니다. 사고가 일어난 후 한동안
우크라이나에서는 핵에너지 정책이 받아들여지지 않는 시기가
계속됐습니다. 하지만 정책을 공개적으로 채택하면서 오히려
강건했던 반대 목소리가 줄어들었습니다.

구소련은 정보는 은폐되고 절차는 무시되는 비민주적 사회라는
이미지가 있습니다. 지금 말씀하신 것과 같은 열린 논의는 언제부터
가능해졌습니까?

오늘날과 같은 방침은 1990년대 말에 나왔습니다. 1992년에
체르노빌 원전 2호기에서 화재가 일어났는데 그 일로 국회 상원에서
핵에너지 추진 정책이 수년간 동결되었습니다. 정보 공개 법률은
동결이 해제되고 난 이후에 수립됐습니다. 우크라이나는 전력의 약
절반을 원전에 의존하고 있고 적어도 앞으로 20년 동안은 이
비율을 유지해야 합니다. 그러니 주민과 정부 간에 신뢰를 쌓기
위해서라도 정보 공개는 필수이지요.

우크라이나인에게 묻다

원전 30킬로미터 권내 존 투어를 허용하고 나서 바뀐 점이 있습니까?

방문객의 안전 확보가 무엇보다도 중요하게 되었습니다. 100퍼센트
안전을 보장하는 것은 불가능하다 해도 위험을 최소한으로
줄이려 노력하고 있습니다. 그 때문에 견학 코스를 따로 만들고
방사능 상태를 항상 제어하려 합니다. 지정된 코스로 다니고
안내자의 지시에 따르기만 하면 피폭량이 많아질 일은 없습니다.

정부와 민간의 역할분담은 어떻게 이루어집니까?

출입금지구역청②은 노동자, 방문자 등 존 안을 출입하는 모든
사람의 안전보장을 담당합니다. 방문 예약과 견학 프로그램 작성은
국영기업 두 곳이 맡고 있으며 민간 여행사를 통해 관광객을 받고
있습니다. 방문 신청은 개인, 단체 상관없이 건강에 문제가 없는
18세 이상이면 누구나 가능합니다. 그 외에 체르노빌 원전과 방사능
폐기물 관련 국영기업이 있는데 이곳에서도 방문자를 받습니다.
후자는 주로 연구와 학술 목적으로 찾아오는 사람들입니다.

일본에서 지금 출입금지구역 안에 들어가는 일이 가능한 사람은
구역 안에 공장과 부동산 물건을 소유한 사업자에 한정되어
있고 개인인 경우에는 집이 있어서 잠시 들르는 정도로 제한되어
있습니다. 전부 그렇지는 않지만 해당 지자체장의 허가를 받아야
출입할 수 있습니다. 이 점은 일본과 우크라이나가 좀 다른데
우크라이나가 더 중앙집권적입니다. 우크라이나에서는 지금의
제도가 어떻게 정비되었습니까?

우크라이나가 독립하고 얼마 지나지 않아 사회문제를 포함한
모든 사고 관련 문제를 담당하는 체르노빌부가 만들어졌습니다.
중앙집권화는 그때 이루어졌습니다. 그 이전부터 존을 방문하는
사람은 있었습니다만 그들의 안전을 보장할 수 있게 된 것은
체르노빌부가 설립된 이후입니다. 체르노빌부는 1996년에
비상사태부로 재편되고 비상사태부 안에 출입금지구역을 담당하는

부서와 방사능 오염으로부터 주민들을 지키기 위한 부서가
만들어집니다. 2010년 내각 개편 때에는 독자적인 중앙행정기관으로
출입금지구역청이 만들어집니다. 비상사태부는 2012년 12월
내각 개편 때 폐지되고 국가비상사태국이 설립되었습니다.
그렇게 해서 존 안의 안전 확보와 외부에서 일어나는 사회문제는
별도의 소관이 되었지요.

존을 어떻게 관리할까

우크라이나와 일본의 차이점을 묻고 싶습니다. 일본에서는
어디까지를 출입금지구역으로 정할 것인지 그 기준에 대해 의견이
분분합니다.

우크라이나에서는 단순히 방사선량에 따라 경계선을 긋고 있습니다.
건강 피해에 대해서는 다양한 의견이 있습니다. 미세한 양의
피폭이라도 신체에 해를 미친다고 보는 사람이 있는가 하면 소량의
방사선은 해가 없을 뿐 아니라 오히려 신체에 좋은 영향을 준다고
말하는 사람도 있습니다. 경계선은 기본적으로 연간 피폭량
1~20밀리시버트 사이에 정해진다고 보면 됩니다. 우크라이나에서는
국민의 허용 피폭량을 연간 1밀리시버트로 정했습니다. 이는 매우
엄격한 기준입니다.

일본에서도 연간 1~20밀리시버트 사이에서 논의되고 있습니다.
사실상 1밀리시버트를 피난 기준으로 하면 주민 생활에 부담이
되므로 좀 더 느슨한 기준을 설정하려는 움직임도 있습니다.
우크라이나에서는 기준을 수정하려는 움직임은 없습니까?

우크라이나에는 오염되지 않은 지역 중에도 제대로 활용하지
못하고 있는 땅이 광활하게 남아 있어서 존의 토지를 이용해야 할
필요성이 지금은 없습니다. 과학적·의학적 견지에서만 보고
절대적 기준을 정하기는 어렵습니다. 각국이 경제적·사회적 관점을
포함해 오염지역의 향후 계획을 복합적으로 생각한 뒤에 결론을
내야겠지요.

기준을 무시하더라도 오염지역으로 되돌아가고 싶어 하는 주민과
이미 살고 있는 사마셜이라 불리는 사람들도 있습니다. 어떻게
대응하고 있습니까?

정보 공개는 양날의 칼로 원자력 지지에도 반대에도 이용될 수 있다

물론 사고 후 고향으로 돌아온 사람들도 있습니다. 개인마다 사정이
다른데 정부가 지급한 새 거주지를 자식들에게 주고 돌아온
사람도 있고 낯선 곳에 정착을 못 해 돌아온 사람도 있습니다.
현재 남아 있는 사람은 약 190명으로 대부분 70세 이상
고령입니다. 그들의 거주를 용인하는 것은 강제로 이주해서 받는
스트레스가 존에서 받는 방사선 피해보다 심각하다고 생각하기
때문입니다. 사마셜은 대부분 내부 피폭과 외부 피폭 합계가 연간
2.5~5밀리시버트인 구역에 살고 있습니다. 우크라이나 정부의
기준을 넘기기는 했지만 그렇게 높은 수치는 아닙니다. 그래서
우리는 사마셜이 지금 현재 있는 생활환경을 유지할 수 있도록
협력하고 있습니다. 그러나 새로운 귀환자에 대해서는 절대로
허용하지 않고 있습니다. 특히 아이들에 대해서는 더 엄격하지요.

마지막으로 한 가지만 더 묻고 싶습니다. 우크라이나와 일본이
앞으로 어떤 협력관계를 맺어야 할지 의견을 부탁드립니다.

2012년 일본과 우크라이나가 원전사고후협력합동위원회③를
함께 설립했습니다. 이제 막 첫발을 뗀 단계입니다만 올해(2013년) 5월
제2회 연차회의 때 일본 측에서 구체적인 제안을 해주기를 기대하고
있습니다.

후쿠시마 출입금지구역에 대해서는 현재 상황과 앞으로의 진전
가능성을 제대로 이해하는 일이 중요합니다. 출입금지구역 중에서도
가까운 시일 안에 귀환할 수 있다거나 농업을 재개할 수 있는
장소가 있지만 수십 년 동안 전혀 이용할 수 없는 토지도 있습니다.
그래도 인간이 상주하지 않아도 되는 태양광발전이나 풍력발전의
거점으로서는 이용가치가 있을지도 모릅니다.

우리가 할 수 있는 일은 우크라이나의 선례에서 어떤 과학적인
해결방법이 가능한지를 제시하는 것입니다. 시간의 경과에 따른
방사선량의 추이 예측에 관해서는 우리 쪽에 축적된 연구 결과가
있습니다. 기준치는 일본이 정하는 것이지만 집단 적산선량을 예측하고
가까운 미래에 최소화하는 일도 도움을 줄 수 있을 것 같습니다.

이자카야에서

가이누마 씨도 생각이 많으시군요.
그 생각들 놓치지 마세요. 체르노빌 하면
타르코프스키 영화 〈스토커〉를 떠올리죠.
스트루가츠키 형제의 원작 소설
『노변의 피크닉』은 매우 철학적이에요.
게다가 그 철학의 방향성은 여러 곳으로
뻗어 있죠. 핵심은 주위에서 일어나는
일에 대한 인간의 책임입니다. 어떤 선택을
할까, 우리는 누구이며 왜 이 땅에
살고 있는가, 모두 철학적 물음이지요. 뭐,
매우 복잡한 문제이기는 하지만 정답을
간단히 손에 넣는 방법이 있습니다.
(보드카를 손에 들고) 바로 이거예요. 일본에서는
25도 소주를 묽게 해서 마시는 것 같은데
우리는 물을 타지 않은 순수한 술을
좋아합니다. 프지모^{Будьмо}!④

① 석탄화력 발전은 석탄 연소 시 발생하는 재에서
　 우라늄, 토륨 등 방사성물질이 배출된다.

② 2010년에 설립된 우크라이나 중앙기관으로 존
　 안의 직원과 여행객의 안전
　 확보를 담당한다.

③ 발족 시 협의 내용은 다음 URL에 공개된 보도
　 자료에서 확인할 수 있다. '제1회 일본-우크라이나
　 원전사고후협력합동위원회(개요)', 외무부
　 홈페이지. http://www.mofa.go.jp/mofaj/press/
　 release/24/7/0726_04.html

④ 우크라이나 건배 제의어. '건강을 위해'라는
　 뜻이다.

우크라이나인에게 묻다

2. 계몽을 위한 관광 2

안드레 자첸코 – 여행사 'Tour 2 Kiev' 대표

2013년 4월 13일
키예프 호텔 드니프로

인터뷰어: 가이누마 히로시,
　　　　 쓰다 다이스케
통역: 우에다 요코
사진: 고지마 유이치

안드레 바실료비치 자첸코
Дяченко, Андрій Васильович
1966년 키예프 주 프로바뤼 출생.
1986년 병역을 마치고 1988년부터
1993년까지 키예프대학 경제
학과에서 공부했다. 광고회사 'Acsir
Group', 여행사 'Tour 2 Kiev' 외
여러 회사를 경영하고 있다. 딸이
오사카에서 일본어를 배우고 있다.

체르노빌 원전 30킬로미터 권내, 이른바 존으로 세계 각국의 사람들이 찾아오고 있다.
안드레 자첸코 씨는 존 투어를 조직하는 민간 여행사 'Tour 2 Kiev' 대표이다.
그는 투어가 비즈니스임을 인정하면서도 사고 유적지에 대한 지나친 공포를 없애기 위한
밑바탕에는 무엇보다도 계몽 정신이 깔려 있어야 한다고 말한다. 민간 여행사가 겪는
투어 운영의 어려움부터 미래의 비전까지 현장의 목소리를 직접 들어보자.

투어를 시작한 계기는 무엇입니까?

　　　　외국 친구들이 존에 들어가 보고 싶은데 어떻게 하면 갈 수 있냐고
　　　　흥미 삼아 물어온 것이 계기가 됐습니다. 2008~2009년 무렵의
　　　　일이네요.

관광객은 주로 어느 나라 사람들인가요?

유럽, 미국, 남미에서 주로 옵니다. 러시아인도 많고 물론 현지 우크라이나인도 있습니다.

키예프에서 출발하나요?

다른 곳에서도 출발 가능합니다. 공식 사이트(www.tour2kiev.com)를 한번 보시기 바랍니다. 영어로도 나와 있습니다.

투어에 대한 반응은 어떻습니까?

아무래도 인적이 끊긴 텅 빈 거리가 가장 인기가 있습니다. 완전히 내버려진 거리, 그 속에서 제멋대로 자라난 나무들……. 강렬한 인상을 주지요. 그 광경을 보는 순간 사람들은 우리의 인생과 우리가 살아가는 세계가 얼마나 허물어지기 쉬운 것인지 강하게 실감합니다. 물론 아직도 방사능을 계속 내뿜고 있는 거대한 원전에도 충격을 받습니다.

관광객이 늘어난 계기는 무엇인가요?

〈S.T.A.L.K.E.R.〉(262쪽 참조)라는 게임이 200만 개 이상 팔리는 큰 성공을 거둔 이후로 관광객이 많이 늘었습니다. 우크라이나 회사가 제작한 게임인데 5~6년 정도 전에 로스앤젤레스 견본 시장에서 큰 주목을 받았고 존을 세계에 다시 알리는 계기가 되었지요. 게임을 해본 사람들은 대부분 게임의 무대인 존을 실제로 보고 싶어 합니다.
　　최근 우크라이나에서 개최된 축구대회 '유로 2012'의 영향도 큽니다. 유럽에서 몰려온 많은 관광객이 재미삼아 존을 찾아오기도 했지요.

투어를 진행하는 여행사는 스무 곳 정도로 그중 상위 다섯 개 회사가 방문자 수의 80퍼센트를 점하고 있다는 이야기를 들었습니다. 매우 성업 중이라는 인상을 받습니다만 경제 효과는 어느 정도 됩니까?

잘 모르겠습니다. 다만 존 투어는 그렇게 이익이 남는 사업은
아닙니다. 영업 이익은 일본 엔으로 방문자 한 명당 1,500엔
정도입니다. 존 투어로 얻는 수익은 우리 회사 전체 수익의 절반
정도를 차지합니다. 개인적으로는 필요 경비를 충당할 수 있는
정도면 된다고 보고 있습니다.

저는 이 규모가 좀 더 커질 수 있다고 봅니다. 사실 몇년
전부터 일본 쪽 파트너를 계속 찾고 있습니다. 제대로 된 투어를
만들고 싶어서요. 많은 일본인이 러시아에 옵니다. 제휴 여행사를
찾아 선택 관광으로 모스크바에서 키예프로 오는 루트를
만들고 체르노빌만이 아니라 몇 군데 흥미 있는 관광지를 방문하는
프로그램을 짜보고 싶습니다. 다만 그러기 위해서는 많은 투자가
필요하지요.

투어 운영에 어려운 점이 있다면 무엇입니까?

정부에 허가를 신청하는 일입니다. 존에 들어가려면 시간제한도
있고 여타 다양한 규정을 지켜야 하는데 국가에서 관리하고 있죠.
담당 공무원 기분이 좋으면 착착 진행되지만, 기분이 나쁘면
쉽게 허가를 안 내주기도 해요(웃음).

뇌물이 필요하기도 한가요?

음, 그건 어려운 질문이네요. 예를 들면 3박 4일 정도로
우크라이나에 출장 온 사람이 있다고 합시다. 하루 이틀 자유
시간이 주어지면 그때야 내일은 무얼 할까 생각을 합니다.
그래서 사이트를 검색하다 존 투어를 발견하지요. 하지만 법률상
출입 허가를 받으려면 10일 이전에 신청해야 합니다. 하지만
이런 갑작스러운 요청에도 우리는 고객을 위해 신속하게 서비스를
제공해야 하겠지요. 융통성이 좀 필요할 것 같아요.

이곳에 오면 인생과 세계가
얼마나 쉽게
허물어지는지 실감한다

투어를 진행하는 여행사가 많은데 운영 철학에 차이가 있나요?

> 투어를 단순히 비즈니스로 생각하는 여행사도 있습니다. 하지만
> 저는 방문자에게 비극의 의미를, 그리고 앞으로 어떻게 살아가야
> 하는지 생각해볼 기회를 주려 노력하고 있습니다.

프로그램에 차이가 있습니까?

> 일정에 차이는 없지만 가이드가 다릅니다. 저희 투어 가이드는
> '오른쪽을 보세요, 왼쪽을 보세요'라는 식의 정해진 설명만
> 되풀이하는 것이 아니라 여행객과 활발한 대화를 하려 노력합니다.
> 그리고 참가자 모두에게 자기 나라로 돌아가면 자신이 눈으로
> 본 현실을, 그것이 얼마나 공포스러운 것인지 널리 알려 달라고
> 부탁하고 사회 참여를 호소합니다. 외국에서 온 참가자에게는
> 영어가 가능한 가이드가 따라다닙니다. 꼭 존에 살았거나 존과
> 관련된 일을 한 것은 아니지만, 체르노빌을 당사자의 시각에서
> 설명해줄 수 있는 가이드들입니다.

국가에 따라 관광객의 반응에 차이가 있습니까?

> 유럽과 미국은 저희 가이드의 의도를 호의적으로 받아들여 줍니다.
> 하지만 모두가 그렇지는 않습니다. 특히 러시아인과 우크라이나인은
> 의식이 낮고 부정적인 평가가 많습니다. 아무래도 국민성과
> 연관이 있는 것 같습니다. 우크라이나가 아직도 가난하고 부패 등의
> 사회 문제가 많은 이유는 국민들이 올바른 국가상에 관심을 가지지
> 않기 때문입니다. 사회 참여도 아주 소극적이고요.

외국인 관광객이 체르노빌을 방문하는 의의는 어디에 있을까요?

> 자국 정부에 의문을 품게 되는 점에 있다고 생각합니다. 한편으로
> 자국 정부에 신뢰가 생기는 경우도 있겠지요. 왜냐하면 체르노빌과
> 같은 재앙이 일어나지 않는다는 것은 국가 시스템이 어느 정도

정상적으로 기능하고 있다는 것을 의미하기 때문입니다. 그리고 그런 재해가 내가 사는 곳에서는 일어나지 않게 해야겠다는 생각을 하게 되지요. 체르노빌 관광을 하고 나면 사회의식은 한층 높아질 것입니다. 여기에 큰 의미가 있다고 생각합니다. 존 투어는 디즈니랜드 관광과는 전혀 다릅니다. 일본인은 특히 원자력으로 인한 피해와 고통을 가장 많이 받은 국민이니 쉽게 이해할 수 있을 것입니다.

투어는 앞으로 어떻게 발전해갈 거라고 생각하십니까?

매일같이 원전 문제를 떠안고 살아가는 동안 익숙해져 버렸다

저는 민간인이지만 존 투어를 국가사업으로 확장해도 좋다고 생각합니다. 초중고 교육 프로그램에 포함하는 것도 좋습니다. 하지만 민간 조직과 협력해서 추진해야 합니다. 정부는 출입 조건을 정비하고 민간 조직은 교육과 계몽을 담당하는 방식으로요. 예를 들어 대학이라면 이런저런 학술 프로그램을 기반으로 존 방문을 조직하는 일이 가능합니다. 그리고 여행사는 매력적인 여행 상품을 만들어 경제적 이익을 얻을 수 있겠지요. 어쨌든 이런 모든 일의 바탕에는 계몽 정신이 있어야 합니다. 정부는 존을 방문하는 사람들에게 무슨 이야기를 해줄지 분명하게 인지해야 합니다. 체르노빌을 방문하는 최대의 의미는 자기의식 고양입니다. 존 투어를 철학적으로 올바르게 정의하는 일은 지금 당장 해야 합니다. 그리고 세계는 지극히 허물어지기 쉬운 존재라는 것을 여론에 호소해야 합니다.

체르노빌 투어 주최자로서 후쿠시마 투어의 가능성은 어떻게
생각하십니까?

　　　　만약 여러분이 후쿠시마 투어를 조직하고 싶다면 기꺼이
　　　　협력하겠습니다. 후쿠시마와 체르노빌, 똑같은 비극을 겪은 두
　　　　나라가 서로 협력하고 연대해야 합니다. 후쿠시마의 강점은 일본
　　　　국내뿐만 아니라 한국과 중국 등 주변 국가가 그런 투어에
　　　　돈을 낼 만큼 경제적으로 풍요로운 국가라는 점입니다. 단순히
　　　　흥미로 찾아오는 사람들도 있겠지만 그런 사람들이야말로
　　　　바로 계몽의 대상입니다. 미국에서도 광고하면 일본 후쿠시마
　　　　투어를 조직할 수 있을 것입니다. 그렇게 해서 모인 자금은
　　　　일본 국내의 계몽 활동과 자선사업에 사용하면 좋겠지요. 사람들의
　　　　지나친 공포심을 없애는 일은 간단하지는 않지만 그래도 역시
　　　　없애나가야 합니다.

일본에서는 주민 감정이 장애가 될 것 같습니다.

　　　　아직 공포가 강하지요. 그런 감정도 차차 해결할 수 있다고
　　　　생각합니다만 시기상조일지도 모르겠습니다.

우크라이나는 국가 정책으로 원자력 발전을 추진하고 있습니다.
자첸코 씨는 이를 어떻게 생각하십니까?

　　　　마음으로는 찬성하지 않습니다. 하지만 현 단계에서 인류에게 다른
　　　　길은 없다고 생각합니다. 대체 에너지 기술이 발달하면 원자력
　　　　에너지에서 탈피할 수 있겠지요. 하지만 아직은 그리 현실적이지
　　　　않습니다.

지금까지 우크라이나 사람들에게 원전에 대해 물어보면 잠깐
머뭇거린다는 인상을 받았습니다. 왜 그럴까요?

깊게 생각해본 적이 없기 때문이라고 봅니다. 아침에 일어났을 때
어느 쪽 발부터 바닥에 딛느냐는 물음과 같습니다. 문제를 안고
살아오는 동안 이제는 완전히 익숙해져 버린 것이지요.

일본도 25년 후에는 그렇게 될지 모르겠네요.

글쎄요. 일본은 히로시마도 있었으니 25년이 지난다고 해서
익숙해지지 않을지도 모릅니다. 무엇보다 정부와 언론의 계몽
활동이 중요하다고 봅니다. 원자력을 대체할 에너지가 없는
이상 지나친 공포심은 없애야 합니다. 그것만도 큰 노력이 필요한
일입니다.

여러분이 일본에서 온다는 이야기를 듣고 이런 생각을
해봤습니다. 일본이든 우크라이나이든 아니면 아랍 연방이든 언젠가
한 국가를 기반으로 합작회사를 만들어, 미국인과 남미인 등
전 세계 사람들을 향해 원자력 발전을 얼마나 신중하게 추진해야
하는가를 알려주는 프로그램을 운영하면 좋겠어요.

제대로 된 철학을 바탕으로 후쿠시마와 체르노빌을 묶는
투어를 만들면 기꺼이 참여하는 사람이 있겠지요. 그런 체제가
꾸려지면 또 새로운 계몽이 가능하다고 생각합니다.

3. 정보 오염에 저항하기 위해

세르게이 미루누이 – 작가, 체르노빌 관광 플래너

2013년 4월 10일
키예프 모히라 아카데미

인터뷰어: 가이누마 히로시, 쓰다 다이스케, 아즈마 히로키
통역·번역: 우에다 요코
사진: 신쓰보 겐슈

세르게이 미루누이
Мирный, Сергей Викторович
1959년생. 하리코프대학에서 물리화학을 전공했다. 1986년
여름 방사능 척후대장으로 사고처리작업에 참여했다.
그 후 부다페스트 중앙유럽대학에서 환경학을 배우고 체르노빌
후유증에 관한 학술 연구를 시작했다. 자신의 경험을 널리
알리기 위해 창작 활동을 시작, 대표작으로 다큐멘터리
소설 『사고처리작업원의 일기』^{Живая сила: Дневник ликвидатора}, 소설
『체르노빌의 희극』^{Чернобыльская комедия}, 『방사능은 아직 늘고
있다』^{Хуже радиации} 등이 있다. 'Sergil Mirnyi'라는 영어 이름으로
영어로 출판한 작품도 있다. 계몽 활동의 하나로 여행사
'체르노빌 투어'에서 투어 기획을 담당하고 있다.

**사고처리작업에 참여한 경험을 기반으로 학술연구, 작가 활동, 관광 투어 기획 등 활발한
활동을 펼치고 있는 세르게이 미루누이 씨. 취재 장소에는 자신이 기획한 '체르노빌
투어' 티셔츠에 후쿠시마대학 재킷을 걸치고 나타났다. 서비스 정신이 투철한 쾌활한
우크라이나인이다. 미루누이는 인체는 의외로 방사능에 강하다면서 방사능보다 인간의
무지가 오히려 더 위험하다고 말한다. 그에게 관광지화의 빛과 그림자를 물었다.**

『사고처리작업원 일기』①를 읽었습니다. 피폭적산선량은 어느
정도였습니까?

그 당시 방사선량 검사는 매우 엉성해서 정확한 수치는 아닙니다만
현재의 공간 방사선량에서 역산해서 추측할 수 있습니다.
그렇게 계산하면 사고처리작업에 참여했던 처음 한 달 동안의
피폭적산선량은 누계 0.2~0.3시버트였습니다. 하지만 지금 저는

아무런 병도 없고 같은 연령대 평균치보다 오히려 건강합니다.
술도 안 마시고 담배도 안 피워서 더욱 그런가 봅니다. 일도 즐겁게
하고 있고요.

　　저는 작업원으로 근무한 이후 전문 과학자로 연구에
종사했습니다. 이 두 가지 체험을 바탕으로 의외의 결론에
도달했습니다. 인간은 일반적으로 생각하는 것보다 훨씬 방사능에
강하다는 사실입니다. 어느 정도의 피폭은 멍이나 골절, 가벼운
화상과 마찬가지로 건강에 일정 정도 피해를 주겠지만 자연 치유로
회복됩니다. 저와 같은 생각을 하는 과학자도 많습니다.

미루누이 씨가 풍부한 지식을 갖고 있어서 적절한 처치를 했기
때문이 아닐까요?

　　물론 원래 물리화학을 전공한 터라 방사능과 그 위험성을 잘 알고
있었습니다. 하지만 체르노빌 사고 이전에는 구체적으로 어느
정도의 방사선량이 위험한지 수치까지 파악하지는 못했습니다.
저뿐만 아니라 많은 사람이 현장에서 경험을 쌓아가면서
올바른 처신을 몸에 익혔습니다. 제가 집필활동을 시작한 것은 그
경험을 널리 알리기 위해서입니다.

　　방사능을 둘러싼 잘못된 정보는 인간에게 많은 상처를 줍니다.
잘못된 정보는 방사능 그 자체보다 더 위험합니다.

구체적인 예를 들어 주십시오.

　　사고처리에 참여할 무렵 방사능에 가장 냉철하게 대처한 사람은
바로 존에서 일했던 작업원입니다. 방사능 척후대장으로 위험한
장소에 들어가는 일도 있었습니다만 위험성을 충분히 이해하고
있었기 때문에 서둘러 일을 마치고 돌아왔습니다.

　　그때 사고 현장에서 100킬로미터 이상 떨어진 마을에 파견된
적이 있습니다. 평소 지내던 장소보다 훨씬 방사선량이 낮은
지역입니다. 왜 파견됐는지 의아할 정도였지요. 막상 도착해 보니
마을 사람들이 불안에 떨며 저희에게 질문 공세를 퍼부었습니다.
그들은 근거 없는 소문에 휩싸여 있었습니다. 그때 방사능
사고는 무엇보다 올바른 정보가 생명이라는 사실을 깨달았습니다.

잘못된 정보로 인한 가장 큰 피해는 과잉된 강제피난입니다. 현재 체르노빌의 방사선량은 자연 상태와 그리 다르지 않습니다. 키예프보다 낮은 정도입니다. 그런데도 여전히 폐쇄된 마을이 수십 곳, 강제피난 당한 사람이 수만 명에 이릅니다. 일시 피난으로도 충분합니다. 많은 사람이 정신적 상처를 입은 채 낯선 땅에서 살아가야 하고 경제적 손실도 엄청납니다.

또 하나 소련의 핵실험장이었던 세미파라친스크(현 카자흐스탄)의 예를 소개할게요. 세미파라친스크 반경 60킬로미터의 자살률은 소련 평균치의 네 배를 기록합니다. 이 지역을 방문한 유엔 직원이 이런 말을 했습니다. "한 청년이 연인에게 청혼했다. 그런데 여자의 친척은 청년이 세미파라친스크 출신이라는 사실을 알고 기형아가 태어날 수 있다며 결혼을 허락하지 않았다. 이런 일이 반복되다 보면 누구든 자살을 생각하게 된다."

사고 후 후쿠시마를 방문했다고 들었습니다. 후쿠시마도 같은 상황이라고 생각하십니까?

후쿠시마에서는 20킬로미터 존 경계까지 갔습니다. 가지고 간 가이거 카운터 수치는 기준 범위 내였습니다. 하지만 사람들은 강제피난 당했더군요. 황급히 결정된 기준이라는 점은 이해하지만 이성적이라고는 말할 수 없습니다.

일본에서는 시민들 사이의 정보교환이 활발합니다. 인터넷도 있고요. 1986년 소련 체제하에서 일어난 체르노빌 사고와는 상황이 다르지 않을까요?

인터넷의 출현으로 소문은 더욱 빠른 속도로 확산됐습니다. 하지만 내용이 바뀌었다고는 생각하지 않습니다. 체르노빌에서도 소문과 사적인 정보는 전화로 급속히 퍼져나갔으니까요.

단지 문제 제기하고 싶은 것은 사적인 정보 확산보다도 오히려 텔레비전과 같은 공적인 언론 매체가 흘리는 잘못된 정보입니다. 사고가 났을 때 주민들은 정보에 목말라했습니다. 이런 상황에서 주민에게 어떻게 정보를 전달해야 할까요. 체르노빌에서는 언론이 사고를 비극적 결말로 바꿔놓았습니다. 이 점에서는 후쿠시마도 마찬가지입니다. 체르노빌에서 보인 비극의 구도는 후쿠시마에도 그대로 들어맞았습니다.

저는 제 경험을 후쿠시마 사고가 일어나기 얼마 전에 책으로 출판했습니다. 일본어 번역본이 나오지 않아 일본 피해자 분들에게 체르노빌 이야기를 들려드리지 못해 안타깝습니다. 얼마 전 후쿠시마 농가의 농부가 자살한 소식을 접했는데 가슴이 찢어지는 것 같더군요.

관광지화와 정보 오염

존 투어에 대해 묻고 싶습니다. 어떤 경위로 투어 설계에 참여하게 되었습니까?

7년 전 프리피야트에 살던 주민들이 만든 비영리단체 '프리피야트 닷컴'이 계획한 투어에 게스트로 초대받은 일이 계기가 됐습니다. 그 투어는 한 달에 한 번, 평균 30~40명을 모으는 관광투어였습니다. 그 때부터 정기적으로 가이드를 맡아 '프리피야트 닷컴'과 2년 정도 일하다 보니 어떻게 하면 좀 더 효과적인 일정을 꾸릴지, 어떤 정보를 어떤 말로 전달하면 좋을지가 보였습니다. 하지만 이미 정해진 일정이 있어 제 의견을 고집할 수 없더군요. 그래서 가이드를 그만두었는데 그러자 이번에는 다른 조직에서 새로운 투어를 해보자는 연락이 왔습니다. 그래서 지금 하고 있는 '체르노빌 투어'를 시작하게 됐습니다. 비영리단체의 경험을 살려 새로운 투어에서는 참여자 전원에게 가이거 카운터와 지도를 주고 또 일정도 하루 코스로 한정하지 않고 이틀 이상 코스도 마련했습니다. 지금은 4일 코스도 있습니다.

투어는 유료입니까?

어디서 주최하든 유료입니다. 사실상 비즈니스가 되었지요. 처음에는 비영리단체가 주도하는 비즈니스였는데 지금은 상업적인 비즈니스가 됐습니다. 프리피야트 닷컴 이전에도 서유럽에서 온 관광객을 타깃으로 한 투어를 조직하는 회사가 있었습니다.

처음에는 외국인용이었던 것 같은데 90년대 말에도 이미 투어를
했던 것으로 기억합니다.

관광지화의 이점은 무엇일까요?

방사능을 둘러싼 잘못된 정보는 인간에게 엄청난 상처를 남긴다

좀 전에 말한 것처럼 문제는 '정보 오염'입니다. 방사능 사고가 나면
주로 화학적 오염만 화제가 됩니다. 하지만 오늘날과 같은 정보화
사회에서는 그런 사고가 막대한 정보 오염을 가져옵니다. 정보에
뿌리를 둔 많은 문제를 남기지요. 체르노빌의 경험, 학문상의 지식과
견해, 개인적인 경험에서 말하자면 현대의 이른바 환경 사고, 방사능
사고에서 가장 심각한 피해는 방사능도 화학적 오염도 아닙니다.
오히려 대형 사고에 사회가 어떻게 반응하는가입니다.

그러므로 방사능 사고가 일어났을 때 우리는 부정적인 정보가
난립하는 일을 막기 위해 다양한 수단을 취해야 합니다. 그 점에서
관광은 매우 효과적입니다.

관광지화에는 세 가지 이점이 있습니다. 첫째로 관광지화가
사고처리의 명확한 목표가 됩니다. 둘째로 투어가 과학적인 지식을
기반으로 제대로 행해진다면 방사능 위험에 관한 계몽 수단으로
유효합니다. 셋째로 현실적으로는 지역 부흥을 위한 경제 효과도
노릴 수 있다는 것입니다. 관광이라는 매우 하잘것없어 보이는 일이
방사능 사고에 대한 절대적인 대처법이 될 수 있습니다. 안전이
확보되는 대로 사고 현장을 방문 가능한 상태로 만들어야 합니다.

관광이라는 말 자체가 지닌 가벼움이 있습니다. 많은 희생자가 나온
사고 현장을 호기심으로 찾는 일에 대한 저항은 없습니까?

현실적으로 체르노빌은 이미 전 세계의 흥미의 대상이 되었습니다.
후쿠시마도 마찬가지입니다. 지금 우크라이나에서 가장 유명한
곳은 체르노빌입니다. 일본에서 가장 유명한 곳은 후쿠시마입니다.
앞으로 이런 관심과 흥미를 과학적 근거에 기반을 둔 질 높은
정보로 대응할 것인가, 그렇지 않으면 비과학적 신화와 헛소문으로
대응할 것인가가 관건입니다.

우크라이나인에게 묻다

체르노빌 관광도 우크라이나에서는 화제를 불러일으켰습니다.
그렇게 화젯거리가 되면서 오히려 개개인이 자유롭게 의견을
표명하게 되었습니다. 이런 부분도 매우 중요합니다.

반대 의견도 있었나요?

관광지화에 대한 반발은 세 그룹으로 나눌 수 있습니다. 우선은
최소량의 피폭조차도 위험하다고 생각하는 사람들입니다. 다시
강조하지만 그들은 마음으로 그렇게 믿고 있습니다. 이른바
여론이지요. 다음으로 비즈니스 때문에 방사선량을 과대평가하려는
사람들입니다. 방사능의 물리적 처리를 비즈니스로 하는
사람들에게는 관광을 하게 되면서 사고 수습 과정이 알려지면
손해가 되지요. 그러므로 다양한 수단을 이용해 반대하려 합니다.
마지막으로 몇몇 환경단체와 사회단체입니다. 그들의 동기는
복합적입니다. 정보 부족과 경제적 이익 양쪽에 묶여 있습니다. 모든
환경 단체가 그렇다는 것은 아닙니다만 종종 선의가 피해자에게
해를 미치는 일도 있습니다.

주민과 노동자들의 의견은 어떻습니까?

그곳에 살던 주민들의 목소리는 좀처럼 들을 수 없습니다. 노동자는
관광이 일에 방해가 되고 귀찮다고 생각하겠지요. 관광은 그들
자신의 일과 직접적 관계가 없으니 냉담한 사람이 많습니다.
　　이에 비해 존 주변의 주민과 사마셜은 대체로 매우
긍정적입니다. 관광객이 관심을 두는 일에 기뻐하며 관광객 수가
늘어나는 과정을 직접 보고 있지요. 경제적 효과도 있습니다.
'체르노빌 투어'에는 사마셜 지원 프로그램이 있어 냉장고를
사드린 적도 있습니다. 물품과 금전 지원뿐 아니라 사마셜들이
세상으로부터 버려졌다고 느끼지 않게, 만일의 경우 전화를 걸면
도우러 와 줄 사람이 있다고 안심시키는 일도 중요합니다.

관광은 방사능에 대한 올바른 이해를 확산하는 데 도움이 될까요?

제가 쓴 책에 세상에는 피해를 십만 분의 일로 축소하는 사람과
백만 배로 확대하는 사람이 있다고 적었습니다. 실제로 사고 당시
소련의 보고서는 방사능 수준을 십만 분의 일로 과소평가했고
오늘날 언론은 너무도 손쉽게 몇백만 배로 과대평가하고 있습니다.
참 아이러니한 세상이지요.

우리 투어는 참여자 전원에게 가이거 카운터를 줍니다. 그걸로
방사선량을 측정합니다. 투어 마지막에는 피폭적산선량도 알 수
있지요. 관광 코스에도 역사적 관점에서뿐만 아니라 방사선량의
관점에서 흥미로운 지점을 집어넣습니다. 또 투어 중에 방사선의
종류와 인간의 신체가 방사선을 방어하는 방법에 관해서도
설명합니다. 참여자는 투어를 통해 방사선에 대한 공포를 체험하고
그것을 극복합니다. 29년 전 방사선량은 지금의 1,000배였다는
말을 해주는데, 누군가는 훨씬 높은 방사능 위험을 견뎠다는 사실을
아는 것도 중요합니다. 투어가 끝날 때쯤이면 모두 지식과 경험을
쌓고 방사능 위험이 있는 장소에서도 이성적으로 행동하는 훈련이
끝난 상태가 되지요.

원전과의 관계

존 투어는 앞으로도 발전할 것 같습니까?

체르노빌 관광은 매우 발전돼 있습니다. 모든 사업자가 그렇지는
않지만 당일 투어, 여러 날에 걸친 투어, 일반인용 투어, 전문가용
투어, 테마별 투어 등 다양한 종류의 투어가 있습니다. 체르노빌의
영광을 되돌아보는 취지의 투어는 사고처리 공적이 있던 장소를
둘러보지만, 일반 투어에서는 이런 장소에 들르지 않습니다.

사마셜과 자연이라는 테마 투어도 열립니다. 존의 자연은 매우
아름답습니다. 또 컴퓨터 게임 〈S.T.A.L.K.E.R.〉(262쪽 칼럼 참조)
팬을 위한 스페셜 투어도 있습니다. 게임 개발자는 실제로
체르노빌에 와서 엄청난 양의 사진을 찍고 갔습니다. 그 사진이
자료가 되었지요. 게임 안에는 거리의 광경이 현실 그대로를
옮겨놓은 듯 재현되어 있습니다. 팬을 위한 투어는 일반 투어에서는
가지 않는 장소도 방문해 모두들 매우 좋아합니다. 〈S.T.A.L.K.E.R.〉

우크라이나인에게 묻다

팬이 제가 몰랐던 장소를 가르쳐 준 적도 몇 번 있습니다.
"이 지하실이 중요해요."라면서요(웃음).

우크라이나는 원자력 발전을 추진하고 있는데 존의 관광지화도
원자력 정책과 관련이 있을까요?

체르노빌 관광은 정부가 직접 운영하지는 않습니다. 관리기관은
방해를 하지 않는다는 정도의 입장입니다. 최근 관광이 경제적
이익을 낳게 되면서 정부가 관심을 보이고 다소 지원해주고 있기는
합니다. 그런데 실제로 사고가 남긴 흔적을 눈으로 본 사람들이
원자력 발전 정책을 환영할까요? 그럴 일은 없겠지요.
　　개인적으로는 투어 가이드를 할 때 원전 가동에 따른 위험성과
원전 가동 정지가 초래할 위험성을 차분히 저울질해볼 필요가
있다고 얘기해주고 있습니다.

그렇다면 원자력 발전에 대해서는 어떻게 생각하십니까?

무엇보다 에너지 절약을 추진해야 한다고 생각합니다. 지금은
에너지를 너무 많이 낭비하고 있습니다. 화력 발전과 수력 발전 등
전통적 에너지 생산 방법 또한 사람과 자연 모두에게 위험합니다.
개인적인 생각입니다만 원전은 그대로 가동시키는 쪽이 폐로로
남기는 것보다 안전하다고 생각합니다. 원전이 가동되고 있는
동안은 매일 사람이 다니며 정기적으로 점검을 합니다. 원전
노동자도 일자리를 잃기를 바라지 않고요. 원전을 멈췄을 때 폐로를
어떻게 처리할지는 아직 충분한 경험이 축적되지 않았습니다.
기술적 문제뿐만 아니라 원전 폐쇄가 초래할 사회·경제적 영향도
전혀 경험이 없습니다. 따라서 지금 당장 모든 원전을 폐쇄하는 일은
매우 위험하다고 생각합니다.

장기적으로는 어떻습니까?

원전의 신규 건설은 반대합니다. 다만 지금 가동 중인 원전은
사용 가능 햇수가 만료될 때까지 계속 가동시켜야 합니다. 원전은
단계적으로 건설되었으니 줄이는 것도 단계적으로 해야 합니다.

그동안에 재생가능 에너지를 개발해야죠. 이것이 가장 현실적인
시나리오입니다.

픽션을 통한 계몽

미루누이 씨의 저서는 과학적 사실과 실제 체험만을 기록한
글이 아니라 웃음과 유머가 섞여 있는, 문학과 저널리즘이
혼재된 복합 텍스트로 되어 있습니다. 이와 같은 문체를 선택한
이유가 있습니까?

그것이 체르노빌의 경험을 말할 수 있는 유일한 문체였기
때문입니다. 집필하면서 이런 형식이 '포스트모더니즘'이라 불린다는
사실을 알았습니다. 그 이후로는 의도적으로 포스트모더니즘
기법을 쓰고 있습니다.

건조한 문체로 정보를 담담히 써내려가는 것만으로는 부족했다는
말씀이시군요.

우리의 경험은 매우 다양하며 그 양상도 가지각색입니다. 정신도
마음도 복잡하지요. 그러니 고전적인 방식의 소설로 체험을 쓰기는
어려우며 독자들도 읽기 따분할 것입니다. 이 책 속에 나오는
에피소드 대부분은 친구들에게 들려준 내용입니다. 인터뷰했던
내용도 일부 있고요. 이 작품은 삶에서 배어 나온 것입니다. 작품
준비는 사고가 난 지 10년 정도 지난 후부터 시작했습니다.

이 책도 어떤 의미에서는 계몽을 위해서 쓰신 거군요?

좋은 질문입니다. 체르노빌 사고 이후 정보 오염 때문에 여러
정보 매체에 대한 신뢰가 완전히 무너졌습니다. 언론은 이익과
인기몰이에 급급해 화제를 불러일으킬 만한 정보만 내놓고, 또
전문가는 이해할 수 없는 암호 같은 발언만 되풀이했습니다. 게다가
자신의 전문 분야를 과대평가하는 내용도 종종 있었습니다.
국가도 신용할 수 없었고요. 그런 상황에서는 가장 기본적인 일대일

우크라이나인에게 묻다

신뢰만 남습니다. 시련을 같이 겪은 사람, 거짓말을 하거나 남을 속이지 않을 사람에 대한 신뢰입니다. 그래서 책을 썼습니다.

후쿠시마에도 체르노빌 사람들의 생생한 체험을 전해주는 일이 가장 큰 도움이 된다고 생각합니다. 무슨 일이 일어났으며 어떻게 극복하고 지금 어떻게 살고 있는지, 이런 것들을 알려줘야 합니다. 그러기 위해서는 텔레비전을 비롯해 전통 언론의 힘도 필요하겠지요. 또 여러분이 강조한 사적 커뮤니케이션도 필요합니다. 텔레비전으로 정보를 얻는 한편 페이스북이나 블로그 등 사람 간의 직접적인 교류로 정보 내용을 보완하는 것이

● 가상 형상

바람직합니다. 텔레비전에 비친 '체르노빌 사람'이 시뮬라크르●가 아니며 컴퓨터로 디자인된 이미지가 아니라는 사실을 제대로 알 필요가 있습니다.

이를테면 체르노빌의 경험을 말할 수 있는 사람이 일본에 가서 직접 텔레비전에 출연해 재해 현장의 사람들과 교류하는 기회를 가져도 좋겠지요. 제 입으로 말하기 쑥스럽지만, 만약 초대해 주신다면 바로 갈 용의가 있습니다. 대학 강의도 가능합니다. 텔레비전 프로그램 시리즈를 기획해도 좋고요.

시뮬라크르라는 말이 나왔습니다. 컴퓨터 이미지가 아닌 살아있는 사람을 봐달라는 주장인데 체르노빌과 프리피야트를 무대로 한 영화와 컴퓨터 게임은 어떻게 생각하십니까?

다큐멘터리를 제외하면 체르노빌을 무대로 한 영화에는 제대로 된 작품이 없습니다.

그러면 게임 〈S.T.A.L.K.E.R.〉도 부정적으로 생각하십니까?

아니요. 〈S.T.A.L.K.E.R.〉는 성공한 비즈니스 프로젝트입니다. 게임을 통해 체르노빌을 알게 된 사람들도 많고 이를 계기로 존을 찾는 사람도 늘었습니다. 게임이 매개이기는 하지만 존 투어에 참여하면서 현실 세계를 눈으로 직접 보고 정보를 얻고 돌아갑니다. 그런 점에서 〈S.T.A.L.K.E.R.〉는 체르노빌을 둘러싼 문화 환경을 건전하게 만들었다고 할 수 있습니다.

호의적이시네요.

> 네. 저는 긍정적 역할이 매우 크다고 생각합니다. 왜냐하면
> 〈S.T.A.L.K.E.R.〉 덕분에 체르노빌 관련 기사나 사람들이
> 주고받는 말들이 정신적인 상처를 주는 말에서 처음으로 벗어났기
> 때문입니다. 게임으로 인해 체르노빌은 젊은이들에게 '흥미진진한
> 곳'이 되었습니다. 하나의 붐을 형성했지요. 새로운 세대가
> 체르노빌에 관심을 두는 계기가 되었습니다.

하지만 게임 내용에는 방사능으로 인해 변질된 좀비가 등장하는 등
잘못된 정보도 들어있는데요.

> 판타지이니까요(웃음). 〈S.T.A.L.K.E.R.〉는 체르노빌의 신화에 기반을
> 두고 있습니다. 이미 엄청난 정보 오염이 발생했는데 게임 하나가
> 특별하게 부정적 영향을 초래한다고는 생각하지 않습니다. 오히려
> 투어 참가자가 늘었다는 긍정적 효과가 크지요.

「사고처리작업원의 일기」에 '내 모든 것은 모두 나와 함께 있다'②
라는 인상적인 구절이 있습니다. 이 발언을 한 지 수년이 지났는데
자신과 함께 있는 것은 어느 정도 늘었다고 느끼십니까?

게임 덕분에 체르노빌은 젊은이들에게 흥미진진한 곳이 됐다

> 훌륭한 질문이네요. 「사고처리작업원의 일기」를 쓰고 나서 그 생각은
> 점점 확고해졌습니다. 현대 세계는 이전보다도 더 안정을 잃고
> 위험이 늘어났습니다. 전 지구적으로 경제와 기술의 위기가
> 확산되고 있습니다. 한순간에 우리가 쌓아온 모든 축적물을 잃게
> 될지도 모릅니다. 그러므로 더더욱 자신 안에 지니고 있는 무언가의
> 가치가 소중한 것 같습니다.
> 저 또한 사고 이후 29년간 제 안에 있는 것을 늘려왔다고
> 생각합니다. 새롭게 학위를 취득하고 방사능 사고와 후유증
> 문제 전문가로 세상에 알려졌습니다. 사고가 없었다면 이런 일은
> 없었지요.

우크라이나인에게 묻다

앞으로의 활동에 대해 알려주십시오.

우선 『사고처리작업원의 일기』가 일본어판과 영어판으로 출판되기를
바랍니다. 세상 사람들이 많이 읽었으면 합니다. 후쿠시마 사고가
일어났을 때 러시아에서는 이미 큰 인기를 끌고 있었습니다. 하지만
후쿠시마에는 도움이 되지 못했지요. 안타까운 마음이 들었습니다.

여기에 덧붙여 방사능 사고처리 경험도 학술서로 정리하고
싶습니다. 지나치게 전문적이어서 열 명밖에 못 읽는 책이 아니라
학술적 엄밀함을 갖추면서도 쉽게 읽히는 책을 쓰고 싶습니다.

또 하나 더, 극영화용 시나리오를 쓰려고 합니다. 지금 문화
면에서 가장 큰 힘을 지닌 것은 아무래도 영화와 텔레비전
드라마입니다. 하지만 아직까지 체르노빌을 무대로 한 영화는 그리
볼 만한 것이 없습니다. 제 경험을 영화로 만들어 일반 대중이 볼 수
있는 영화를 선보이고 싶습니다. 만약 방사능과 체르노빌을 테마로
한 지적인 할리우드 영화를 만들 수 있다면, 전 세계적인 정보
오염에 대처할 수 있겠지요.

영화가 성공한다면? 인세로 여자친구와 카나리아 제도로
이사가 일광욕도 즐기고 낚시도 하면서 여생을 보내고 싶네요(웃음).

① 2010년 발표된 미루누이 씨의 다큐멘터리
소설. 사고처리작업원 시절의 에피소드가 단문
형식으로 희극적으로 그려져 있다. 구소련
비핵화협력기술사무국 호사카 산시로가 일본어로
번역을 진행하고 있다(간행 시기 미정).

② 원래는 고대 그리스 일곱 현인의 한 사람인 비아스의
말로 로마 철학자 키케로의 '스토아 학파의 패러독스'에
인용되었다. 원문으로는 'omnia mea mecum
porto'라고 표기하며 『사고처리작업원의 일기』에서
미루누이가 척후대로 체르노빌을 걷는 동안에 이
발언의 진의(자신에게 소중한 것은 자신의 두뇌와
지혜라는 것)를 실감했다는 에피소드가 나온다.

4. 책임은 모두에게 있다

안나 콜로레브스카 – 체르노빌박물관 부관장

2013년 4월 10일
키예프 국립 체르노빌박물관

인터뷰어: 가이누마 히로시,
　　　쓰다 다이스케, 아즈마 히로키
통역·번역: 우에다 요코
사진: 신쓰보 겐슈

안나 비탈리이부나 콜로레브스카
Королевська, Анна Віталіївна
1958년 도네츠크 출생. 무르만스크교육대학 졸업.
대조국전쟁박물관 학예원을 거쳐 1992년부터
체르노빌박물관에서 일했다. 박물관 전시, 자료 수집,
제작을 총괄하는 박물관의 핵심 인물이다. 우크라이나
미술관, 박물관에 처음으로 디지털 정보 시스템을
도입하는 등 박물관을 늘 새롭게 업데이트 하며
관람객에게 철학적 물음을 던져주려 한다. 2001년
우크라이나 공로문화노동자 칭호를 받았다.

**키예프 중심부에 위치한 국립 체르노빌박물관. 재해를 입은 아이들의 사진과 천장에
매달린 방호복 등 종교적 상징이 가득한 대담한 전시로 사고 기억을 전해주는
역사박물관이다. 1992년부터 20년간 이곳을 찾은 사람은 총 120만 명이며 지금도
마음을 울리는 참신한 전시로 매달 40개국에서 관람객들이 모여든다. 20년
이상 현직을 맡으며 전시 기획과 전시 자료 확충에 열정을 쏟고 있는 부관장 안나
콜로레브스카 씨에게 원전사고를 어떻게 평가해야 하는지 물었다.**

박물관 개관까지의 경위를 알려주십시오.

　　　　사고 직후부터 비극의 기억을 계승하려는 움직임은 있었습니다.
　　　　박물관 구상은 사실 작은 사진 전시에서 시작됐습니다. 사고 당시
　　　　발전소 소방 작업에 참여한 소방관들을 기념하는 사진전이었습니다.

우크라이나인에게 묻다

'용기와 영광의 기억'이라는 제목이었지요. 기획자는 우크라이나 내무부 관할 소방조직으로 그들은 모두 동료 여섯 명을 잃었습니다. 사고로 원전 관계자도 목숨을 잃었지만 소비에트 정권하에서는 그들을 영웅이라 부를 수 없었습니다. 그렇지만 소방관은 영웅으로 칭송받았으며 전시도 열 수 있었지요. 전시는 사고 1년 후인 1987년에 시작됐습니다.

순직한 소방관의 영웅적 행위를 기리는 사진 전시가 박물관의 시작이었군요.

그렇습니다. 국위선양 이데올로기와도 관련되지요. 다만 전시는 소방 활동에 참여한 모든 소방관에 관한 것이었습니다. 당시 경찰관과 소방관은 하나의 조직으로, 경찰관은 주민의 피난을 담당하고 소방관은 사고 수습 작업에 참여했습니다. 소방관과 경찰관은 전시와 박물관 건립에 의욕적이었습니다. 이 박물관 건물도 원래는 소방서였습니다.

전시가 시작되자 외국 시찰단도 많이 찾아왔습니다. 그래서 1992년에 박물관으로 조직을 확충하고 전시가 열리는 사무실 옆에 있던 소방서를 박물관으로 쓰게 됐습니다. 바로 이 박물관이 그곳입니다.

그러면 박물관으로 정식 개관한 것은 1992년인가요?

네. 그때 정식으로 '체르노빌박물관'이라는 이름으로 문을 열었습니다. 그다음 해에 하이다마카 씨(78쪽 담화 참조)에게 전시 디자인을 의뢰했지요.

처음부터 국립이었습니까?

네. 처음부터 국가 기관이었습니다. 다만 박물관이 '국립 박물관'으로 인정받은 것은 1996년 전시 테마가 확대되고 나서입니다. 그 시점에는 사고처리작업원의 기억뿐만 아니라 피해자와 사고 후의 영향 등 사회적 문제를 넓게 다루게 되었습니다. 소련이 붕괴하고 우크라이나가 독립한 뒤 기밀문서 공개가 시작되어 테마를 확대하기 쉬웠습니다. 1991년까지는 '문제'에 대해 말을 꺼낼 수 없었습니다.
오직 영웅적 행위만 얘기할 수 있었지요. 이주와 강제피난 등의
문제도 말할 수 없었습니다.

　　또 하나 중요한 것은 이 조직이 내무부의 지지를 받고
있다는 점입니다. 내무부는 사고 처리에 깊게 관여한 조직으로
박물관 개관에 적극적이었습니다. 1992년 개관 시 관장이
전 내무부 장관이었습니다. 그래서 박물관은 지금도 문화부 관할이
아니라 내무부 관할입니다. 학예원이 수장품의 수집을 관리하고
디자이너가 전시를 기획하는데 조직의 수장은 전 사고처리작업원
출신 경찰관입니다. 그 덕분에 국가의 재정 지원을 받고 있고요.

기본 정보를 묻겠습니다. 방문객은 연간 몇 명 정도입니까?

　　작년에는 7만 명이었습니다. 1992년부터 2012년까지 누계 관람객
수는 120만 명입니다.

외국인과 학생의 비율은 어떻습니까?

　　외국인이 25퍼센트를 차지합니다. 주로 학생이 많습니다. 대학생과
고등학생 이하 아이들을 합치면 60퍼센트가 넘습니다.

입장료는 얼마입니까?

　　10흐리브냐입니다. 1유로 정도지요. 너무 싸다고들 하는데 우리는
요금을 올려서는 안 된다고 생각합니다. 누구라도 볼 수 있는
수준이어야 합니다.

　　그 밖에 관내 가이드는 별도 요금을 설정하고 있습니다.
조금 고액인데 영어와 독일어 가이드도 있습니다. 또 일본어를
포함해 일곱 개 언어별 오디오 가이드도 준비되어 있습니다.
개인 관람자가 의외로 많고 다양한 국가에서 오기 때문입니다.
지금까지 95개 국가에서 왔고 매달 대체로 40개 국가에서
찾아옵니다.

적자는 국가 보조로 메우게 됩니까?

국가는 직원의 임금만 지원할 뿐입니다. 그 이외의 보조는 없습니다.
전시 확장을 위한 자금과 개별 프로젝트는 후원자를 찾아야 합니다.
일본 정부로부터도 조성금을 받은 적이 있고 외국 자선단체
등의 자금 원조를 받아 오디오 가이드와 조명 등 설비를 정비합니다.
체르노빌과 관련한 후원과 원조가 없다면 박물관은 발전할 수
없었을 겁니다.

직원 수도 적어서 학예원은 딱 일곱 명뿐입니다. 네 명은
가이드이고 나머지 세 명이 전시품 관리를 하고 있습니다. 전시 기획
담당은 저 혼자입니다. 그렇지만 모두 자부심과 동기가 강하고
이 일을 천직으로 생각하기 때문에 급여보다 훨씬 많은 일을 합니다.

아이들에게 사랑받는 박물관

소장 자료는 얼마나 됩니까?

1992년 개관 당시는 전시품이 겨우 240점밖에 없었습니다. 1996년
재개관했을 때에는 7,000점으로 늘었지요. 지금은 좀 더 늘었습니다.

소련 시대에 파기된 서류도 꽤 있을 것 같은데 자료 수집에 어려움은
없었습니까?

역사박물관 운영은 사람과 사람과의 접촉이 중요합니다. 파기하라는
문서를 보존한 사람들이 있기 때문이지요. 그런 사람들과 교섭하고
신뢰를 쌓아 자료를 받아야 합니다.

박물관이 내무부 관할이라는 점은 자료 수집에 장애가
됐습니다. 내무부 이외에서 관할하는 사고처리작업원과 전문가
좀처럼 자료를 내주지 않았기 때문입니다. "당신네 박물관은
소방관과 경찰관을 위한 박물관 아니냐"는 말을 많이 들었습니다.
원전 노동자와 군 관계자 자료를 모으는 데에는 매우 힘들었습니다.

직접 자료를 수집하러 다니셨나요?

네. 수시로 존을 들락날락했습니다. 남편과 하이다마카 씨도 함께 갔지요. 그러면서 전시 아이디어와 이미지가 떠오른 일도 있습니다. 낮이나 밤이나 계속 체르노빌만 생각했습니다. 이런 과정이 끊임없이 몇 년씩 이어졌고 지금도 계속되고 있지요.

박물관은 전시 이외의 활동도 하고 있습니까?

아이들을 위한 특별 프로그램을 개설했습니다. 대학생용으로는 심포지엄과 토론회를 개최하고 있습니다. 테마는 생태학과 생명 안전, 기후 등입니다. 키예프 중고등 교육기관과 공동으로 진행하는 프로그램입니다. 또 전 사고처리작업원이 직접 와서 강연을 하는 행사도 개최하고 있습니다.

학교 교육의 일환으로 찾아오는 관람객도 있습니까?

네, 우크라이나에는 '생활 안전'이라는 과목이 있습니다. 러시아에도 있을지 모르겠습니다만, 원래 구소련권 교육에는 박물관과 미술관 견학이 중시됐습니다.

아이들을 위한 프로그램이 있다고 하셨는데 어떤 것인가요?

예를 들면 '에콜로지 수업'이라는 이름으로 네 개의 테마를 내세운 토론형 체험 학습이 있습니다. 메인 홀에 있는 원자로를 본뜬 모형 위에 아이들이 둘러앉아 방사능과 에너지 문제를 주제로 토론을 하거나 퀴즈 형식으로 게임을 진행합니다.

반응은 어떻습니까?

매우 좋습니다. 참가자 중에는 초등학생도 있습니다. 어린이들에게 원자력이 무엇인지 이야기해주고, 다양한 에너지를 추구해온 인류의 궤적 등을 애니메이션을 통해 보여주기도 합니다. 아이들부터 대학생까지 모두 재미있어 합니다. '아톰 아저씨'라는 별명을 가진 가이드가 박사 모습을 하고 게임 형식으로 대화를 진행하지요.

우크라이나인에게 묻다

다음 세대를 위한 교육을 중시하고 있네요.

낮이나 밤이나 체르노빌만을 생각했습니다. 그런 시간이 몇 년이고 지속됐습니다

세대 교체가 이루어지고 있으니까요. 젊은 세대는 세계를 다른 눈으로 봅니다. 우리는 그들이 역사를 이해할 수 있게 도와야 하지요. 그래서 늘 새로운 전시를 기획하려 합니다.

이 박물관이 젊은 세대의 사랑을 받는다는 사실은 큰 자부심입니다. 전 세계 젊은이들이 몇 시간이나 머물다 갑니다. 스웨덴, 독일, 그 밖의 여러 나라 젊은이들이 제 페이스북을 방문해 전시를 칭찬해주었습니다. 체르노빌이라는 단어를 듣고 많은 사람이 원자로 영상을 떠올립니다. 그렇지만 박물관에 오면 다른 상징을 더 많이 발견하게 됩니다. 그리고 체르노빌 사고가 단순히 원자로 붕괴라는 틀로 설명될 수 없는, 훨씬 광범위하고 밀접한 현실임을 깨닫게 됩니다.

우려에는 제한이 없다

우크라이나 정부는 원전을 추진하고 있습니다. 개인적으로 원자력에 관해 어떤 입장을 취하고 계십니까?

우리는 원자력 시대에 살고 있습니다. 그 조건에서 벗어날 수 없다는 점, 아무리 노력해도 원전을 폐쇄하지 못한다는 현실은 명백합니다. 그러니 이런 조건에서 사고가 일어났을 때 어떻게 하면 좋을지, 어떻게 대응하면 좋을지 아이들에게 전해주고 싶습니다. 원자력은 위험하다는 공허한 말만 늘어놓으며 공포의 대상으로 삼는 일은 피해야 합니다.

박물관 전시에 사고 원인 해명과 원자력 기술의 위험을 다룬 전시물이 적다는 인상을 받았습니다. 그런 비판은 없습니까?

사고 원인을 분명하게 해명해주기 바라는 사람도 있고 기술 자료가 보고 싶다는 사람도 있습니다. 그렇지만 이 박물관은 기술박물관이 아니라 역사박물관입니다. 우리는 우리의 관점을 중시하고 있습니다. 기술 자료도 가능한 범위에서 보여주고 있지만 그것을 주요하게 다루지는 않습니다. 필요한 때에는 특별전을 개최하기도 하죠.

원전 추진 정책과 박물관 전시는 관계가 있습니까?

> 정치인은 이 테마에 전혀 관심이 없다고 생각합니다. 여기서 무슨
> 전시를 하든 자신이 비판의 대상이 되지만 않는다면 상관없다는
> 사람들입니다. 세계 어느 나라나 정치인은 다 똑같지 않을까요.

원전 반대 운동가와의 접점은 있습니까?

> 다양한 사람들이 체르노빌과 그 후유증에 대해 각기 독자적 견해를
> 지니고 있습니다. 우리는 모든 사람의 이야기를 다 듣습니다. 그리고
> 가능한 한 객관성을 견지하려 노력하고 있습니다. 누구나 말할
> 권리, 요구할 권리가 있습니다. 그렇지만 그것을 실제 전시에 담아낼
> 권리는 우리에게 있습니다.

원전은 폐지해야 할까요?

> 체르노빌은 원자로를 정지했습니다. 그렇지만 그것으로 문제가
> 해결되지는 않습니다. 원전 가동을 정지했을 때 사용이 끝난
> 핵연료는 어떻게 될까요? 전 세계 원전이 모두 가동을 멈춘다고
> 해도 우리의 건강, 우리 세대의 문제는 해결되지 않습니다.

결론이 간단하지 않다는 말씀이시군요.

> 모든 것이 나쁜 상황이라든가 또는 모든 일이 순조롭다든가 하는
> 일은 없습니다. 눈물에 기대는 것도 좋지 않습니다. 우리 박물관이
> 내거는 슬로건이 있는데 혹시 보셨나요? 전시실 입구 쪽에 걸려
> 있습니다. '슬픔에는 한계가 있지만 우려에는 한계가 없다'①. 이것이
> 우리 철학입니다.

넓은 의미에서 모두가 죄인이다

사고 기억은 점점 희미해지고 있다는 이야기를 듣습니다.

우크라이나인에게 묻다

후쿠시마 제1원전사고 전인 체르노빌 사고 25주년 직전에 이런 이야기가 나온 적이 있습니다. 비극은 체르노빌 이외에도 많이 일어나고 있으니 이 박물관도 체르노빌에 특화하지 말고, 예를 들면 자까르빠따 지역의 홍수 등을 포함시켜 인류의 비극을 종합적으로 전시하는 박물관으로 바꿔야 한다는 거였어요. 그렇지만 전지전능한 신은 모든 것을 꿰뚫어 보나 봅니다. 신은 체르노빌의 비극을 잊지 말라고 또다시 경종을 울렸지요.

지금 '신'이라는 말이 나왔습니다. 전시에도 종교적 상징이 많이 사용되고 있습니다만 기억의 계승에 종교는 불가결합니까?

왜 '위험' 버튼을 눌렀는지 사회학자, 철학자의 시점에서 생각해야 합니다

아니요. 우리는 종교 활동을 하는 것이 아닙니다. 제가 강조하는 것은 정신적 측면이며 전 인류적 활동의 필요성입니다. 저도 하이다마카 씨도 종교적 인간은 아닙니다.

예전에 일본을 방문한 적이 있습니다. 도쿄에도 야스쿠니 신사가 있고 전쟁 역사를 다룬 박물관도 있습니다. 그런 시설에서는 꼭 신이 아니더라도 전쟁에서 죽은 사람들의 혼을 달래고 있습니다. 같은 것이라고 봅니다. 박물관이 러시아정교의 상징을 즐겨 취하고 있는 것처럼 보일지 모릅니다만 실제로는 다양한 종교 활동가가 찾아옵니다. 전혀 다른 종교를 가진 사람들도 박물관을 둘러보면서 뭔가 마음의 울림을 경험합니다. 우리는 신에게 기도하라고 호소하는 것이 아닙니다. 사람은 누구나 살아갈 권리가 있고 그 권리를 보장받아야 한다는 진리를 알려주고 싶을 뿐입니다.

인간은 전쟁을 일으키기도 하고 건강에 해로운 지역에 살게 하면서 전혀 무해하다고 우겨대기도 하는 등 사람의 생사를 다룰 권리가 제 손에 있는 양 행동하기도 합니다. 전시를 통해 진리에 다가갈 실마리를 잡게 해주고 싶었습니다. 사람들의 마음을 움직이는 데에는 익숙한 방법과 상징을 이용하는 일도 필요합니다.

사고 책임은 누구에게 있다고 생각하십니까?

우리 모두입니다. 우리는 넓은 의미에서 모두 죄인입니다. 모두가 연관되어 있습니다. 젊은 세대를 위한 교육에 힘을 쏟는 것은 그 때문입니다. 우리는 위험 버튼을 누르라고 명령받았을 때 그것을

해서는 안 된다는 사실을 인식하고 있음에도 '아니요'라고 말할
힘을 지니지 못했습니다. 앞으로는 거부할 줄 아는 인간을
길러야 합니다. 누가 버튼을 눌렀는가가 아니라 왜 버튼을 눌러야
했는가, 그것을 사회학자, 철학자의 시점에서 생각해야 합니다.

박물관의 목적을 한마디로 말하면 무엇일까요?

우리의 과제는 희생자, 목격자, 사고처리작업원 등 수천 명의 운명을
통해 오늘날 세계의 산업 발전에서 가장 중요하다는 원자력이
사고가 나면 어떻게 되는지 보여주는 것입니다. 영국의 물리학자
존 톰슨은 20세기 초에 이런 말을 했습니다. "인류는 너무 많은
장난감을 손에 쥔 어린아이와 같다. 그리고 이 장난감 놀이법을
익혔을 때에 인류는 사라져버릴 것이다." 우리는 위기에 직면해
있습니다. 하지만 석기시대로 돌아갈 수는 없습니다. 중용을
찾아야만 합니다. 고도의 과학기술과 타협하면서 스스로 자멸을
초래하지 않는 일, 그것이 우리의 목표입니다.

마지막으로 이 일에 혼신을 쏟는 개인적인 이유가 있다면
알려주십시오.

특별한 경험이 있었던 것은 아닙니다. 피해자도 아니고 사고 처리에
관여한 적도 없습니다.
　　저는 원래 대조국전쟁박물관에서 일했습니다. 영웅과 희생자가
있고 테마가 비슷해서 여기로 왔습니다. 그때는 체르노빌이 인생의
전부가 되리라고는 생각지도 못했습니다. 일을 하면서 다양한
사람들과 만나다 보니 점점 빠져나갈 수 없게 됐습니다.
　　체르노빌이라는 테마는 무겁습니다. 정신적으로도 힘듭니다.
이제 그만둬야겠다고 결심한 적도 한두 번이 아닙니다. 휴가가
끝나면 더 이상 이곳에 오지 않겠다고 마음먹은 적도 있고, 직업을
바꾸고 직장도 바꾸려 한 적도 있습니다. 그렇지만 조금 지나면
새로운 아이디어가 떠올라 그런 생각은 곧 잊어버립니다. 같은
역사박물관이라도 만약 매우 오래된 역사를 다룬다면 사정은
다르겠지요. 체르노빌에서는 사고를 경험한 사람들이 아직 살아가고
있습니다. 그리고 그들에게서 아이들과 손자가 태어나고 있습니다.

우크라이나인에게 묻다

그런 현실을 눈앞에 마주하면 역시 이 현실을 세상에 알려야겠다는
집념에 강하게 사로잡히고 맙니다.

지금은 아마 죽을 때까지 이 문제를 손에서 놓지 못할 거라는
생각이 듭니다.

① 박물관에 걸린 말은 라틴어로 'Est dolendi
  modus, non est timendi'(출처: 소프리니우스
  서간집). 러시아어로 'Есть предел у печали, но
  нет границы у тревоги'. 이 말은 일반적으로
  '슬픔에는 한계가 있지만 공포에는 없다'라고
  번역된다. 콜로레브스카는 'est timendi'를
  тревога(우려, 경종)라는 종교적 함의가 강한
  단어로 옮겨 이중의 의미를 던져주고 있다.
  공포에는 한계가 없기 때문에 불합리한 불안을
  가질 필요가 없으며, 동시에 우려 또한 한계가
  없으니 인간은 원자력의 미래를 지나치다 싶을
  정도로 우려해야 한다는 의미이다.

5. 진실을 전하다

알렉산더 나우모프 – 전 내무부 소속 대령, 존 안내인

2013년 4월 13일
키예프 나우모프 자택

인터뷰어: 가이누마 히로시, 쓰다 다이스케,
    아즈마 히로키
통역·번역: 우에다 요코
사진: 신쓰보 겐슈

알렉산더 비크토로비치 나우모프
Наумов, Александр Викторович
1950년생. 체르노빌 사고 당시 경찰관으로 사고 다음
날인 4월 27일부터 5월 2일까지 프리피야트 옆에
위치한 야노프 역 경비를 맡았다. 1988년 1월부터
9월까지 존 경비대장을 지냈다. 이 무렵부터 사고에
관한 정보를 언론에 흘리기 시작했다. 1990년부터
국내외 저널리스트와 학자에게 존을 안내해 존
안내인, 일명 스토커라는 별칭을 얻었다. 컴퓨터 게임
‹S.T.A.L.K.E.R.› 등장인물의 모티브가 되기도 했다.

우크라이나 내무부에서 체르노빌 원전사고 관련 기밀문서를 다루는 일을 했고 키예프
경찰서 부서장까지 역임한 나우모프 씨. 현재 나이 64세. 사고 이후에는 방사능
오염에 대한 올바른 정보 전달을 사명으로 여기고 외국 언론인과 학자를 존에 안내하는
가이드 역할을 해왔다. 존 관계자 사이에서는 유명인으로, 게임 ‹S.T.A.L.K.E.R.›
에는 나우모프를 모티브로 한 인물도 등장한다. 한때 국가 권력에 속해 있던 사람으로서
존의 관광지화를 어떻게 생각하는지 물었다.

과거의 기억은 사람과 함께 죽어갑니다

나우모프 씨는 가장 유명한 스토커 중 한 사람이라고 들었습니다.

저는 ‘스토커’라는 단어를 좋아하지 않습니다. 『이즈베스티야
신문』에서 그렇게 불렀을 뿐입니다. 제가 존에 가는 것은 호기심이
아니라 사고 후의 진실을 말하기 위해서입니다. 진실을 말할 수

있는 사람들에게 정보를 전해주고 싶습니다. 우크라이나에서는 국회 공청회에 참가하기도 하고 1년에 10회 이상 텔레비전과 라디오 등에 출연해 사고에 대해 이야기하고 있습니다. 외국에서는 독일과 프랑스에서 주로 출연 요청을 받습니다. 작년에도 독일 텔레비전 방송팀과 함께 여덟 차례 정도 존에 들어갔습니다.

그런 활동은 언제부터 시작하셨습니까?

1989년과 1990년 사이였을 겁니다.

계기가 있었습니까?

체르노빌박물관에서 기밀서류를 본 것이 계기입니다. '기밀해제' 도장이 찍혀 있어서 촬영을 해 공개했습니다. 그때 저는 내무부에서 일하고 있었는데 이 일이 고발 대상이 됐습니다. 이리저리 불려다녔는데 마지막에는 내무부 장관한테까지 불려갔습니다. 그들은 1986년에 나온 시대에 뒤처진 지시서에 따르고 있어서 무엇이 기밀해제가 되어 있는지조차 알지 못했습니다. 그런 관료기관에 대한 분노가 있었고 개인적으로 올바른 정보를 전해주고 싶다는 생각도 있었습니다. 사고 직후에는 정부가 피해를 은폐하려는 모습을 내부에서 많이 봤습니다.

구체적으로 말씀해주십시오.

사고 직후에 KGB가 작성한 리스트에는 방사선량, 방사능 배출량, 오염도 등이 기밀사항으로 되어 있었습니다. 군 치료위원회에서는 건강상태의 악화를 사고 처리 참여와 연관지어서는 안 된다는 방침을 세웠습니다.

특별 경비대 대장이기도 하셨는데 어떤 일을 하셨습니까?

프리피야트 거리를 경비하고 사마셜을 찾아 다녔습니다. 약탈을 막기 위해 빈집 창문과 대문에 못을 박는 일도 했습니다. 강제 퇴거는 곧바로 이루어졌지만 모두가 퇴거하지는 않았습니다. 국가가 할당해준 주택에 결함이 있다거나 사고 전의 생활로 돌아가고 싶어 하는 사람들이 다시 돌아왔습니다. 1987년 가장 많을 때에는 1,200명의 사마셜이 존에 살았습니다. 1991년에 그들은 이반키프 지역에 호적을 두고 연금도 받을 수 있게 됐습니다. 하지만 존에 거주하는 일은 어디까지나 위법입니다. 존 거주자의 법적 권리는 하나도 없었습니다.

불법 거주에 대한 처벌이 있었습니까?

없습니다. 설득을 했을 뿐이지요.

존 투어는 위험한가

존 투어는 위험합니까?

방사능은 있습니다. 저 또한 건강 피해를 감수하고 있습니다. 하지만 측정기를 가지고 다니면서 방사능 수치가 높은 곳만 잘 피하면 문제는 없습니다. 허가받은 코스를 걸을 때 하루 피폭량은 비행기로 대서양을 통과할 때 받는 방사선량이나 치아 엑스레이를 찍을 때 받는 방사선량보다도 적은 정도입니다. 문제는 체크포인트를 통하지 않고 위험 지대를 불법으로 돌아다니는 스토커들입니다. 아마 그곳에 살고 있는 야생동물은 나중에 정말로 무서운 존재가 될지도 모릅니다. 지금 야생말도 출몰합니다. 고양이가 있다고 쓰다듬으려 다가가서는 절대 안 됩니다.

존은 앞으로 어떻게 바뀌어야 한다고 생각하십니까?

빅토르 유셴코 전 대통령은 유채를 재배해 바이오 연료용으로 판매하려 계획했었습니다. 그래도 토지를 활용하려면 사람이 살아야 되지요. 사람이 살려면 인프라가 필요한데 존에는 '핫 스팟'이 아직 많아 어렵습니다.

지금은 외국인 관광객이 호기심으로 존을 찾아오고 있는데
어떻게 생각하십니까?

많은 사람이 체르노빌에 흥미를 갖는 것은 좋은 일입니다. 그렇지만
체르노빌 원자력 사고를 제대로 알릴 필요가 있습니다. 투어
자체는 반기지만 가이드가 좀 더 역사의식, 사회의식을 지니고
책임 있는 역할을 해야 한다고 봅니다. 지구 전체에 고통을 준
대규모의 어마어마한 사고였다는 점을 자세히 알려야 하는데 게임
〈S.T.A.L.K.E.R.〉와 다를 바 없는 수준 낮은 가이드가 많습니다.
4호기를 콘크리트로 메우고 지붕을 청소하는 데 800여 명의 사람이
참여했는데 그들이 리크비다따르로 인정받는 데에 20년 걸렸습니다.
그런 정보를 전달해야 합니다.

존 투어가 원자력산업을 선전하는 도구로 이용된다고 보시나요?

그들에게는 이데올로기가 없습니다. 다만 돈을 모으는 수단이지요.

수익을 피해자 지원에 활용하려는 시도는 없습니까?

전혀 없습니다.

〈S.T.A.L.K.E.R.〉에는 부정적이십니까?

아니요, 아니요. 젊은 사람들이 흥미를 갖고 찾아와 준다면 그것도
좋은 일이죠. 게임을 통해서이긴 해도 그들 역시 체르노빌 땅을 직접
● 돌연변이로 생겨난   눈으로 보니까요. 다만 몬스터라든지 뮤턴트●와 같은 이상 현상은
생물   잊어줬으면 하네요.

체르노빌이 점점 사람들의 기억 속에서 잊혀가고 있다고 보시나요?

과거의 기억은 사람과 함께 늙고 병들고 죽어갑니다.
우크라이나에서는 체르노빌이 잊히고 있습니다. 인터넷에 공개한
제 사진 아카이브에는 사진 1만 장이 있는데 게임 〈S.T.A.L.K.E.R.〉
팬들이 제멋대로 사용하고 있습니다. 그건 괜찮지만 연락을

취해보면 사고에 대해서는 아무것도 모르더라고요. 참 서글펐습니다.
2년 전 체르노빌박물관 주변에서 조사를 한 적이 있습니다.
질문을 받은 시민 상당수가 박물관 위치를 몰랐습니다. 사고가
일어난 해조차 기억 못했습니다. 이런 비참한 사고는 아이들의
마음에 상처를 주니 기억에 남겨서는 안 된다는 의견마저 있습니다.
그렇지만 아이들의 종양성 질환 문제는 현재 진행형입니다.
실제로는 아무것도 해결된 것이 없지요.

우선은 관심을 가져주는 것만으로도 감사하다는 말씀이신가요?

네, 뭐. 앞으로 체르노빌과 관련된 의제에 관심을 기울여줄 젊은
세대가 많아졌으면 합니다.

6. 때를 놓치고 말았다

알렉산더 시로타 – 비영리단체 '프리피야트 닷컴' 대표

2013년 4월 11일
후루지니프카 마을 에코폴리스

인터뷰어: 가이누마 히로시, 쓰다 다이스케,
　　　아즈마 히로키
통역·번역: 우에다 요코
사진: 신쓰보 겐슈

알렉산더 에피모비치 시로타
Сирота, Александр Ефимович
1976년생 사진가, 저널리스트, 영상작가. 체르노빌
사고 당시 아홉 살로 어머니와 함께 프리피야트에
살았다. 키예프대학 역사학과 졸업. 2005년부터
웹사이트 '프리피야트 닷컴' 편집에 관여했으며
그 후 2012년까지 사이트 편집책임자를 역임했다.
이후 체르노빌을 테마로 한 활동을 이어가고 있다.
어머니 류보휘 시로타는 시인.

**시로타 씨는 이번 취재에서 존 투어를 함께 준비해주었다. 유소년기를 프리피야트에서
보낸 그에게 출입금지구역은 단순한 폐허가 아닌 추억이 쌓인 고향이다. 하지만
그런 폐허조차도 지금은 붕괴 위기에 처해 있다. 잃어버린 고향을 다시 잃지 않기 위해
시로타 씨는 혼자 꿈의 투어를 계속 이어간다. '정치는 늪과 같은 것'이라고 말하는
시로타 씨에게 비영리단체 운영의 의미와 전망을 물었다.**

체르노빌과 관련된 활동을 시작한 계기를 알려주십시오.

　　　　　1992년에 사고 후 처음으로 프리피야트에 돌아왔어요. 열여섯
　　　　　살이었죠. 눈이 엄청 내린 겨울 날, 죽음의 거리에서 반나절을
　　　　　보냈습니다. 눈 쌓인 길을 걸어 집과, 어머니가 일하던 문화궁전과,
　　　　　어릴 적 다니던 학교에 가봤습니다. 황폐한 거리를 혼자 걸으면서
　　　　　이제는 이 마을에 살 수 없다는 사실을 절실히 느꼈습니다.

집에 돌아오고 나서 이 여행을 글로 남겼습니다. 10대 소년의 조금은 감성적인 마음의 외침이라고나 할까요. '기억해주길 바란다'라는 제목의 글인데 이 글을 어머니가 영어로 번역을 했습니다. 유엔의 *DHA NEWS*라는 잡지에 실렸지요.① 지금 돌아보면 저널리스트로서의 첫 활동인 셈입니다.

사고 10주년인 1996년에는 그린피스 활동인 '증언자 투어'에 우크라이나 대표로 초대받아 4월부터 5월까지 미국 주요 도시를 돌며 제 체험을 이야기하기도 했습니다.

미국에서의 반응은 어땠습니까?

매우 호의적이었습니다. 사실 여행 이전에는 마음이 무겁고 괴로워 체르노빌 이야기는 애써 피했습니다. 당시 우크라이나에서는 체르노빌 사고로 피난 나온 사람을 타 지역사회가 받아주지 않는 상황이었기 때문입니다. 배척당했고 왕따를 당하기도 했습니다. '피난 온 사람들이 우리의 살 곳을 빼앗고 학교와 직장에서도 높은 지위를 차지하려 한다'는 편견이 있었습니다. 그래서 체르노빌에서 멀리 몇천 킬로미터나 떨어진 미국 사람들이 관심을 가져주는 데에 무척 놀랐습니다. 귀국할 때에는 이 십자가를 앞으로도 계속 지고 가야 한다고 막연히 생각했지요.

그래서 저널리스트가 되신 건가요?

한때는 다른 일을 하려고 했습니다. 건설업에도 종사했고 다른 분야를 주제로 논문을 쓰기도 했습니다. 그런데 그때마다 체르노빌 이야기를 해주길 바라는 사람이 나타나 다시 돌아오게 되더라고요.

무엇보다 지금의 일을 택하는 데 가장 큰 영향을 준 사람은 어머니입니다. 어머니 류보휘 시로타는 여배우이면서 시인입니다. 어머니는 늘 체르노빌을 주제로 에세이와 시를 쓰셨습니다. 그런 분위기 속에서 자라서인지 과거의 일, 프리피야트 거리를 잊을 수 없었지요.

프리피야트 닷컴 설립 경위를 알려주십시오.

사이트는 2003년에 오픈했습니다. 창설자는 제가 아니라 저보다
열 살 정도 많은 프리피야트 원주민 그룹입니다. 그들이 주민들의
교류를 위해 만든 것입니다. 당초 이 사이트는 거리 사진을
몇십 장 올리고 작은 커뮤니티를 운영하고 있었습니다. 저는
2005년에 우연히 사이트를 보고 연락을 취해 돕게 됐습니다.

자원하신 건가요?

아니요, 그 반대입니다. 너무나도 어처구니없는 정보가 올라와
있는 것을 보고 화가 났었죠(웃음). 저는 그 당시에도 꽤 자주 존에
들어갔고, 존의 사정을 자세히 알고 있었습니다. 그래서 항의 메일을
보냈습니다. 그러자 그렇게 잘 안다면 사이트 질을 높이기 위해
꼭 함께해달라는 답장이 왔습니다. 그것을 계기로 참여하게 됐고
얼마 안 가 편집 책임을 맡게 되었습니다.
　　현재 프리피야트 닷컴은 체르노빌 관련 사이트 중에서
가장 운영이 활발합니다. 방문자 수는 같은 주제를 다루는 여타
사이트의 방문자 수를 전부 합한 것과 비슷한 정도입니다. 처음에는
이렇게까지 커질 줄 몰랐습니다.

스태프는 몇 명입니까?

전업으로 일하는 사람은 없습니다. 참가자는 모두 자원활동가
입니다. 투어 등 이른바 현장에서 일하는 사람은 열 명이 채
안 됩니다. 그밖에 인터넷상으로 다양한 과제를 해결하는 사람이
30명에서 40명입니다. 공식적인 조직 회원은 1,500명 조금
못 됩니다. 적극적인 커뮤니티 회원이 약 2만 명입니다. 게다가
분과 프로젝트가 몇 개 있습니다. 같은 테마를 다루고 있어도
방향성은 조금씩 다릅니다. 버추얼 프리피야트와 3D이미지 작성
프로젝트(271쪽 참조)와 같은 프로젝트에 관심을 두고 참여하는
사람도 있습니다.

프리피야트 닷컴은 원래 프리피야트 원주민들이 추억을 공유하기 위한 사이트였습니다. 그런데 지금은 참가자 90퍼센트 이상이 체르노빌과 직접 관련이 없습니다. 의외의 일입니다.

재정은 어떻게 해결하십니까?

기본적으로 존 투어로 자금을 조달하고 있습니다. 우리는 우크라이나에서는 매우 보기 드문, 사업 수입으로 운영자금을 마련하는 사회활동단체입니다. 지금까지 활동을 위해 보조금을 받은 경우는 딱 한 번밖에 없습니다. 미국대사관이 전시 개최를 위해 5,000달러를 지원했지요. 지금은 수만 달러나 쓰고 있지만 모두 직접 벌어들인 자금입니다. 그렇다고 이런 상황이 전적으로 칭찬받을 일이냐 하면 그렇지는 않다고 생각합니다. 비영리단체는 기본적으로 보조금을 잘 받아와야 하는데 저희가 능력이 없어서 그렇죠(웃음).

(왼쪽 상단)   1984년 첫째 줄 오른쪽 끝이 시로타.
(왼쪽 하단)   1985년 문화궁전 '에너지 작업원'에서 상연된 연극. 가운데가 류보휘 시로타.
(오른쪽 상단)   1985년 프리피야트 제1학교. 가운데 소년이 시로타.
(오른쪽 하단)   1984년 맨 오른쪽이 시로타 어머니 류보휘 시로타.

투어 사업을 시작한 계기는 무엇입니까?

이전부터 친구들이나 아는 사람의 부탁으로 개인적으로 존 안내를
하고 있었어요. 그러다 2006년에 사이트 일을 도와주는 한 편집자를
존에 안내할 기회가 있었습니다. 모두 체르노빌을 테마로 일하고
있는데 한 번도 존에 간 적이 없었던 거예요. 그때 존에 다녀온
사진과 감상을 인터넷에 공개했더니 엄청난 반향이 일었습니다. '왜
우리는 데려가지 않느냐?'라는 의견이 게시판에 많이 올라왔습니다.
이를 계기로 정기 투어를 시작했습니다.

투어는 얼마나 자주 갑니까?

한 달에 수차례 갑니다. 저희는 관광객 숫자를 늘릴 생각은
없습니다. 하루에 버스 다섯 대가 오가는 거대 규모는 지양합니다.
질 높은 가이드를 제공하고 싶으니까요.

외국인 비율은 얼마나 됩니까?

러시아에서 온 관광객이 대부분입니다. 다음으로 우크라이나,
벨라루스, 폴란드, 서유럽, 미국 순입니다. 일본에서 오는 관광객
수도 늘고 있습니다. 후쿠시마 사고 이전에는 한 해에 한 그룹
정도였는데 작년에는 여섯 번 정도 일본 그룹을 안내했습니다.
체르노빌을 과거의 일로 묻어두었는데 후쿠시마 원전사고가
터지면서 그 의미를 되돌아보게 된 것이겠지요.

프리피야트를 박물관으로

체르노빌 관광이 빠르게 상업화하고 있다고 들었습니다.
문제를 느끼고 계십니까?

지금은 이 사람 저 사람 모두 투어 사업에 손을 대고 있습니다.
그런데 제대로 준비되지 않은 곳이 많고 서비스 질도 좋지 않습니다.
버스 한 대에 외국인 관광객 60명을 태우고 프리비야트로 가서
아무 데나 내려준 후 자유시간 30분을 주고 각자 거리를 돌아보게 하고는 다시 버스에 태워 데려오는 형편없는 투어도 생겨났습니다.
그러고는 무려 1인당 300유로, 400유로를 챙깁니다. 외국인 상대로
돈 벌기는 쉽지요.

정부가 나서서 여행사를 교육하는 것까지 바랄 수는 없지만
운영자를 선별하고 면허증을 부여하는 일 정도는 해줬으면 합니다.
더 바라자면 지금과 같은 체르노빌 관광을 중단시키고 투어를 모두
무료화할 수 있으면 좋겠습니다(웃음). 뭐 그냥 개인적인 꿈입니다만
그래도 언젠가 투어로 모은 돈을 비영리단체 자금으로 쓸 필요가
없어지면 저는 투어를 공짜로 진행할 생각입니다. 그렇게 하면
여행사도 사라지겠지요. 이익이 없어지니까요. 교육을 목적으로 하는
체르노빌 투어만 허용되고요. 그렇게 되면 좋겠습니다.

시로타 씨가 진행하는 투어의 특징은 무엇입니까?

제가 체르노빌에 사람을 안내하는 것은 돈 때문이 아닙니다.
체르노빌은 누구나 한번쯤 직접 봐야 하는 곳이라고 생각하기
때문입니다. 이곳을 보고 나면 사람들의 세계관이 바뀔 거라
생각합니다. 참가자 열 명 중 한 명이라도 이곳을 보고 뭔가 마음의
변화를 겪고, 살면서 또다시 이런 곳이 생기지 않도록 노력을
기울인다면 그것으로 성공이지요.

사업을 운영할 때 국가, 행정기관과 부딪치는 부분이 있습니까?

한 걸음 전진했다고 생각하면 행정기관 때문에 두 걸음 후퇴하는
꼴입니다. 서류 신청 수속이 매우 번잡한데다 새로운 규칙이 쉴 새
없이 생겨납니다. 이해할 수 없는 규칙도 많고요.
우크라이나는 선거가 많아 고위직이 자주 바뀝니다.
출입금지구역 총괄 책임자도 바뀌지요. 그럴 때마다 매번
비영리단체 활동이 필요하다는 사실을 또다시 설득해야 하고
처음부터 다시 관계를 구축해나가야 하죠.

예를 들어 2006년에 발안한 '프리피야트 박물관화 계획'이 있습니다. 미래 세대에 기억을 계승하기 위해 프리피야트 폐허를 그대로 보존해서 박물관으로 만드는 계획입니다. 우크라이나 대통령, 국회, 체르노빌 사고로 피해를 입은 국가의 대통령, 유네스코 등에 보낼 공개 서한을 작성했습니다. 꽤 많은 서명을 받았고 관료들의 도움으로 당시 대통령 유셴코에게 서한을 보낼 수 있었습니다. 계획서를 만들어보라는 지시가 있었다고 들었는데 그 후 우크라이나가 정치적 혼란에 빠지면서 더 이상 박물관 이야기는 진전되지 못했지요. 그 뒤 정권도 바뀌었습니다.

계획이 좌절됐나요?

그렇습니다. 지금은 거리의 일부만 보존하고 다른 곳은 파괴하자는 제안이 있습니다. 솔직히 저도 이 안에 찬성합니다. 전부 그대로 남기기에는 역부족이라는 사실을 잘 알고 있습니다. 우크라이나에는 존 이외에도 신경 써야 할 지역이 워낙 많아서 우선은 그쪽을 먼저 해결해야 합니다. 여러분도 보셨을 텐데 존 밖에도 여기저기 폐가가 많습니다. 우크라이나는 인구밀도가 높지 않으니 굳이 존을 복구해서 사람을 살게 해야 할 이유도 없습니다.

보존은 어렵습니까?

프리피야트가 위치한 폴레시아 지역 늪지는 기후가 특이합니다. 습도가 높고 기후 변화가 급격해 한겨울에도 따뜻했다 추웠다를 반복합니다. 그래서 동결과 결로가 잦아 쉽게 건물이 노후됩니다. 며칠 전에도 건물이 무너졌습니다. 이런 상태로 건물이 무너지고 도시가 파괴된다면 출입제한은 점점 더 엄격해질 것입니다. 큰 사고라도 일어난다면 투어가 중단될지도 모르죠. 앞으로 5년도 안 남았을지 모릅니다.

솔직히 프리피야트 보존은 이미 늦었다고 생각합니다. 만약 보존 운동을 10년 전에 시작했더라면 마을을 남길 수 있었을 거예요. 그렇지만 때를 놓치고 말았습니다. 벌써 건물은 부서지고 있습니다. 어쩌면 프리피야트는 이대로 무너지도록 놔둬야 할지도 모릅니다. 우크라이나의 폼페이가 되겠지요.

'후쿠시마 제1원전 관광지화 계획'을 생각하고 있습니다. 뭔가
해주실 말씀이 있다면?

> 제가 하고 싶은 말은 딱 한 가지입니다. 보존 운동은 지금 당장
> 시작해야 한다는 것입니다. 여론 형성을 비롯해 보존을 위한 토대를
> 가능한 한 빨리 구축해야 합니다. 반면에 투어는 시기상조라고
> 생각합니다. 아직 상처가 짙습니다. 방사능도 위험하고요.

이번 존 투어에서는 방사선량이 낮다는 인상을 받았습니다.

> 이곳은 시간이 많이 흘렀으니까요. 자연 정화도 이루어졌고요.
> 하지만 존 안의 도로는 아직도 필요에 따라 제염하고 있습니다.

정치는 늪과 같다

원자력 발전에 대해서는 어떻게 생각하십니까?

어디까지나 어렸을 때 원전사고를 경험한 사람의 개인적인 의견으로
들어주셨으면 합니다. 저는 원자력을 전혀 받아들일 수 없습니다.
원자력 때문에 삶이 송두리째 흔들린 경험을 한 사람이 여전히 이
기술을 신뢰한다면 그건 아마 일종의 마조히즘이라고 볼 수 있겠죠.
아니면 경제적 관심밖에 없던가요.
  하지만 이 의견은 비영리단체 대표로서의 의견은 아닙니다. 우리
사이트는 다양한 의견을 가진 사람들이 정보를 발신할 수 있는
플랫폼으로서, 중립적 입장을 취하고 있습니다. 원자력 추진이나
반대에 관해서도 급진적 입장을 취하는 것은 피하고 있습니다.
구성원 중에는 체르노빌 원전이나 다른 원전에서 일하고 있는 원전
노동자도 있고 방사능 전문가와 환경학자도 있습니다. 모두 다
자신의 의견을 자유롭게 표현할 수 있도록 하고 있습니다.

탈원전 실현 가능성에 대해서는 어떻게 생각하십니까?

잊히지 않도록 잃어버린 마을의 운명이

저라면 '탈원전이 가능할까요'가 아니라 '원자력 발전 중단이
가능할까요'로 바꾸어 묻겠습니다. 가동을 정지하고 완전히 폐로가
된 원전이 세계에 얼마나 있을까요. 막대한 수의 핵시설이 가동을
정지한 이후의 처리 과정은 앞으로 매우 심각한 문제가 될 것입니다.
체르노빌 원전도 20년 넘게 폐로 작업을 계속하고 있고 아직도
끝나지 않았습니다.

　　현실적으로도 원전을 멈추는 일은 매우 어렵습니다. 이권과
밀접하게 관련되어 있지요. 원전을 멈추기만 하면 하늘에 무지개가
뜨고 누구나 행복해지는 결말은 오지 않습니다.

프리피야트 닷컴의 앞으로의 계획은 무엇입니까?

작년 말 사이트 편집책임자를 그만두었습니다. 앞으로는 비영리단체
대표로서 다른 활동에 힘을 쏟으려 합니다. 일본 방문을 계기로
새로운 프로젝트를 구상했습니다. 체르노빌의 경험은 29년간
끊임없이 쌓인 것입니다. 일본인들에게 그 경험을 소개했더니 바로
이런 정보가 필요하다고 반기더라고요. 그래서 체르노빌과
후쿠시마를 잇는 공동 프로젝트를 만들어 후쿠시마 피해자와
체르노빌 피해자가 항상 소통할 수 있도록 하고 싶습니다.
이 아이디어는 일본 비영리단체에서 나왔어요. 실무는 저희가 맡아
진행할 겁니다.

활동을 통해 전하고 싶은 메시지가 있다면요?

글쎄요……. 저는 사고가 일어나기 전에는 한 번도 병원에 간 적이
없습니다. 사고가 난 해 가을에 생전 처음으로 병원에 갔습니다.
그 후 3개월간 입원했고 스무 살이 될 때까지 30개월 정도는
병원에서 살았습니다. 원전사고가 원인인 것이 분명하지만 모두
선천성 질환이라고 진단받았습니다. 서른다섯 살에 병을 얻은
어머니께도 마찬가지로 선천성이라고 진단하더군요. 사고와 병의
관계를 증명하는 일은 정말 어렵습니다. 원전사고 때문이라고
말하면 방사선 공포증이 있는 것 아니냐고 되묻지요.

이런 현실에는 아무도 관심을 두지 않았습니다. 프리피야트라는 잃어버린 마을도 아무도 알지 못했습니다. 그래서 지금과 같은 활동을 시작했습니다. 오염된 프리피야트에 살고 있던 사람의 이야기, 그 운명이 기억에서 사라지지 않기를 바라기 때문입니다. 그동안 프리피야트를 알리기 위해 많은 일을 해왔습니다. 다음 과제는 잊히지 않도록 하는 것입니다. '죽은 도시' 프리피야트가 아니라 살아 있던 마을의 모습을 후세에 전하고 싶습니다.

저는 국가로부터 보조금을 일절 받지 않고 있습니다. 소액의 보조금을 받을 수 있기는 하지만 신청 절차가 워낙 복잡해 질려버렸습니다. 사고 피해자의 권리를 일체 이용하지 않는 셈이죠. 체르노빌 피해자 증명서를 어디에 뒀는지조차 모르겠네요.

이야기를 듣고 있자니 정치에 대한 분노가 큰 것 같습니다. 직접 정치가가 될 생각은 없나요?

없습니다. 정치는 더럽습니다. 특히 우크라이나에서는 늪과 같은 것입니다. 발을 들여놓으면 바로 끝입니다.

① 유엔 인도주의업무조정국 잡지. 시로타 씨의 글은 1995년 9월에 발행된 'No.16'에 실렸다.

존에서 살다

예브헨 마르게비치
Маркевич, Євген Федорович

2013년 4월 12일
체르노빌 마르게비치 자택

여덟 살에 체르노빌로 이주해 기술·가정 교사로 살아왔던 마르게비치. 1986년 4월 원전사고 당시 그는 마흔여덟 살이었다. 퇴거 권고가 있었지만 그는 익숙한 땅으로 돌아왔다. 그와 같은 사람들을 러시아어로 '사마셜'이라 부른다. 집고양이 울음소리가 끊이지 않는 체르노빌내의 자택에서 이 땅에 돌아와 삶을 이어가는 심정을 물었다.

사고 후에 퇴거 권고를 받았을 때에는 이곳을 어쩔 수 없이 떠나야 한다고 생각했습니다. 그래도 향수병을 견디지 못하고 몇 번이나 돌아왔습니다. 빨치산처럼 몸을 숨기면서, 말하자면 '침입'을 반복했지요. 참을 수 없었습니다. 어떻게 해서든 이곳에 살고 싶었습니다.

당시에도 일부 사람에게는 체르노빌에 들어가는 것이 허용됐는데 주거지는 폐쇄되어 일반 시민이 살 수는 없었습니다. 10년 정도가 지나서야 몇 명이 존 거주 허가를 받았지요.

스토라호리샤 마을(나중에 제레니 뮈스로 개명)에 이곳저곳에서 증기선이 모여들어 작업원들은 증기선 안에서 살았습니다. 1986년 9월, 저는 운 좋게도 존 안의 체르노빌에서 일을 얻을 수 있었습니다. 당시 방사선량 제어 담당 부장이 사고 전 제가 근무했던 학교를 거점으로 작업을 하고 있었습니다. 사고 후 한동안 체르노빌과 프리피야트 여기저기서 약탈이 벌어졌는데, 학교 기자재 약탈을 막을 인력이 필요하지 않은지 부장에게 연락한 것이 계기가 됐습니다. 그때부터 마을에 돌아가고 싶다는 마음으로 이 일을 계속했지요.

방사능에 대한 공포는…… 아무래도 좋았습니다. 생명을 위험 속에 방치해서는 안 되는 특별한 사람도 아닌 걸요. 식량과 의료, 교통수단은 정부가 마련해놓았더군요.

가족이요? 당시 저는 아내와 이혼한 상황이었습니다. 아내의 피난과 이사를 돕기도 했지만, 사고 후에 저는 키예프 출신 여성과 두 번째 결혼을 했습니다. 1987년 3월에 체르노빌 자택으로 돌아왔지만 그곳에서 아내와 살지는 않았습니다. 처음에는 일하는 시간만 체르노빌에 머물도록 허용되었습니다. 그래서 2주는 체르노빌에서 일하고 2주는 키예프에서 아내와 보냈습니다. 키예프에서의 생활은 휴식을 위한 시간이지요. 20년간 이 일을 계속했고 존에 살아도 내쫓지 않더군요. 아내가 체르노빌로 와 살게 된 일을 그만둔 2005년 무렵부터입니다.

사마셜로서 여기에 살기로 한 것은 잘한 결정이라고 생각합니다. 다시 이곳에서 살길 바라는 사람이 많지만 정부는 더 이상 허가해주지 않습니다. 거주금지구역도 반경 10킬로미터로 지정해야 한다고 생각하지만 아직 그렇게 되지 않네요. 여러분처럼 여기에 찾아오는 사람들에게 부정적인 감정은 없습니다. 관광으로 찾아오는 사람들도 우리의 삶을 선의를 가지고 바라봅니다.

일본 피해자에게 보내는 메시지라……. 저는 세계에 뭔가를 전할 만한 그릇이 못 됩니다. 다만 남에게 상처를 주거나 악의를 가지고 대하지 말아야겠다는 생각으로 살았습니다. 선의를 가지고 산다면, 건강한 아이들이 있고 아이들을 지켜줄 어른들이 있다면 어디에서든 행복할 겁니다. 인간에게 그밖에 더 필요한 것이 있을까요?

존을 측정하다

고지마 유이치
영상작가, 네오로그 원전 담당기자

이번 체르노빌 취재에서 취재의 전 과정을 기록하는 다큐멘터리 디렉터와 방사선 측정을 맡았다.

방사선량 측정에는 Safecast①의 도움을 받았다. Safecast는 전 세계의 방사선량 등을 측정해 데이터를 분석한 뒤 웹상에 공개하는 프로젝트이다. 2012년 10월에 있었던 '후쿠시마 제1원전 관광지화 계획' 미나미소마 워크숍에서도 오가는 버스에 같이 탑승해 방사선량을 측정했다.

측정에는 Safecast가 개발한 'bGeigie mini'(이하 mini)와 'bGeigie nano'(이하 nano), 'Safecast X kickstarter'②(이하 X), 우크라이나 Sparing-Vist Center사 제품인 'TERRA MKS-05 with Bluetooth Channel'(이하 MKS-05) 등 네 개 제품을 사용했다.

mini는 가이거카운터로 공간 방사선량을 측정할 수 있을 뿐만 아니라 내장 GPS와 연동해 공간 방사선량을 위치 정보와 함께 기록할 수 있는 기기이다. 방수 케이스에 들어 있어 자동차 창문 바깥쪽1에도 고정할 수 있다. 방사선 데이터는 차량 내 Wi-Fi 단말기로 송신되어 차 안에서도 실시간으로 방사선량을 확인할 수 있다.

nano는 mini를 더욱 소형화한 것으로 mini와 마찬가지로 차량 탑재용으로도 쓰인다. 휴대하기에 간편한 제품이라 이번

취재에서는 직접 몸에 지니고 다녀 걸어서 돌아다닌 곳의 수치도 기록할 수 있었다.

MKS-05는 우크라이나에서는 일반적인 제품으로 시로타 씨도 같은 회사 제품의 최신형을 쓰고 있다. 이 제품은 감마선 적산선량을 측정할 수 있어 투어 이틀 동안 전체 피폭적산선량 측정에 사용했다.

그러면 실제로 측정한 데이터를 보자. 컴퓨터나 스마트폰에서 'safecast', 'map'을 검색해 맵 페이지를 열어보자. 접속하면 일본을 중심으로 한 지도가 나올 것이다. 거기에는 Safecast 팀이 수집한 400만 곳 이상의 방사선 측정치 데이터가 지도상에 나타나 있다. 단위가 cpm(count per minute)로 되어 있으니 페이지 오른쪽 위 μSv/h(마이크로시버트 매시)를 클릭해 바꿔보면 된다(보고 싶은 곳을 클릭하면 그 지점의 상세한 데이터가 표시된다).

오른쪽 위 검색 바에 '체르노빌'이라고 입력하면 체르노빌 지도가 뜬다. 화면에 파란색과 보라색 포인트가 나타나는데 이 포인트를 클릭했을 때 2013/04/11, 2013/04/12라고 표시되는 포인트가 이번 취재팀이 측정한 데이터이다(2012년은 과거 다른 팀이 측정한 데이터이다).

이제 개별 데이터(mini 4/11 데이터 3-1 참조)를 살펴보자. Map탭을 클릭하면 지도가 표시된다. 투어 첫날인 4월

11일은 키예프 호텔에서 체르노빌을 향해 북상했다. 원전에서 약 110킬로미터 떨어진 키예프 시내는 0.12마이크로시버트 매시 전후의 방사선량을 기록했다. 키예프를 출발해 원전에서 반경 30킬로미터 이내인 출입금지구역 존으로 향하는 길의 방사선량은 0.1~0.2마이크로시버트 매시 정도로 키예프 시내와 큰 차이가 없다. 출입금지구역 경계에는 경찰관이 상주하는 체크포인트가 있는데 여권 검사를 받고 주의사항이 적힌 서류에 사인을 한다. 18세 미만은 출입할 수 없다.

체크포인트를 통과하고 조금 더 가면 체르노빌에 도착한다. 차창으로 원전 노동자들을 위한 숙박시설과 주유소 등이 보인다. 여기서도 방사선량은 0.1~0.2마이크로시버트 매시 정도로 이곳은 노동자 등을 위해 제염이 철저히 이루어지고 있다는 인상을 받았다.

체르노빌 취재를 마치고 버스를 타고 원전이 있는 북서쪽으로 향했다. 사실 체르노빌 원전은 체르노빌에 있지 않고 원전 노동자를 위해 만들어진 도시 프리피야트 바로 옆에 있다. 원전으로

향하는 도중 원전에서 약 7킬로미터 떨어진 곳에 위치한 코파치 마을 유치원에 들렀다. 아스팔트 도로에서 유치원 쪽으로 향하자 방사선량이 급상승해 1.913마이크로시버트 매시를 기록했다.[2] 지면에 가까이 대자 약 7마이크로시버트 매시까지 상승했다.

코파치 마을을 지나 체르노빌 원전에 가까워지자 방사선량은 다시 올라갔다. 지도상에 엷은 녹색에서 짙은 녹색, 노란색, 오렌지색으로 방사선량을 나타내는 색이 바뀐다. 원전 부지에서 약 400미터 권 내로 들어간 지점부터는 사진과 영상 촬영이 금지된다. 이 주변에서 시험 삼아 nano를 아스팔트 옆 모래땅에 가까이 대보니 1.057마이크로시버트 매시를 기록했다.[3]

체르노빌 원전 부지 내에 1마이크로시버트 매시를 넘는 곳은 지도상에 빨간색으로 표시된다. 새빨갛게 된 곳이 관광객의 기념사진 촬영 장소이다. 여기에 4호기의 석관을 바라보는 기념물이 있다. 석관에서 300미터 떨어진 장소에서는 약 5마이크로시버트 매시를 기록했다.

기념사진 촬영을 마치고 좀 더 북서 방향에 위치한 원전 노동자 마을

프리피야트로 향했다(nano 4/11 데이터 3-2참조). 시내에 들어서면 방사선량은 0.1~0.2마이크로시버트 매시 정도로 내려간다. 차에서 내려 다큐멘터리 영화 〈프리피야트〉에도 등장하는 유명한 노란색 관람차가 있는 곳으로 다가갔더니 그 부근은 방사선량이 2마이크로시버트 매시를 넘었다. 지도에 빨간색으로 표시되는 지점이다. 지도를 항공사진으로 바꿔보면 이 관람차 모습을 볼 수 있다.

이날은 30킬로미터 권외, 원전에서 약 40킬로미터 거리에 있는 후루지니프카 마을(nano 4/11 데이터로 가장 남쪽 지점 부근)의 에코폴리스라는 곳에서 숙박했다. 이곳은 0.07~0.14마이크로시버트 매시로 현재 도쿄와 같은 수준의 방사선량을 기록했다. 아이들을 데리고 일상생활을 하는 사람도 있다.

이튿날에는 드디어 원전 안을 견학했다(mini 4/12 데이터 3-3 참조). 에코폴리스에서 다시 체크포인트를 거쳐 체르노빌 원전으로 향했다.

원전 안에는 측정기를 가지고 들어갈 수 없지만 이번 취재에서는 특별히 딱

하나만 들고 들어가도록 허락을 받았다. Safecast GPS는 아쉽게도 건물 안에서는 사용할 수 없어서 피폭적산선량을 측정할 수 있는 MKS-05를 가지고 들어갔다. 또 원전 안에서는 견학 온 사람 모두 원전에서 지급한 개인별 방사선량을 측정하는 선량계를 갖고 다니는 것이 의무화되어 있다. 나중에 통지받은 개인별 피폭적산선량은 0.03밀리시버트(30마이크로시버트)~0.04밀리시버트(40마이크로시버트)이었다(77쪽 참조).

하지만 MKS-05로 측정한 원전 내에서의 피폭적산선량은 약 0.003미리시버트(3마이크로시버트)로 엄청난 차이가 있었다. 그 원인에 대해 원전에 문의했더니 '발전소 측에서 사용한 TLD형 선량계는 0.1밀리시버트 이하의 측정 범위에서는 오차가 매우 커지는 점이 주 원인으로 보인다. 통지받은 선량치도 건강에 영향을 주는 수준은 아니다'라는 취지의 답변을 받았다. 따라서 MKS-05의 수치가 더 정확하다고 판단했다. MKS-05 자체의 신뢰성에 대해서는 Safecast와 시로타 씨가 평소 투어 때 사용하는 선량계의 선량

존을 측정하다

수치와 비교해 확인을 끝냈다.

발전소 안에서 가장 방사선량이 높았던 곳은 사고가 있었던 4호기 부근으로, 사고로 사망한 직원의 위령비와 3호기 냉각수 펌프실 주변 지역이었다. 메모를 보면 12.5마이크로시버트 매시를 기록하고 있다**4**(11.2마이크로시버트 매시를 기록했을 때 쓰다 다이스케가 촬영).

사마셜을 취재하기 위해 전날에 이어 프리피야트를 취재한 뒤 체르노빌에서 동쪽 방향으로 원전에서 약 20킬로미터 거리에 있는 파리쉬브 마을로 향했다(nano 4/12 데이터 3-4참조). 아쉽게도 이곳에서 사마셜을 만나지는 못했지만 가옥의 굴뚝에서 연기가 올라오는 모습을 보고 마을에 누군가 살고 있음을 확인할 수 있었다. 이 지역의 선량 데이터를 보면 0.08~0.15마이크로 시버트 매시로 현재 도쿄와 거의 비슷한 수준이다. 다행히 그 뒤에 체르노빌에 사는 사마셜을 인터뷰할 수 있었다. 체크포인트에서 방사능 오염 검사를 받고 키예프 호텔로 돌아왔다.

MKS-05로 측정한 두 번째 날 투어의 피폭적산선량은 9마이크로시버트. 비교를 위해 같은 MKS-05로 취재에서 돌아오는 비행기에서 피폭적산선량을 측정했다. 항공기에서는 우주의 자연 방사선의 영향으로 지상의 10~100배의 방사선량을 받는다.④

키예프에서 모스크바, 상하이를 경유해 일본 나리타까지 귀국편 기내에서 측정한 피폭적산선량은 28마이크로시버트. 키예프로 가는 비행기에서도 같은 정도의 피폭을 했다고 추측하면 체르노빌 투어에서 받은 방사선량은 항공기에서 받은 방사선량의 약 6분의 1정도로, 예상했던 것보다 훨씬 낮은 수준이다. 물론 이는 시로타 씨와 같은 출입금지구역 안의 방사선량을 정확히 파악하고 있는 투어 가이드가 안내를 해주었기 때문이다.

시로타 씨는 아스팔트 도로의 방사선량은 제염을 하기도 했고 29년이라는 시간이 흐르는 동안 비와 바람 등으로 방사성물질이 이동하기도 해서 매우 낮아졌다고 말한다. 다만 코파치 마을의 유치원과 프리피야트 관람차 부근 등 방사선량이 갑자기 올라가는 등 핫 스팟도 곳곳에 남아 있다. 버스에서 내릴 때 아스팔트 밖으로 나가지 말라는 주의를 받기도 했다. 또 감마선은 낮아도 베타선량이 높은 장소도 있다고 한다.

시로타 씨는 일본 후쿠시마 제1원전사고는 플루토늄 등 반감기가 긴 방사성물질이 거의 검출되지 않은 점에서 볼 때 체르노빌보다 빨리 복구될 수 있을 것이라고 말했다.

체르노빌 원전사고가 난 지 29년, 후쿠시마 제1원전사고가 난 지 4년이 지났다. 현재 일본에서는 원자력 규제위원회가 발족해 전국의 실시간 공간 방사선량과 항공기에 의한 방사선 모니터링 데이터를 공개하고 있다.⑤ 일본 정부는 사고 직후 SPEEDI(System for Prediction of Environmental Emergency Dose Information, 긴급시 환경선량정보예측시스템)의 데이터 늦장 공개 등 정보 공개 대응을 잘못해 신뢰를 잃었다. 그런 면에서 Safecast와 같은 민간에 의한 대처가 중요해진다.

국가가 발표하는 데이터와 비교해 신뢰성을 평가하기도 하고 제염 등에 따른 선량의 변화, 항공기 모니터링으로는 알 수 없는 세세한 범위의 선량을 계속 파악해둘 필요가 있다.

체르노빌을 직접 방문해 방사선량을 측정하면서 지금까지 체르노빌이 어떻게 변화해왔는지 엿볼 수 있었다. 그리고 앞으로 후쿠시마가 어떻게 해나가야 할지 생각했다. 무엇보다 올바른 '측정'이 바로 그 출발점이 아닐까.

　*이 원고는 네오로그가 발행하는 메일 매거진 '쓰다 다이스케의 〈미디어 현장〉' vol.77에 게재된 원고에 새로운 사실을 덧붙여 재구성한 것이다.

① **Safecast** 전 세계 방사능 데이터를 공유하는 프로젝트
www.blog.safecast.org/ja/about

(참고) 2012년 미나미소마 워크숍 데이터(Map탭을 클릭하면 지도가 표시된다)
10/28: https://api.safecast.org/ja/bgeigie_imports/11469
10/29: https://api.safecast.org/ja/bgeigie_imports/11470

② **Safecast X Kickstarter**
kickstarter로 모은 자금으로 개발된 터치 패널식 선량계
www.kickstarter.com/projects/seanbonner/safecast-x-kickstarter-geiger-counter

③ 날짜별 데이터
3-1 4/11 bGeigie mini
www.api.safecast.org/ja/bgeigie_imports/12613
3-2 4/11 bGeigie nano
www.api.safecast.org/ja/bgeigie_imports/12598
3-3 4/12 bGeigie mini
www.api.safecast.org/ja/bgeigie_imports/12614
3-4 4/12 bGeigie nano
www.api.safecast.org/ja/bgeigie_imports/12599

④ **항공기에 의한 방사선 피폭 안전성과 리스크**
www.allabout.co.jp/gm/gc/372355

⑤ **방사선 모니터링 정보 (원자력 규제 위원회)**
http://radioactivity.nsr.go.jp/ja

일상 속 체르노빌

Чорнобиль у повсякденні

가이누마 히로시, 쓰다 다이스케, 아즈마 히로키
2013년 4월 21일 도쿄 겐론 카페

5박 6일의 우크라이나 취재. 편집장인 아즈마 히로키가
쓰다 다이스케, 가이누마 히로시와 함께 후쿠시마 제1원전사고를
떠올리며, 취재하면서 느낀 소회를 나눈다. 우리는 체르노빌
현상에서 무엇을 배워야 할까? 체르노빌이 '후쿠시마 제1원전
관광지화 계획'에 던져주는 교훈은 무엇일까?

시간이 흐르면서 마모되어가는 현실

아즈마 히로키   이번 취재를 하면서 생각이 바뀐 부분이 있습니까?

쓰다 다이스케   체르노빌 주민의 강인함과 29년이라는 세월이 안겨준 많은 변화를
실감했습니다. 29년간 방사능과 함께 지내온 체르노빌 사람들에게서
배울 점이 많았습니다. 그곳에는 사마셜도 있고 체르노빌에 돌아가고
싶어 하는 사람도 있습니다. 그렇지만 아직도 존으로 돌아가서는
안 된다고 말합니다. 존 경계를 사고지점 반경 30킬로미터에서
10킬로미터로 축소하자는 논의도 있었던 것 같은데 모두 기본적으로
존은 위험하다는 사실을 냉정히 깨닫고 있는 것이지요. 직업, 경험,
상황이 모두 다른 다양한 사람을 인터뷰 했는데 그들의 생각에
몇 가지 공통점이 있었습니다. 일본, 후쿠시마가 자신들의 경험을
활용해주길 바란다는 점, 일본은 좀 더 잘 대처할 수 있을 것이라고
말한 점, 탈원전은 간단하지 않다고 강조하는 점입니다.

가이누마 히로시   현장 취재의 중요성을 절감했습니다. 직접 가볼 수 있어서 정말
다행입니다. 정보와 감상의 보물창고라고 할까요. 대체로 취재 전에
사전 조사를 하다 보면 이만큼 조사했으니 현장에 가봤자 새로울
게 별로 없을 거라는 생각을 갖기 쉽습니다. 지금은 인터넷 검색만
잘해도 석관은 이런 것이고 체르노빌박물관은 이런 곳이라는 정보가

가득하니 가보지 않아도 잘 안다고 착각하게 됩니다. 하지만 실제로 가보니 조사로 이해하고 있던 단순한 정보로는 환원할 수 없는 어마어마한 현실이 밀려왔습니다. 교토 학파를 언급할 것도 없이 예로부터 인문적인 앎은 '숨겨진 곳으로의 여행'과 함께 있었는데 지금도 그 방법은 매우 유익하다는 사실을 새삼 느꼈습니다.

아즈마 　인터뷰에서 가장 인상에 남는 분은 누구입니까?

쓰다 　모두 개성이 강한 분들이었어요. 한 분 한 분 강렬한 인상을 주었지만 그중에서도 체르노빌박물관 부관장인 안나 콜로레브스카 씨(195쪽 인터뷰 참조)의 말이 가장 마음에 남습니다. "누가 이 버튼을 눌렀는가가 아니라 왜 그 사람이 이 버튼을 눌렀는지, 원전 노동자가 테스트를 하면서 아슬아슬한 지점까지 출력을 올리는 상황을 초래한 것이 무엇인지 생각하지 않으면 의미가 없다"라고 한 말이요. 그녀는 지금도 견학 오는 아이들에게 그런 철학을 전해주려 합니다. 실천의 의미에 대해서도 생각해보게 되더군요.

가이누마 　저는 비영리단체투어를 주최하고 있는 알렉산더 시로타 씨(210쪽 인터뷰 참조)입니다. 시로타 씨의 삶은 무엇인가라는 생각을 해봤습니다. 프리피야트에서 피해를 당한 당사자로서 도시의 기억을 남기려 애를 쓰고 있는데도 결과적으로 그곳은 지금 상업주의 관광이 판을 치고 있지요. 그가 5년 후, 10년 후 무슨 일을 하고 있을까 궁금해지더군요. 그런 상상을 해보는 일이 후쿠시마를 위해서도 중요하다고 생각합니다. 아즈마 씨는 어떻습니까?

아즈마 　저는 체르노빌 주변 피난과 제염을 담당했던 전 사고처리작업원 이면서 지금은 작가로 활동하고 있는 세르게이 미루누이 씨(183쪽 인터뷰 참조)입니다. 저서에서 '방사능 따위 문제없다!'라고 일갈하는 혈기 넘치는 사람이죠(웃음). 체르노빌 투어 티셔츠에 후쿠시마대학 재킷을 걸쳐 입고 나온 서비스 정신이 투철한 분인데 인터뷰에서도 '체르노빌을 원작으로 한 소설을 쓰고 할리우드 영화로 만들어 대히트를 쳐서 카나리아 제도로 가 젊은 여자 친구와 느긋하게 여생을 보내고 싶다'라는 어떻게 보면 황당무계한 농담을 던졌지요. 미루누이 씨가 보여준 것처럼 이번 인터뷰 대상은 모두

세상의 시선과 거리감에 대해 숨김이 없으며 냉정하다는 인상을
받았습니다. 그 점이 후쿠시마와는 다르지요.

가이누마 | 맞아요. 그들도 말했지만 아직 후쿠시마 문제는 후쿠시마뿐만
아니라 일본 전체에도 생생한 현실이라는 생각이 듭니다. 상처가
너무 깊어 말하기조차 어려운 현실이죠. 콜로레브스카 씨는 20대에
사고를 접했고 지금은 50대가 되었죠. 30대, 40대, 나이가 들면서
점점 보이는 풍경이 바뀌었을 겁니다. 후쿠시마 제1원전 관광지화
계획도 시간의 흐름을 고려해야 할 것 같습니다.

아즈마 | 지금 후쿠시마 원전 주변의 피난민이 가장 감정이입하기 쉬운 사람은
아마 시로타 씨일 거예요. 그렇지만 그런 시로타 씨조차도 투어에
부정적이지 않았습니다. 실제 본인이 투어를 주최하고 있기도 하고요.
모두가 입을 모아 투어를 통해서라도 체르노빌을 기억해준다면
얼마든지 환영한다고 대답한 점이 참 인상적이었습니다.
그 배경에는 쓰다 씨가 지적한 것처럼 29년이라는 '시간'이 있다고
생각합니다. 체르노빌에 대해서 말하기 이전에 사고의 기억을
풍화시키지 않는 것 자체가 어렵습니다. 25년 후 후쿠시마도 비슷한
상황이 될지 모른다는 것을 절감했습니다.

상업과 철학의 병존

쓰다 | 미루누이 씨에게 관광지화에 반대하는 목소리에 대해 물었습니다.
그는 세 가지 패턴이 있다고 말했습니다. 첫째는 방사능에 대한
올바르지 않은 정보로 과대 공포에 사로잡힌 그룹입니다. 이는
일본에도 있지요. 두 번째는 처리 작업에 관여하는 일로 이익을 내는
그룹입니다. 투어를 개시하면 곤란해지는 제염 이권이 있는
사람들이지요. 위험한 장소가 관리되지 않고 있어야만 제염 비용이
계속 나와서 제염업자가 이득을 얻지요. 흥미로운 지적이었습니다.
그리고 세 번째로 환경단체입니다. 단순히 관광을 추진하는 것뿐
아니라 반대 측의 논리를 제대로, 구체적으로 정리하는 것을 접하면서
시간과 함께 쌓인 연륜이 주는 무게감과 설득의 힘을 느꼈습니다.
일본도 앞으로 이와 같이 전개될지는 모르겠습니다.

프리피야트 시내에서
시로타 씨와 담소를
나누는 취재진.
왼쪽 앞은 통역을 맡은
우에다 요코.
촬영: 세키네 가즈히로

아즈마   체르노빌이라고 해서 모두 똑같지는 않겠지요. 우크라이나
             사람들 사이에서도 논란이 있다는 것을 안 것이 이번 취재의 최대
             수확이라고 생각합니다. 언어의 벽이 있기 때문에 좀처럼 그런
             것은 보이지 않거든요.

쓰다   후쿠시마 제1원전 관광지화 계획에 대한 비판에도 몇 개의 패턴이
             있습니다. '방사선량이 너무 높아 관광객의 건강을 해치는 것
             아닌가?', '구경거리가 될 원전 노동자의 기분을 생각해라', '아직
             사고 수습도 되지 않았는데 너무 이르다'라는 세 가지입니다. 여기에
             대해서는 출입금지구역청 제1부장관인 드미트리 보블로 씨(170쪽
             인터뷰 참조)에게 인터뷰 뒤 개인적으로 물어봤습니다. 그러자
             첫 번째 비판에 대해서는 '방사선량과 핫 스팟을 철저히 파악해서
             정확한 정보를 전해주면 문제가 없다'라고 말하더군요. 두 번째
             비판에 대해서는 '체르노빌에서는 그런 반발이 없었다. 왜냐하면
             노동자들은 자신들의 일을 누군가 봐주기를 원하기 때문이다'라는
             인상에 남는 대답을 주었습니다. 실제로 우리도 체르노빌에서
             노동자들이 일하는 곳을 견학했습니다만 모두 스스럼없이
             대해주었습니다. 그들은 자신들의 일에 자부심을 갖고 있기 때문에
             오히려 일하는 모습을 보여주고 싶은 것입니다.

일상 속 체르노빌

그리고 세 번째 비판에 대해서는 안전하고 흥미 있는 루트를 만드는 일이 중요하다고 말했습니다. 매출의 절반이 체르노빌 투어라고 말한 여행사 대표 안드레 자첸코 씨(176쪽 인터뷰 참조)도 말했듯이 실제로 그렇게 하고 있었고 우리도 존에서 체험했지요.

가이누마　자첸코 씨는 비즈니스로서 관광을 하고 있습니다. 하지만 단지 돈을 모으기 위해서가 아니라 사회공헌의 하나로 해야 한다고 말합니다. 한편 시로타 씨 말로는 외국인을 대상으로 엔으로 5만 엔 정도의 고액을 받고 '이렇게 흥미진진한 곳도 있다'는 식의 상업적이고 오락적인 투어도 나오기 시작했다고 합니다. 매우 다양하지요.

쓰다　자첸코 씨는 '철학적인 의미를 생각하게 하는 투어'로 만들고 싶다고 말했습니다. 그가 진행하는 투어와 상업적 투어는 뭐가 다르냐고 물었더니 루트는 거의 똑같고 보는 곳도 기본적으로 다르지 않다고 합니다. 그럼 차이점이 뭐냐고 재차 물었더니 '가이드'라고 하네요. 가이드가 어떻게 설명하는가에 따라 참가자와의 대화 질이 달라지고 느끼는 것도 달라진다고 합니다.

아즈마　저도 이번에 가이드의 중요성을 새삼 느꼈습니다. 취재 전에는 관광지화의 의의에 대해서 주로 당사자 이외의 관점에서 생각하고 있었습니다. 하지만 취재를 하면서 관광지화는 피해자에게도 중요한 표현의 장이 된다는 사실을 깨달았습니다. 29년이 지나면서 기억의 풍화가 진행되고 있는 지금, 관광 가이드라는 직업은 피해자가 후세에게 사고의 진실을 전하는 '구술 역사'의 현장도 되고 있습니다. 실제로 시로타 씨는 정말 가슴 절절하게 어머니와의 개인적인 추억을 이야기했습니다. 그런 점은 후쿠시마 제1원전 관광지화 계획에 중요한 시사점을 줍니다. 후쿠시마에서도 똑같이 적용할 수 있습니다.

가이누마　그렇다고 해서 체르노빌 관광지화가 잘 이루어지고 있는 것만은 아닙니다. 그전까지는 8,000~9,000명이었던 존 관광객이 2012년에는 1만 4,000명으로 급증했는데 2011년에 후쿠시마 사고가 없었다면, 또 그 다음 해에 '유로 2012'라는 대규모 축구경기가 우크라이나에서 열리지 않았다면 그렇게 인기를 끌지 않았을지도 모릅니다. 시류와 우연성에 기대고 있는 부분이 너무 큽니다. 시로타 씨는 프리피야트의 폐허화를 안타까워하고 있는데 프리피야트도 좀 더 초기 시점에 계획적으로 접근해 힘을 쏟았다면 다른 보존 방법이 있지 않았을까라는 생각이 듭니다.

아즈마　그것도 중요하네요. 이 책에는 기술하지 않았지만, 캠프파이어 후원자용 DVD①에는 수록될지도 모르겠네요. 이번 취재에는 매우 많은 소동이 있었습니다. 존 투어는 계속 스케줄이 변경되었고 체르노빌 기념품도 충실하지 않았지요. 관광객을 위한 투어로서는 그다지 세련되지 못합니다. 우크라이나의 관광산업 경험이 미숙한 점도 영향을 주고 있다고 봅니다. 관광대국 일본이라면 좀 더 잘 할 수 있지 않을까요. 체르노빌의 29년에서 배울 점이 많지만 한편으로 후쿠시마가 앞서 나갈 수 있는 부분도 있는 것 같습니다.

① 캠프파이어 후원자 DVD
캠프파이어는 인터넷상의 크라우드 펀딩 플랫폼. 크리에이터와 기업가가 불특정 다수의 사람들로부터 자금을 모을 수 있다. 이번 취재에서는 이 플랫폼을 이용해 취재 영상을 DVD로 만들기 위한 제작비를 모았다. 후원자는 DVD 외에 엽서와 사진집을 받는다. 이번 펀딩은 약 한 달 만에 사상 최고 금액인 609만 엔을 모아 화제가 되기도 했다.

일상 속 체르노빌

이야기를 품은 정보

쓰다 이번에 저희는 실제로 원전 안에 들어가 냉각장치와 제어판도 봤습니다. 아즈마 씨는 이는 매우 중요한 일로 후쿠시마도 그렇게 해야 한다고 역설했지요.

아즈마 후쿠시마 제1원전 관광지화 계획을 꺼내면 꽤 많은 사람이 AR(Augmented Reality, 증강현실)을 말합니다. 박물관을 짓지 않더라도, 실제로 현장에 가지 않더라도 AR로 얼마든지 현장에 간 것과 똑같은 투어 체험이 가능하니 좋지 않느냐고요. AR로도 얼마든지 할 수 있다고 생각하며 후쿠시마에도 적용해야 한다고 생각합니다. 그렇지만 사고 당시 냉각장치와 제어판이 지금도 그대로 존재한다는 사실을 직접 대면하면 어디에서도 느낄 수 없는 큰 충격을 받게 됩니다.

쓰다 실제로 제어판의 버튼을 눌러보기도 했지요. 버튼은 의외로 단단했습니다.

아즈마 왜 증강현실로는 불충분하며 실제 현실이어야 하냐면 심리의 문제라고 생각합니다. 분명히 증강현실에서도 사고 당시의 상황은 정확히 재현할 수 있을지 모릅니다. 그렇지만 정보는 정보로서만 존재해서는 안 되며 '알고 싶다!', '만져보고 싶다!'라는 욕망을 환기시켜야 합니다. 이는 실제 현실에 견줄 게 못 되죠. 실제를 눈으로 직접 보면 정보뿐만 아니라 감정이 더해져 지금까지 분명 알고 있는 사실에 대한 해석이 바뀌고 관계가 바뀝니다. 그런 체험이 중요한 것이죠.

쓰다 그렇군요. '백문이 불여일견'이군요.

아즈마 앞으로 일본에서 후쿠시마 원전사고 관련 기념관과 자료관을 만들면 얼마나 많은 정보를 객관적으로 채워넣을 것인가가 중요한 원칙이 될 거라고 생각합니다. 정보는 수집하고 공개하는 것만으로는 의미가 없습니다. 사람들이 알고 싶어 하지 않으면 의미가 없죠. 체르노빌박물관과 쑥의 별 공원 디자이너 아나트리

하이다마카 씨를 인터뷰(78쪽 담화 참조)했습니다만 그런
점에서 그의 이야기는 굉장히 시사적입니다. 하이다마카 씨의
전시 방법 자체는 러시아 정교회 종교색이 너무 짙어 일본에서는
지지를 받지 못할지 모르지만 다큐멘터리 형식보다는
상징을 이용해 감정에 호소하는 전시의 방향성 자체는 적극
받아들여야 합니다.

가이누마   인터뷰 내용도 참고할 점이 많았습니다. 일본에서는 몇
마이크로시버트라든가 몇 리터의 오염수라든가 수치 이야기만
잔뜩 늘어놓는데 그래서는 부족합니다. 숫자만이 아니라 의미와
이야기가 필요합니다. 바꿔 말하면, 과학적 이야기를 문학적
이야기와 정치적 이야기로 바꾼 후에 다시 숫자로 돌아가는 순환이
일어나야 합니다. 그렇지 않으면 숫자에 흥미가 없는 사람은
배제되고, 수치가 정상으로 돌아오기만 하면 '자, 이제 정상이다',
'끝났다'라는 식으로 잊어버립니다. 또 하나 이번 취재에서 새삼 느낀
것은 시간이 지나면 의미만 남을지도 모른다는 점입니다. 따라서
후쿠시마에 어떤 의미를 부여할지 곰곰이 숙고하는 일이 무척
중요하다고 봅니다.

아즈마   체르노빌 사람들이 활기차게 오가는 모습을 보고 놀랐습니다.
'체르노빌 원전사고'라는 어감에서는 왠지 폐허와 암흑만이

일상 속 체르노빌

느껴지는데 그렇지 않았습니다. 생각해보면 25년 후 오쿠마초*와 후바타초**에도 사람들이 많이 있겠지요.

가이누마   재건 작업이 진행 중이니까요. 이미 히로노초*** 등지에는 새로운 아파트가 부지런히 들어서고 있습니다.

아즈마   체르노빌 발전소는 원자로가 멈추고 발전 기능도 잃었지만 여전히 우크라이나 송전망의 허브로 기능하고 있습니다. 발전소 자체는 작동하고 있고 폐로 작업도 진행 중이라 노동자들은 평소처럼 일하고 있습니다. 사고 뒤에도 일상은 계속되는 법이니까요. 그런 상황을 볼 수 있어서 매우 좋았습니다. 취재 전에는 전혀 상상이 안 됐거든요. 그런 상황을 일반인에게 알리기 위해서는 투어가 필요하다고 생각합니다. 투어가 없으면 사고는 점점 잊히고 사고 유적지에도 가까이 가지 않아 제염과 폐로 그 자체가 '몬스터화'되고 '신화화'되겠지요. 야쿠자라든지 외국인 노동자들로만 채워질 테고요. 이미 그런 '신화화'는 시작되고 있어요.

쓰다   관광지화는 피해자와 노동자의 실태를 알리는 열쇠가 될 겁니다.

아즈마   단순히 숫자만 나열해서는 실태를 알 수 없습니다. 사람들이 '사고 유적지에 가고 싶다!', '실태를 알고 싶다!'라는 생각이 들게 만들어야 합니다. 이번 취재를 통해 그 점을 새롭게 자각했습니다. 똑같은 말을 또 하게 되는데 직접 현지에 가서 시간을 보내지 않으면 알 수 없는 것이 많습니다.

가이누마   실제로 그것을 관광이라 부를까 말까는 둘째 치고, 연구자의 한 사람으로서 후쿠시마에도 체험형 견학을 정기적으로 할 수 있는 시스템이 마련되면 좋겠습니다. 그런 취지에서 후쿠시마대학을 거점으로 어떤 방식으로든 한 달에 한 번 정도 견학을 할 수 없을지 알아보고 있습니다. 현장에서 다양한 입장의 연구자가 구체적인 의견을 교환할 수 있게 되면 상황이 조금 바뀌지 않을까요. 지금은 솔직히 주민과 친분이 있는 저널리스트가 구 경계구역에 같이 들어가 '후쿠시마는 아직 끝나지 않았다'라는 식의 침울한 기사만

쏟아내고 있으니까요.

아즈마 　'후쿠시마는 아직 끝나지 않았다'로 끝맺으면 그나마 다행이지요.

가이누마 　'후쿠시마는 아직 끝나지 않았다'라고 쓰는 것으로 끝내려
　　　　 하고 있지요.

쓰다 　신랄하네요. 하지만 정말 그럴지도 모르겠네요.

가이누마 　끝나지 않은 현상을 어떻게 바꾸어갈지, 이제 기어를 바꿔
　　　　 운전해야겠지요.

● 일본 후쿠시마현 하마도리의 중앙에 위치한 마을로 도쿄 전력 후쿠시마
제1원전 1~4호기가 자리해 있음

●● 오쿠마초 옆에 위치한 마을로 5, 6호기가 위치

●●● 하마도리 남부에 위치, 후쿠시마 제1원전사고 때 피난준비구역으로
지정되었다가 2011년 9월 해제됨

후쿠시마 제1원전 관광지화 계획이란
후쿠시카 제1원전 사고 유적지를 '관광지화'하는 계획. 후쿠시마 사고 발생
25년 후인 2036년, 제염이 진행된 사고 현장에 어떤 시설을 만들고 무엇을
전시·전달할지 검토하기 위해 시작되었다. 2012년 가을, 아즈마 히로키를 중심으로
관광지화에 공감하는 경영인, 사회학자, 저널리스트, 건축가, 미술가들이 모여
팀을 결성했다. 앞으로 민·관·학 관계자와 피해자를 연계하면서 책 출간과 전시회
개최 등을 통해 성과를 발표할 예정이다. 민간 부문에서 출발한 독특한 계획안으로,
현실적 재건 계획에 활용하는 것을 목적으로 하고 있다. 이번 체르노빌 취재는
기본 조사에 해당한다. http://fukuichikankoproject.jp

일상 속 체르노빌

체르노빌이 후쿠시마에게

Від Чорнобиля До "Фукусіми"

가이누마 히로시/사회학자

1

"글쎄요, 그런데 관광지로 만드는 건 어떨는지……"

체르노빌 여행에서 귀국한 다음 날의 일이다. 2주에 한 번 열리는
『요미우리신문』 서평위원회에 참석하러 가는 길에 피곤이 덜 풀려 택시를
잡아탔는데 운전기사가 말을 걸어왔다.

대학에서 신문사로 향하는 손님이어서 그런지 "손님, 혹시 대학
연구소에서 일하시나 봐요? 전공은 뭐세요?" 하고 물어서 사회학이라고
대답하자, 자기도 대학 시절 사회학을 좋아해 리스만과 야마모토
시치헤이를 읽고 구키 슈조의 『'삶'의 구조』에 감동받아 대학원에
진학하려 했다고 한다. 그런데 부모님이 허락하지 않아 취직을 했고
영업직으로 일하다 50세를 넘기자 해고당해 택시를 몰기 시작했단다.
지금 무슨 연구를 하느냐고 묻길래 학문의 재미를 아는 그가 어떤
반응을 보일지 궁금해 이야기를 꺼냈다. "사실은 어제까지 후쿠시마를
관광지화할 수 있지 않을까, 가능성을 알아보기 위해 체르노빌에
다녀왔습니다." 택시기사의 반응은 위에서 본 대로다. 충분히 있을 수
있는 반응이기는 하지만 조금 실망스럽기도 했다.

일본의 근대화 과정에서 '관광'이라는 말에 붙은 이미지는
현대를 살아가는 우리 감각에도 분명하게 영향을 주고 있다. 근대
이전 사회에서 '필요 이상으로 서민이 이동하는 일'은 권력을
위협하는 행위였다. 서민의 이동의 자유는 '무역'과 같은 경제적 또는
'산킨코타이'●와 같은 정치적 이유를 제외하고는 허용되지 않았다
(그런 까닭에 지금도 북한은 에도 시대의 일본처럼 국민의 이동 자유에 제한을 두고 있다).
그래도 빠져나갈 구멍은 있었다. 신궁(神宮)에 참배하러 가거나 치료를
목적으로 온천욕을 가는 것 등 종교, 의료를 목적으로 하는 여행이다.
그런 까닭에 여행의 이미지는 부정적이었다. 예를 들면 오늘날에도
그 모습이 남아 있는 시코쿠헨로●●에는 갈 곳 없는 가난한 사람과

● 일본의 에도시대에 지역
영주 다이묘들을 정기적으로
수도인 에도에 머무르게
한 제도

●● 西国遍路: 일본 시코쿠에
산재한 88개의 절을 순서대로
돌아보는 불교 순례길

병자가 모였다.① 근대 이전의 여행은 권력을 쥐지 못한 사람들이 하는
일종의 무법 행위였다.

하지만 근대화 과정에서 도로와 철도가 정비되고 국책 사업으로
'관광업'이 장려되자 여행의 이미지는 크게 바뀌었다. 먼저 외국인이
일본을 찾아오게 하는 방법을 모색했으며, 일본인 가운데서도 얼마간의
소득이 있는 지식인층이 관광, 즉 '오락과 호기심을 충족하기 위한
여행'을 시작했다.② 전쟁 전에 이미 확립된 '관광' 이미지는 현대에도
유효하다. 그렇기에 '관광지화'라는 단어에 조건반사적 곤혹감,
반발심과 함께 심하게는 '쇼비즈니스'가 아닌가 하는 우려도 나오는
것이다.

"글쎄요, 어떨는지……"라는 말을 듣고 "아, 요즘 대하드라마
〈야에의 벚꽃〉●에도 나오잖습니까. 야에의 출신지 아이즈도 과거
비극의 역사를 지닌 땅을 관광 거점으로 삼아 이른바 쇼비즈니스로
다시 일어섰지요. 이런 걸 다크 투어리즘이라고 하는데……" 하고 한참
설명을 하자 택시기사는 "그러고 보니 프랑스혁명에서 단두대가
있던 곳도……" 하고 말을 받는다. 물론 손님이니까 기분을 맞춰주려고
억지로 대꾸해줬을 수도 있다. 마음속으로는 '아니, 그래도 그렇지…'
라고 고개를 절레절레 흔들었을지도 모른다.

후쿠시마 제1원전 관광지화 계획은 정당성을 갖고 있는 것이
분명하다. 그렇지 않다면 체르노빌 취재에 지지를 보낸 크라우드 펀딩에
참여한 728명의 기부금 609만 5,001엔은 모이지 않았을 것이다. 물론
'감정'의 문제가 남아 있다. '아무리 논리상으로 수긍이 간다 하더라도
거부감은 생긴다'는 면에서다.

하지만 감정의 잔여물이 있더라도 현 시점에서 체르노빌 상황을
찬찬히 들여다보고 후쿠시마의 앞날을 곰곰이 생각해보는 일은 매우
중요하다. 체르노빌에 다녀오면서 이런 생각은 더욱 공고해졌다.

● 2013년 NHK에서 방영된
에도막부 말기를 배경으로
한 드라마. 일본 최초 간호사
야에의 일대기를 다뤘다

2

체르노빌을 보면서 무엇을 배웠을까.

우선 체르노빌의 교훈을 논하는 일이 '체르노빌이 이러저러하니
후쿠시마도 이렇게 해야 한다'라고 무리하게 두 곳을 일치시키는 것이
아님을 밝히고 싶다.

이미 소셜미디어상에는 체르노빌의 피난·보상에 관한 행정 대응을
'일본보다 훌륭하다'라고 예찬하거나 체르노빌의 건강 피해가
후쿠시마에도 그대로 들어맞는다는 것을 전제로 공포를 부추기거나
동정을 사려는 안이한 미래 예측형 말들이 무수하다. 각각의 주장의
옳고 그름을 여기서 논하지는 않는다. 지금 필요한 것은 우선 전혀 다른
전제와 프로세스를 기반으로 사고 이후의 역사를 걸어갈 체르노빌과
후쿠시마의 차이점과 유사점을 분명히 하는 것이다. 그리고 그
속에서 '체르노빌이 무엇을 해왔는가', '후쿠시마에는 어떤 미래를
그릴 수 있을까'를 검토하는 일이다. 그래야만 이번 프로젝트의 의의를
제대로 찾을 수 있다.

　체르노빌 방문에서 얻은 최대의 수확은 '역사적 사고의 비참함'과
'인류가 구축해온 문명의 과제'를 오감으로 직접 느꼈다는 점이다.
일본에서 책과 인터넷을 통해 얻은 체르노빌 관련 지식은 대체로
'반원전 입장에 선 비극의 수집', '피폭으로 인한 건강상 문제와 의료
현황', '농업 등의 산업 재생 가능성' 등이다. 모두 나름 중요하지만
현장에는 하나의 주제로 수렴될 수 없는 다양한 문제가 항상 새롭게
나타나고 반복된다.

　원전사고 피해 중심지를 방문하는 일의 최대 의의는 상황을
똑바로 마주하는 것이다. 후쿠시마 구 경계구역 안으로 들어갔을 때
마음을 짓눌렀던 참담함은 사고가 난 지 29년이 된 체르노빌에서도
작아지기는커녕 오히려 점점 커지는 것처럼 느껴져 놀랐다. 29년이
지났어도 과거의 역사와 과제가 그곳에 그대로 아로새겨져 있었기
때문이다.

　이 글에서는 체르노빌과 후쿠시마를 비교하면서 체르노빌에서
무엇을 배워야 하는지 몇 가지 관점에서 정리를 시도했다.

　취재를 통해 느낀 체르노빌과 후쿠시마의 가장 큰 차이는
체르노빌이 '개발도상국 풍경'을 지녔다는 점이다.

　우크라이나에 도착한 이튿날 밤, 체르노빌 원전 반경 30킬로미터
지점 체크포인트에서 그리 멀지 않은 곳에 위치한 숙박지, 에코폴리스로
향하는 도중에 식재료를 사기 위해 한 마을에 들렀다. 도로도 제대로
포장되지 않은 작은 마을은 나무로 만들어진 낮은 단층집이 드문드문
보이고 밭이 넓게 펼쳐져 있었다. 편의점은 물론 찾아볼 수 없었고
작은 가게에는 잡화와 식료품이 단출하게 진열되어 있었다. 주민은 무슨
일인가 하고 모두 웃는 얼굴로 우리를 쳐다봤다. 얼마 전 타이, 미얀마

농촌에 갔을 때 본 풍경과 비슷하다는 느낌을 받았다. 일본에는 이런 풍경이 남아 있지 않을 거라는 생각이 들었다. 말 그대로 '개발도상국의 풍경'이었다.

후쿠시마, 아오모리, 니가타, 후쿠이 등 일본의 원전 관련 시설 입지 지역 주변 풍경도 물론 시골스럽다. 이런 경향은 '일본의 원전 입지지역 우편번호가 9○○으로, 9로 시작하는 지역에 집중되어 있다'(즉 도쿄 등 근대화가 빨랐던 지역의 우편번호는 1○○이 많으며 근대화의 중심에서 주변으로 갈수록 숫자가 커지기 때문에 9로 시작하는 지역은 개발의 주변성을 띠고 있다)라는 분석③에서 보듯 단순한 인상에 그치는 것이 아님을 알 수 있다. 전차나 버스도 몇 시간에 한 대 있는 식이다. 원전을 보러 갈 때면 무의식중에 일본의 사라져가는 시골 모습을 확인하는 일이 습관이 되었다. 그렇지만 어디까지나 일본에서 본 것은 '선진국 풍경'이다. 수도·가스· 전기·선로·도로 등 인프라는 어느 곳이나 똑같이 정비되어 있으며 집 앞에는 자동차가 세워져 있고, 방에 들어가면 대형 텔레비전과 에어컨이 놓여 있다. 일본의 원전은 1955년 원자력기본법 이후 고도경제성장기에 건설되기 시작해 1970년대 이후 안정된

사고가 있기 전 프리피야트 시가지의 모습

경제 성장을 지탱해주는 한편 '국토 균형 발전' 실현에도 한몫을
담당했다. 후쿠시마의 '존'과 그 주변에 남은 '선진국 풍경' 또한
그러하다.

한편 체르노빌과 그 주변 풍경은 구소련의 지역 개발 방식과 지금도
경제적 지역 격차가 해소되지 않은 현실을 여실히 보여준다. 취재 길에
국도를 통과하는 고풍스러운 마차를 만나기도 했다. 차로 몇 시간
떨어진 키예프의 도회적 풍경과의 대비가 한층 강렬한 인상을 남겼다.

후쿠시마와 비슷한 모습도 있다. 체르노빌 원전에 가까운
프리피야트 거리를 걸을 때였다. 프리피야트는 다른 우크라이나 시골
풍경과는 전혀 다른 그야말로 전형적인 선진국 도시 모습이었다.
모든 것이 폐허가 됐지만 도시의 면모는 여전히 느낄 수 있었다. 세련된
관공서 건물에 극장, 호텔, 학교 등이 늘어선 도시는 원전이 생긴 후
일자리가 늘어나면서 20~30대 젊은이가 주민의 중심을 이루었다고
한다. 원전 도입과 함께 빈 땅에 도입된 '근대 장치'의 잔해는 재해를
입기 전 후쿠시마 원전 입지 지역의 역사를 상기시킨다.

후쿠시마 제1원전 입지 지역의 토지 매수는 1960년대 전반부터
구체적으로 시작되었다. 당시 그곳은 후쿠시마에서는 물론이고 일본
전체에서 봐도 전형적인 시골 모습을 간직하고 있었다. 단층집에 아직
전화와 전기 공급이 안 되는 곳도 있었고 도로 대부분은 아스팔트
포장이 되지 않은 채였다. 말하자면 '에도 시대'가 곳곳에 남아 있었다.
하지만 원전 용지 취득 후 원전 건설이 시작되자 민박과 음식점,
공공시설이 생기면서 거리 풍경은 빠르게 바뀌었다. 바로 없어졌다고는
하는데 도미오카 마을에는 영화관도 있었다고 하며 음악홀은 지금도
남아 있다. 프리피야트에 있는 백화점이나 놀이공원 같은 것은 없지만
역시 후쿠시마에도 원전이라는 '근대의 첨단'과 함께 다양한 문물이
정비되어갔다. 물론 체르노빌과 후쿠시마 양쪽 '존' 모두 풍부한
자연이 남아 있는데 원전 도입을 계기로 '전근대의 잔여'가 급속히
개발되었음을 엿볼 수 있다.

또 하나 체르노빌과 후쿠시마의 공통점은 그곳에서 사람들은
원전이 있는 '일상', 원전사고가 일어난 이후의 '일상'을 살아간다는
점이다. 우리는 종종 원전 가까이서 살아가는 사람들은 매일
원전(사고)을 의식하고 원전(사고)에 대해 분명 깊게 고민할 것이라고
전제하고 그 지역을 바라보기 쉬운데 100퍼센트 착각이다. 그런
오해를 여러 번 접했다. 외국 저널리스트에게 후쿠시마는 전부 불에

타 허허벌판이 되지 않았느냐는 질문을 받기도 하는데 이런 말을 웃어넘기지 못할 정도로 후쿠시마의 상황을 잘 모르는 일본인도 많다.

사고 이전 후쿠시마 제1원전 근처에 살던 사람들은 원전이 지역에서 중요한 고용 창출 역할을 한다는 점은 의식하면서도 그 위험성을 늘 염두에 두거나 두려워했느냐 하면 전혀 그렇지 않다. 이는 체르노빌도, 사고가 난 지 29년이 지난 우크라이나도 마찬가지다.

존에서 일하는 사람, 체르노빌 투어에 관여하는 사람도 긴장감을 갖지도 않고, 원전을 과도하게 의식하거나 경계하는 일 없이 담담히 그곳에서의 생활을 이어간다. 사고가 있던 다음 해부터 지금까지 원전에서 일하고 있다는 체르노빌 원전 3호기의 기술자도, 출입금지구역청 직원도, 사마셸도, 모두 그곳에 원전이 있고 과거에 그곳에서 사고가 일어났다는 사실을 굳이 의식하는 일 없이, 그렇다고 해서 잊고 있는 것도 아니면서 일상의 당연한 배경으로 삼아 살아가고 있다.

우리는 종종 머릿속에 '비일상의 체르노빌'을 그려놓고 체르노빌을 바라본다. 또는 애써 '비일상의 후쿠시마'를 그려보려 하지만 현실과 괴리된 비일상은 무지한 사람의 머릿속에만 존재한다. 타인의 시선, 타인의 머리에 그려진 '비일상'이 아닌 원전이 있는 '일상', 원전사고가 일어난 이후의 '일상' 속에서야말로 역사를 진지하게 마주할 토대가 생긴다.

인상적인 장면이 있었다.

현지에서의 마지막 인터뷰 대상이었던 안드레 자첸코 씨(176쪽 인터뷰 참조)에게 다른 인터뷰 때와 마찬가지로 '원전의 필요성에 대해 어떻게 생각하느냐'는 질문을 했다. 자첸코 씨는 한순간 대답을 주저하는 듯이 보였다. "다른 분들도 모두 원전에 대한 찬반과 방사능의 안전성에 대해 물으면 조금 망설이던데 민감한 질문이어서 그런 것이냐"라고 묻자 자첸코 씨는 단호히 아니라고 답했다.

"아니요. 그렇지 않습니다. 그런 문제는 대개 생각하지 않고 지내기 때문입니다. 그러니 자신의 생각을 정리할 시간이 필요한 거겠죠. '아침에 일어났을 때 오른발부터 움직입니까, 아니면 왼발부터 움직입니까?'라는 질문을 받았을 때처럼 말이지요."

원전 추진·반대 논쟁도 방사능 안전·위험 논쟁도 사고가 난 지 4년이 지난 일본에서조차 이미 좋든 싫든 냉정해졌다. 과격한 주장을 계속하는 사람들이 있는 반면 한편으로는 나서기를 주저하고, 다른 한편으로는 일상 속에서 망각하며 논쟁에서 도망치는 사람들도 있다. 언론이나 소셜미디어를 보거나, 논의의 중심점인 후쿠시마 20킬로미터권 주변에 가면 그런 점을 쉽게 느낄 수 있다.

어쨌든 사고 후 많은 사람이 피난한 구경계구역 히로노와 미나미소마시에는 아주 소수이기는 하지만 주민이 돌아오고, 원전과 제염 관련 고용을 뒷받침하는 새로운 숙소와 아파트가 생기기 시작했다. 직접 가서 보지 않으면 좀처럼 느끼기 어려운 담담하고 평온한 일상이다. 사고 후 세계를 부유하는 '체르노빌', '후쿠시마'라는 역사적 기호 속에서 사람들이 읽어내려 하는 비일상과 긴장감이 그곳에는 전혀 존재하지 않는다.

내가 쓴 책 「'후쿠시마'론」 말미에 도쿄와 후쿠시마 제1원전을 잇는 국도 6호선을 타고 내려가 그곳의 실제를 눈으로 마주하는 데에서 희망은 시작된다고 썼다. 머릿속에서 나오는 안이한 '희망'은 틀림없이 후쿠시마를 빠르게 망각하고 무의식으로 몰아넣을 것이다.

동일본 대지진이 일어난 지 4년이 지난 현시점에 '늦은 복구'와 '망각의 진행'을 우려하는 목소리가 높다. 29년이 지난 우크라이나 체르노빌에서 들은 자첸코의 대답도 '당연한 현실'이라는 말이었다. 어떤 뜨거운 논점도 언젠가는 반드시 냉각된다. 그리고 되풀이되는 일상 속에서 망각의 압력은 높아진다.

체르노빌과 후쿠시마 두 곳을 놓고 볼 때 드러나는 '개발도상국과 선진국'이라는 차이점, 그리고 '원전이라는 근대의 첨단이 들어서며 이루어진 후진 지역의 선진화', '그곳에 직접 가봐야만 느낄 수 있는 일상'이라는 공통점에서 우리가 배울 점은 많다.

과거 공산주의와 자본주의의 대립 속에서 생겨난 국가 간 차이, 개발과 왜곡이 빚어낸 마을, 그곳에서 살아가는 사람들의 현재와 지속되는 일상. 언뜻 평범해 보이고 인류사 속에서 보면 지극히 짧은 순간이지만 체르노빌과 후쿠시마는 반세기 남짓에 걸친 '포스트 제2차 세계대전에서 포스트 냉전까지의 사회'를 상징적으로 보여준다.

그리고 시간이 지날수록 두 곳의 역사적 가치는 점점 커져갈 것이다. 앞으로 체르노빌 관광지화 흐름이 어떤 계기로 멈춘다거나 후쿠시마 원전입지지역 주변 토지가 관광지화되지 않고 그대로 방치된다면, 아마 오랜 시간 사람의 출입이 제한된 토지와 그 주변은 하나의 문명이 한 시대에 만들어놓은 도시와 시스템 그대로 얼어붙은 채 남게 된다. 당연히 그곳은 시간의 흐름과 함께 물리적으로 붕괴하거나 자연의

신석관 건설 현장에서는 오늘도 많은
노동자가 일하고 있다. 촬영=편집부

힘에 맡겨진다. 현재 체르노빌에서는 '인간의 손을 전혀 타지 않은 자연
그대로'의 가치를 발견하려는 움직임이 있다. 체르노빌은 그렇게 자연의
풍화 작용을 겪기도 하고, 관광지로 이용되기도 하면서 역사화가
이루어질 것이다.

후쿠시마의 '역사화' 문제는 이번 프로젝트의 중요한 질문이다.
역사에 대문자로 기록될 어둠의 순간과, 시간이 흐름에 따라 뒷전으로
밀려나게 될 가치를 어떻게 정리해나가야 할까. '관광지화'라는 제안을
통해 이 논의의 핵심으로 좀 더 파고들어갈 필요가 있다.

3

2013년 4월 현재에 한정하면 체르노빌과 후쿠시마의 가장 큰 차이는
'관광지화'되어 있는가 아닌가이다. 29년 간 이룬 체르노빌의 '관광지화'
흐름을 조감하면 소련·우크라이나와 일본의 차이, 후쿠시마가 배워야
할 과제가 좀 더 명확해진다.

현재 진행되는 체르노빌의 '관광지'는 매우 흥미진진했다.
관광지화는 그곳에 참여한 배우들의 '의도치 않은 결과'의 산물이기
때문이다.

우선 살펴봐야 할 배우는 '정부'이다.

체르노빌이 후쿠시마에게

'우크라이나 국립 체르노빌박물관'은 언제 생겨났을까. 박물관 건립 자체는 1992년이지만 그 바탕은 1987년에 정비되었다. 현재의 명칭과 소재지는 아니지만 체르노빌 사고 다음 해에 현재 박물관의 원형이 되는 '전시'가 시작됐다. 그러나 오늘날과 같은 체르노빌 원전사고에 대한 반성과 추모를 전면에 내세운 전시와는 전혀 다른 성격이었다고 한다.

체르노빌박물관 부관장인 안나 콜로레브스카 씨(195쪽 인터뷰 참조)는 1987년에 시작된 '전시'는 어디까지나 국가의 영웅인 체르노빌 사고 수습에 임했던 소방관들을 기리는 것이 주목적이었다고 한다. 그 전시는 소련이 '국가를 위해 목숨을 바친 영령을 기리는 전쟁 기념관'과 같은 의식 속에서 시작됐다. 체르노빌 사고의 문화적·사회적 처리는 소련이 냉전 붕괴 이후 국력이 약해지는 가운데에서도 계속 이어진 권위를 전제로 하향식으로 진행됐다고 할 수 있다. 그런 까닭에 국가의 위신을 내건 사고의 역사화가 조급하게 이루어졌다.

하지만 이는 소련 붕괴로 붕 뜨게 된다. 민주화 이후의 우크라이나에서 그 빈 그릇에 콜로레브스카 씨와 하이다마카 씨(78쪽 담화 참조) 등이 지속가능한 '혼'을 넣었기에 '역사화'가 실현됐다. 그들이 없었다면 실패했을지도 모른다. 어쨌든 현재는 '젊은이들의 데이트 장소'가 되기도 하는④ 박물관은 당초 '국가를 위해 목숨을 바친 영웅을 기리고 국위를 선양'하려는 목적에서 보면 '의도하지 않은 결과'였다고 말할 수 있다.

소련의 '막강한 권력'이 있었기 때문에 이 역사적 흐름이 실현됐다. 이는 3·11 동일본 대지진이 있은 지 4년이 지난 지금까지 후쿠시마를 둘러싼 일본의 정치·사회 상황과 무척 대조적이다. 한편으로는 '탈원전이냐 아니냐'로 단순화되어 정치적 논쟁의 수단이 된 채 후쿠시마를 둘러싼 문제에 대한 구체적인 방책을 내놓지 못하고 있고, 다른 한편으로는 '결정하지 못하는 정치'를 그대로 반영한 듯 긁어 부스럼 만들지 않으려는 우유부단함이 후쿠시마 문제를 계속 방치하고 있다. 공산주의 국가 소련과 같은 '막강한 권력'을 바라는 마음은 털끝만큼도 없다. 하지만 적어도 체르노빌은 역사화 작업을 시작할 때 발생하는 여러 불협화음을, 강력한 중앙통제형 권력이 가볍게 진정시켜 주었다. 이는 이후 이어진 역사화의 자동 운동을 가능하게 했다는 점에서 매우 중요한 시사점이라 할 수 있다. 물론 '자동 운동'은 시간의 흐름이라는 피할 수 없는 마찰력의 저항으로 감속되기도 한다.

2012년 체르노빌 원전사고가 난 지 25년이 지났을 때 '언제까지 체르노빌만 얘기할 수는 없다. 다른 재해도 포함한 박물관으로 바꾸자'라는 논의가 나온 것처럼 역사화를 멈추려는 움직임도 일어난다. 어쨌든 역사화를 위한 자동 운동이 일어날 계기를 만드는 힘이 후쿠시마에도 필요하다.

여기서 빼놓을 수 없는 배우는 역사화를 담당한 '실무자'들이다. 이번 취재에서 보면 박물관 관련해서는 콜로레브스카 씨와 하이다마카 씨, 존 관련해서는 미루누이 씨(183쪽 인터뷰 참조)와 나우모프 씨(205쪽 인터뷰 참조), 시로타 씨(210쪽 인터뷰 참조)가 이에 해당한다. 물론 이번에 인터뷰한 사람들 외에도 실무자들은 곳곳에 있고 앞으로도 생겨날 것이다.

우선 박물관이라는 장소를 통한 체르노빌의 역사화 과정, 전시의 배경에 담긴 의도, 박물관이 생겨난 경위를 비교적 명확히 배울 수 있었던 점은 이번 취재의 매우 큰 수확이다.

특히 동방정교회의 세계관이 중요한 모티브가 되고 있는 점이 무척 흥미로웠다. 일본 박물관은 박물사료(도기, 뼈, 의복, 지도, 디오라마, 증언 등)와 숫자(사건의 규모, 경과를 나타내는 연표 등)를 중심으로 다큐멘터리 형식으로 역사를 보여주지만 체르노빌박물관의 전시는 달랐다. 물론 박물사료와 수치화된 자료도 전시되어 있지만 마치 현대 미술 작품을 보는 듯 추상적이고 예술적인 전시가 먼저 눈에 들어온다. 종교적인 이야기를 배경으로 다양한 은유가 숨겨진 전시는 보는 사람에게 해석과 감상의 자유를 맡긴다고도 볼 수 있고, '객관적·중립적 묘사와 해석' 속에서 역사를 함부로 재단하는 일을 허락하지 않는 자세를 보여준다고도 할 수 있다.

출입이 금지된 마을의 이름이 적힌 계단을 올라가 전시의 출발점에 서면 맨 먼저 사고 직후 투입된 사고처리작업원의 모습이 보인다. 이어서 사고 당시 원자로의 3D 모형, 지원 물자가 들어 있던 상자, 히로시마 원폭에 이르기까지 체르노빌과 관련한 다양한 전시가 펼쳐진다. 마지막에는 노아의 방주를 본뜬 배에서 끝을 맺는다. 배 안에 놓인 사람 모형은 희생된 아이들을 나타낸다고 한다. 만약 이 전시가 원죄와 구원을 다룬 이야기를 보여주려는 것이라면, 체르노빌 사고의 역사를 전시 디자이너의 주관에 따라 재구성하고, 그것을 관람객에게 강요하는 것처럼 느껴지기도 하다.

대체로 전쟁박물관하면 '전쟁 책임'과 같은 책임 문제에 대한 입장이 큰 테마가 된다. 하지만 체르노빌박물관 전시에서는 그런 책임 문제를 느낄 수 없다. 전시를 보며 느낀 이질감을 콜로레브스카 씨에게 물었다.

"일본의 전쟁 관련 박물관과 독일의 아우슈비츠 등에는 종종 책임 소재가 전시의 배경이 됩니다. 일본의 군국주의, 제국주의 또는 독일의 나치즘이 그런 예이지요. 하지만 이곳에서는 그런 책임 소재, 절대적인 악의 존재를 느낄 수 없습니다. 책임은 어디에 있는 걸까요?"

콜로레브스카 씨의 대답은 명쾌했다.

"모두에게요."

1986년 4월 26일 그 순간, 버튼을 누르고 사고에 이르고만 '우리'를 되돌아보는 일이 중요하기에 책임 소재를 한정하지 않고 끈질기게 추궁해왔다고 한다.

지금까지 '후쿠시마' 관련 논의는 종종 원전사고와 서투른 대처의 책임 소재를 따지는 문제에 초점이 맞춰져왔다. 2012년까지 네 개의 사고조사위원회 보고서 발표 때마다 언론에서는 '사고 당시 간 나오토 총리의 대응에 문제가 있었다'(민간사고조사위원회), '자연재해가 아닌 인재였다'(국회사고조사위원회) 등 '어디에 책임이 있었는지', 좀 더 구체적으로는 '누가 나빴는가'를 따지고, 규탄할 대상을 찾는 화제몰이형 보도가 주를 이루었다.

하지만 직접 민간사고조사위원회의 일원으로 보고서 작성에 참여했던 경험에 따르면, 분명 '간 나오토 책임론'은 중요하지만 그것만 특필할 문제는 아니라는 생각이 내부에서 공유되었다. 그렇게 간단히 책임 소재를 정할 수 없다는 분위기에서 보고서를 작성했기에 보도가 나가고 난 이후 조사위원회 내부에서는 곤혹스러워하는 목소리가 높았다.

지금까지 '후쿠시마'를 둘러싼 4년 간의 논의에서는 '이해하기 쉬운 논의', '카타르시스를 얻기 쉬운 결론'을 언론이 부추기기도 했고, 적지 않은 사람들이 단순명쾌함을 원하기도 했다. 그런 상황에서 '적'을 찾는 형태로 논의가 이루어졌던 것 또한 사실이다.

체르노빌과 후쿠시마 사이의 이런 차이가 왜 생겨났는지 이번 체르노빌 방문에서 그 답을 찾지는 못했다. 소련 정부가 한때는 원전 노동자에게 모든 책임을 지우는 것으로 결말을 지으려 했던 것에 대한 반작용이었는지, 동방정교회의 뿌리 깊은 '원죄' 사상 때문인지, 전쟁과는 다른 고도의 과학기술 사고의 책임을 서양식 합리주의로 고심한 끝에 나온 결론인지 잘 모르겠다. 어쨌든 책임 소재를 '모두'에게 전가하는 의식은 원전사고라는, 인류 역사에 축적된 경험이 없는

사건을 역사화하는 데에 매우 긍정적 효과를 주리라 본다. 혹여
책임 소재를 '소련 때문', '노동자 실수 때문', '원전이라는 발전 방법
때문' 등으로 단순화했다면 사고가 일어난 지 수십 년이 지난 후
박물관을 찾는 사람들에게 생각할 거리를 계속 던져주는 전시가
되지는 못했을 것이다.

하지만 이 '의도'가 보는 이들 모두에게 똑같은 의미로 와 닿지는
않는다. 다르게 해석하는 일본인도 있다.

재해 전에도 체르노빌 역사를 배우러 이 박물관을 찾는 일본인은
있었지만 3·11 이후 특히 늘고 있다. 사전에 조사한 내용을 보면,
일본인 중에는 우리가 취재에서 보고 들은 것처럼 전시의 배경과 역사
계승의 지향을 보여주는 정보를 접한 사람이 거의 없었다. 대부분
기형이 된 동물의 골격 표본과 마지막 방에 있는 아이들의 얼굴 사진이
늘어선 전시를 가리키며 '이렇게 잔혹한 일이 있었다'라는 식으로
원전사고와 피폭 피해의 공포를 알기 쉽게 강조하는 '협박형' 해석을
접했을 뿐이다. 체르노빌박물관의 '역사화' 방식을 충분히 이해했다고는
말하기 어려운 내용이 주였다. '역사화' 작업을 해온 사람이 의도한
전시의 취지와 전체상이 일본인에게 전해졌다고 보기는 어렵다.

또 한 가지 의도치 않은 역사화의 사례는 이미 말한 것처럼 사고가
일어난 지 25년이 지난 시점에 박물관 전시 테마의 변경이 검토됐던
점이다. 물론 한편에서는 존 안에 박물관을 만드는 계획도 진행되고
있지만 '역사화'의 중요성이 주위에 충분히 전해지지 않았던 측면이 크다.
우크라이나 국내의 원전사고 기억의 풍화, 원전을 주력으로 한
에너지 정책의 영향, 전 세계적 위기와 사회적 과제, 원자력 르네상스의
기운 등 다양한 요인이 있었을 것이다. 어쨌든 3·11이라는 우연한
외부 요인을 겪으며 '테마 변경의 변경'이 이루어졌다는 점도 포함해,
박물관을 만들어온 사람들의 의도치 않은 '역사화'가 이루어져왔다.
지금까지 '박물관을 통한 체르노빌의 역사화'를 살펴봤다. 이제
'존의 역사화'를 맡아온 사람들에게로 눈을 돌려보자. 그들의 참여
의도가 가지각색인 점이 흥미롭다. 자세한 내용은 미루누이 씨,
나우모프 씨, 시로타 씨 인터뷰에서 다루고 있다. 각자가 1986년 사고
당시 전혀 다른 처지의 '당사자'로서 그곳에 있었고 당시의 체험과
지금의 존의 모습을 나름의 방식으로 전달했다. 그리고 조용히
자발적으로 시작한 움직임이 최근 일정한 규모를 지닌 관광 산업으로
이어져 체르노빌 관광의 성립에 적잖은 영향을 주었다.

현재 체르노빌 관광 사업을 운영하는 자첸코 씨를 포함해 공통된 의견도
있었다. '과도하게 산업주의로 흐르는 체르노빌 관광'에 대한 우려이다.
고객에게 300~400달러를 받고 대형 관광버스를 이용해 존을
보여주는 사업자가 나타나고 있다고 한다. 이를 무조건 나쁘다고 단죄할
수 없는 사정도 있는 것 같다. '유로 2012' 축구 대회 개최 등이 거대한
계기가 되어 체르노빌 관광을 희망하는 사람이 늘면서 당연히
지금까지와 같은 작고 조촐한 규모의 진지한 형태가 아니라 하나의 관광
산업으로 점점 발전하는 일은 피할 수 없는 전개이기도 하다.

하지만 이번에 만난 인터뷰이들은 모두 입을 모아 어디까지나
사고가 있었다는 사실과 그 역사를 느끼고 배울 기회가 되는 여행의
중요성을 강조한다. 또 정부 측 담당자인 보블로 씨(170쪽 인터뷰 참조)도
이 흐름이 '관광'이 아니라 '국민이 평등하게 알 권리'에서 시작되었고,
그래서 지금도 정부는 '관광'이라는 단어를 사용하지 않는다는
점을 설명하면서 같은 견해를 밝혔다.

서로 다른 처지와 의도를 지닌 사람이 시작한 '미숙한 체르노빌
관광'이 시간의 흐름과 우연 속에서 각각의 의도와는 다른 상업적
색채를 덧칠하며 발전해가고 있는 것이 체르노빌 관광의 현재 모습이다.

감히 '의도하지 않은 결과'라는 관점을 제시하면서 이번 취재로
이해한 체르노빌의 오늘날을 정리해봤다. 한걸음 물러나 생각해보면
역사는 많은 경우 '의도하지 않은 결과' 속에서 켜켜이 쌓여왔다는
사실도 깨달을 수 있다. 히로시마 원폭 돔도 '부수어 없애자', '자연의
풍화에 맡겨두자'라는 등 여러 제안이 있었지만 '원폭 돔으로
고정화'한다는 결과를 선택하게 되었고 야스쿠니 신사도 지금과 같은
정치 대립의 상징이 되리라고는 아무도 의도하지 않았다.

다만 그 일에 참여하는 사람들이 '역사화'를 위해 부단히
노력했으며 그런 까닭에 지금도 '자동 운동'이 이어지고 있다. 되풀이해
말하지만 체르노빌박물관이 인류 재해박물관이 될 뻔한 사례처럼
'자동 운동'은 시간이 흐르면서 점점 속도가 줄어든다.

후쿠시마를 역사에 남기는 일도 현재를 살아가는 사람들의 '역사화'
의도가 계속 이어져야 가능하다. 그런 의미에서 이번 프로젝트는
'역사화'를 위한 길에 중요한 초석 역할을 할 것이다.

체르노빌에서 본 '역사화의 의도'와 연장선에 있는 '관광지화'. 그 맹아는 사고가 난 지 4년이 지난 현재의 후쿠시마에도 존재할까.

현 시점에서는 앞에서 말한 소련의 역사화와 같은 국가·행정 차원의 맹아는 찾아볼 수 없다. 사고 수습도 미진하고 피해자 보상 문제도 제대로 진행되지 않은 상황에서 국가가 역사화에 눈 돌릴 틈이 없기도 하다.

하지만 몇몇 지자체·주민 단위의 자발적 움직임에서 그 맹아를 찾아볼 수 있다.

'후쿠시마 해안도로 벚꽃 프로젝트'는 출입금지구역을 포함해 6번국도 및 조반자동차도로와 주변 마을도로에 벚꽃 가로수를 만들어 재해와 원전사고의 상징으로 계속 유지·관리해 후세에 계승하려는 계획으로⑤ 2013년 3월 3일 네모토 다쿠미 부흥 장관과 모리 마사코 내각부 특명담당장관(저출산 소비자 담당) 등을 불러 기념식을 개최하는 등 이미 활동을 시작했다. 역사화를 향한 의도와 함께 이와키시에서 신지초까지 총 길이 193킬로미터의 벚꽃 길을 만든다는 구상은 관광지화를 내건 우리 프로젝트의 발상과 비슷한 면이 있다.

또 역사화를 향한 의도가 명확하지는 않지만 원전사고와 그에 따른 방사능 오염의 심각성을 극복하고 산업과 지역 이미지를 개선하려는 움직임도 있다.

그 가운데 하나가 가와우치무라의 야채 공장이다. 주민 대부분이 피난을 간 가와우치무라의 시모가와우치에 2013년 4월 26일 야채공장 '가와우치고원 농산물 재배공장'이 문을 열었다. 발광다이오드(LED)와 형광등을 이용한 100퍼센트 인공광형 수경재배를 도입한 밀봉형 야채공장으로, 재해 이전부터 번창했던 고원 야채 재배로 고용 창출을 도모하고 부흥의 상징으로 삼으려 하고 있다. '미나미소마 솔라 애그리파크'도 비슷한 시도인데 훨씬 '관광지화' 프로젝트와 가깝다. 공식 사이트에는 '태양광 발전과 농촌 체험으로 미나미소마시 등 후쿠시마 아이들의 교육을 지원하고 타 지역 주민과의 교류로 거짓 정보의 피해를 줄여 후쿠시마에 대한 신뢰를 회복하는 데 힘쓰며 후쿠시마 주민의 생활과 산업 부흥에 공헌하고자 합니다'라는 취지를 내걸고 있다.⑥ 애그리파크는 태양광 발전을 이용해 야채공장을 움직이는데 견학·체험 학습을 할 수 있다. 쓰나미 피해를 당한 시유지를

활용해 고용 창출과 재생가능 에너지 도입을 시도하고 있어 일본
전역에서 사람들이 찾아오고 있다. 특히 아이들의 방문을 적극적으로
추진하기 위해 '키자니아(어린이 직업체험 테마파크)' 운영회사 KCJ GROUP
주식회사 사장도 임원으로 참여하고 있다. 대표를 맡고 있는
한가이 에이주 씨는 미나미소마시 출신으로 후쿠시마 제1원전사고를
일으킨 도쿄전력의 집행 임원을 지낸 바 있다. 퇴직 후 지역 부흥을
위해 힘을 쏟고 있는 그의 이력도 흥미롭다.

　'가와우치고원 농산물 재배공장'과 '미나미소마 솔라 애그리파크'는
한편으로 농업과 신기술, 고용 창출과 지역 이미지 재생이라는 실리를
전면에 내세워 사업성을 추구하고 지속적 운영을 도모하고 있다.
그래서 박물관과는 거리가 먼 것처럼 생각될지도 모른다. 하지만
실제로는 재해 전부터 있었던 지역의 특성과 재해 후 변화를 전제로
지역사회와의 교류를 명확하게 내세우고 있어 박물관 이상으로
'박물관적인 것'이 될 가능성이 있다. 체르노빌에서는 이러한 사례를
찾아볼 수 없었다. 후쿠시마의 '역사화'로 이어질 씨앗으로 삼아 잘
키워갔으면 한다. 이런 사례는 원전 20킬로미터권 밖에서 일어난
움직임인데 앞으로는 좀 더 후쿠시마 제1원전에 가까운 곳에서도 이와
같은 시도가 나올 수 있을 것이다.

　한편 말 그대로 '박물관적인 것'을 만들려는 시도도 있다. 2003년
시라카와시로 이전하여 재개관한 '아우슈비츠 평화박물관'은 '시민이
직접 만든 박물관'임을 강조하는, 비영리단체법인이 운영하는
박물관이다. 원전사고 이후 이곳을 중심으로 '원전재해정보센터' 건설이
추진되어 2013년 5월 19일 개관 기념식을 개최했다. 이곳은 후쿠시마
원전사고 검증 과정에서 산출된 자료를 정리하고 전시해 후세에
남겨주기 위한 시설로,⑦ 앞으로 '원자력자료정보실', '민들레회',● '피스
보트' 등과 협력해 전시를 진행한다고 한다.

● 탄포포샤, No Nukes Palaza: 도쿄에 거점을 둔 탈원전과 환경파괴 없는 사회를 지향하는 반핵 시민단체

　이밖에도 아직 가시적 성과가 나오지는 않았지만 주민 단위의
'역사화 의도'의 맹아는 이곳저곳에서 많이 나오고 있다. 이를테면 여러
단체들이 미나미소마시(후쿠시마 제1원전 북쪽), 이와키현(후쿠시마 제1원전 남쪽)
등에서 출발하는 구 경계구역 방문을 포함한 스터디 투어를 진행하고
있다. 앞으로 수년 이내에 조반고속도로가 개통되어 구 경계구역
안을 관통하게 되면 자동차로 후쿠시마 오쿠마와 후타바 한가운데를
지나왔다는 이야기를 하는 것만으로도 '관광지화', '역사화'의 의미가
부여될 수도 있다.

관광지화 프로젝트와는 별도로 진행되어온 이런 '맹아'는 관광지화 프로젝트와 대립하는 것이 아니다. 오히려 맹아와 공존하면서 체르노빌처럼 '의도하지 않은 결과'를 낳게 될 것이다.

5

존 안을 이동할 때 있었던 일 중에 기억에 남는 두 가지가 있다. 하나는 야생말을 볼 때마다 현지인들이 차를 세우고 보려 했던 일이다. 행운이 온다는 이유였다. 다른 한 가지는 폐허가 된 프리피야트의 유치원 안에서 누군가 사진을 찍기 위해 교과서를 재배치한 책상을 봤던 일이다.

전자에 대해서는 '당신들은 말이 신기할지 모르지만 우린 그런 거 아무래도 좋으니 빨리 석관 있는 곳에나 데려다주쇼'라는, 후자에 대해서는 '그렇게 연출해도 되는 거야?'라는 마음속 외침이 있었다. 하지만 조금 냉정해진 뒤에 돌아보니 이것 또한 사고가 일어난 지 29년이 지난 체르노빌의 모습이라고 받아들이게 되었다.

체르노빌은 지금도 변화하고 있고 타자가 항상 관여하는 현실에 처해 있다. 체르노빌을 다녀온 이후 체르노빌에 대한 어떤 고정된 이미지가 부서졌다는 것을 느낀다. 이러한 체험은 앞으로도 체르노빌을 계속 기억하는 실마리가 될 것이다.

후쿠시마도 체르노빌이 그래온 것처럼 수많은 사람의 생각과 참여가 시간과 함께 쌓여갈 것이다. 전망은 아직 불투명하다. 다만 그 앞에 다양한 가능성이 있다는 사실을 체르노빌은 가르쳐주었다.

① 가도타 다케히사, 『순례 투어리즘 민족지』, 신와샤,
   2013년, 81쪽.
② 같은 책, 82~83쪽.
③ 하세가와 고이치, 『탈원자력 사회로』, 이와나미
   신서, 2011년, 40쪽.
④ 미야코시 유키코, '젊은이들이 데이트 하러
   찾아오는 국립 체르노빌박물관', ‹닛케이 비즈니스
   온라인› http://business.nikkeibp.co.jp/article/
   report/20130410/246428
⑤ 후쿠시마 해안도로 벚꽃 프로젝트
   http://www. happyroad.net/project.html
⑥ '기업개요', ‹미나미소마 솔라 애그리파크›
   http://minamisoma-solaragripark.com/company
⑦ '원전재해정보센터 설립 목적', ‹아우슈비츠
   평화박물관› http://www.am-j.or.jp/
   schedule/120906.htm

더불어 읽기

Читати

가상 세계 속 체르노빌

Чорнобиль в уяві

하야미즈 겐로/작가

프랑스혁명은 역사적 사건인 동시에 예술과 대중문화에 크나큰 영향을 끼친 사건이기도 하다. 베토벤이 프랑스혁명, 나아가 봉건제를 무너뜨린 나폴레옹의 활약을 보며 〈교향곡 제3번〉을 작곡한 일은 유명하다. 혁명재판에 회부되는 귀족 출신을 주인공으로 한 디킨스의 「두 도시 이야기」 ^{A Tale of Two Cities} 등 프랑스혁명을 모티브로 한 소설도 많다. 한편 프랑스혁명과 관련한 에피소드는 전혀 등장하지 않지만 고딕 소설 「프랑켄슈타인」 ^{Frankenstein} 은 프랑스혁명을 의인화 해 괴물로 그려낸 호러라는 견해가 정설로 굳어졌다. 참고로 저자인 메리 셸리는 혁명 후에 태어났다. 그리고 시대와 국경을 뛰어넘어 이케다 리요코의 「베르사유의 장미」처럼 소녀만화와 다카라즈카●에 큰 영향을 주게 된다.

자, 이제 본론으로 들어가자. 체르노빌 원전사고라는 인류 역사에 기록될 대형 사고가 동시대의 다양한 표현, 작품, 대중문화에 영향을 끼쳤음은 두말할 나위가 없다. 독일의 전자음악그룹 크라프트베르크가 부른 〈RADIO-ACTIVITY〉에는 첫 녹음된 1975년에

● 여성으로만 구성된 가극단으로 '베르사유의 장미' 류의 연극을 주로 올림

없던 '체르노빌'이라는 단어가 리믹스 앨범 〈THE MIX〉에서는 추가되었다. 방사능 오염 지대를 무대로 한 재앙과 악취미 호러 영화 〈체르노빌 다이어리〉 ^{Chernobyl Diaries} 에 이르기까지 체르노빌 사고는 여러 장르에서 작품의 소재로 등장하고 있다.

이 글에서는 체르노빌 사고가 작품에 어떤 영향을 주었고 작품 속에서 체르노빌은 어떻게 그려지고 있는지 고찰해보고자 한다.

1995년 미야자키 하야오가 그린 종말 이야기

미야자키 하야오는 체르노빌 사고 이전부터 기술 발전이 야기한 세계의 종언을 주제로 다룬 애니메이션 작가이다. 초기 대표작 〈바람계곡의 나우시카〉는 옛 문명이 쇠퇴하고 자연도 대부분 파괴된 세계를 무대로 하고 있다. 미야자키 하야오는 체르노빌 사고가 있은 후인 1995년에 원전사고 이후의 세계를 다룬 작품을 발표했다. 스튜디오 지브리가 제작한 장편 애니메이션 〈귀를 기울이면〉과 같이 상영된 6분 정도의 단편 〈On your Mark〉가 바로 그 작품이다.

무대는 미래. 특수 경찰처럼 보이는 주인공 그룹은 초고층 빌딩이 줄줄이 늘어선 거리에 위치한 괴상한 모양을 한

신자들이 지키고 있는 종교시설로 진입한다. 그리고 그곳에 갇혀 있는 날개 달린 소녀를 구출해 탈출을 시도한다.

이 미래도시 주위는 단단한 벽으로 둘러싸여 있다. 하지만 터널을 빠져나와 성 밖으로 나가자 녹음이 우거진 자연과 목가적인 마을 풍경이 펼쳐진다. 그런데 입구에는 'EXTREME DANGER'라는 경고와 함께 방사능 위험을 표시하는 사인이 있다. 언뜻 아름다워 보이는 풍경의 한 가운데에는 원자력 발전소를 연상시키는 거대하고 까만 건물이 서 있다.

지상에서 살아갈 수 없게 된 인류는 방사능을 피해 사방으로 둘러쳐진 단단한 벽에 갇혀 초고층 도시에서 생활한다. 벽 밖에는 자연과 과거 사람들이 살았던 집들이 남아 있다. 주인공은 날개 돋친 소녀를 도시 외부로 데리고 나가 오염된 자연 세계에 풀어준다.

초고층 도시와 오염된 자연이라는 대비는 미야자키 하야오가 즐겨 다뤄왔다. 이 작품에서는 특히 체르노빌 사건의 영향을 찾아볼 수 있다.

〈바람계곡의 나우시카〉에는 후카이(腐海)라는, 인간이 더럽힌 숲이 나온다. 후카이는 사람이 흩뿌려놓은 유해한 물질을 거두어들여 정화하는 환경재생 장치를 내장한 희망의 존재이기도 하다. 〈On Your Mark〉에 그려진 세계에는 나우시카와는 반대로 초록색 자연이 펼쳐진다. 언뜻 눈부시게 아름답고 희망이 넘치는 곳이지만 사실은 더 이상 사람이 살 수 없는 오염된 세계이다. 이 애니메이션은 체르노빌을 직접 언급하지는 않지만

체르노빌 사고가 초래한 세계로 보아도 무방하다. 또 〈On Your Mark〉는 자연이 원전 같은 건물을 둘러싸고 정화하는 것처럼 보이기도 한다.

할리우드 영화가 그린 체르노빌

종말을 그려온 미야자키 하야오에게 체르노빌 사고는 현실 세계가 보낸 대답일까. 마치 예견이라도 하듯 현실에 앞서 이런 경향을 표현한 것이 흥미롭다.

한편 핵무기와 핵전쟁을 많이 다뤄온 할리우드는 체르노빌을 어떻게 그렸을까. 1980년대까지는 소련의 군과 첩보 기관을 악역으로 상정해 온 할리우드는 동서 냉전 종결 이후 아랍과 동구 테러리스트, 초국가조직과 다국적기업 등에 악역을 맡기는 일이 늘었다. 스토리의 전형은 소련 해체 후 적이 확산된 핵무기를 손에 넣으려 한다는 것이다.

"다이하드"시리즈의 2013년 작 〈다이하드 굿 데이 투 다이〉에서는 오늘날 러시아의 권력자가 과거 구소련 시절에 저지른 악행을 모티브로 한다. 이 영화의 무대는 로스앤젤레스, 뉴욕, 워싱턴으로 옮겨가는데 첫 부분에 등장하는 도시는 모스크바이다.

지금부터는 스포일러가 포함되니 유념하기 바란다. 이야기는 한 정치범 석방에서 시작된다. 그 남자는 현재 러시아 권력 핵심의 비밀을 움켜쥐고 있다. 비밀은 우크라이나 북부 도시 프리피야트에 있는, 현재는 사용하지 않는 은행 지하창고에 숨겨져 있다. 주인공인 존 맥클레인은 CIA 요원이 된 아들을 쫓아 모스크바에

왔다가 사건에 휘말리게 되는데 정치범들을 쫓아 프리피야트로 들어간다.

프리피야트는 체르노빌 원전에서 약 4킬로미터 떨어져 있는 도시이다. 원래 원전 노동자들의 거주지로 건설되어 근대적 시설과 주택이 늘어선 거리였지만, 원전사고로 사람들은 모두 떠나고 없다. 이후 시간이 멈춰버린 마을로 방치되었다. 맥클레인이 프리피야트에서 발견한 것은 사반세기 동안 쭉 숨겨져 있던 농축 우라늄이다.

이 영화의 마지막 싸움 장면에서는 폐허가 된 프리피야트의 호텔 폴리샤가 등장한다. 물론 세트로 만들어진 것이다. 이곳은 2005년 자전거로 프리피야트를 여행한 여성 사진작가 엘레나 필라토바가 웹사이트에 사진을 공개해 유명해진 장소이기도 하다. 엘레나는 이 거리를 '유령 도시'Ghost Town라 불렀는데 그 상징적 존재가 이 호텔이다. 눈에 익은 호텔 간판이 영화에서는 전투용 헬리콥터에 의해 투둑투둑 부서진다.

지금까지 "다이하드" 시리즈는 동구 테러리스트, 남미 군사정권 대통령 등 그 시대의 국제정치 정세를 모티브로 해왔다. 반면 이번 영화에 등장한 체르노빌은 결코 동시대 사람들의 관심사는 아니다. 오히려 역사적 사건으로 거론되고 있다. 사반세기의 시간 경과와 함께 체르노빌을 그리는 방식은 변화해 간다. 그것을 이번 작품은 보여주고 있다.

이 작품이 프리피야트를 무대로 호텔 폴리샤를 세트로 재현하고 부순 일에는 또 다른 의미가 있다. 밀리터리 매니아를

겨냥한 눈짓이라고 말할 수 있다.

프리피야트는 오늘날 FPS(First Person Shooting: 1인칭 슈팅 게임)라고 불리는 게임의 무대로 더 유명해졌기 때문이다. 체르노빌 원전은 지금은 관광지로 많은 사람이 찾는 장소가 되었는데 사진을 보면 밀리터리 룩으로 몸을 감싼 사람들이 종종 눈에 띈다. 그들은 밀리터리 매니아로 FPS 팬이다. 현재 체르노빌 원전 주변 및 프리피야트는 밀리터리 매니아의 성지순례 장소가 되었다.

성지순례지가 된 프리피야트

〈콜 오브 듀티4: 모던 워페어〉(Call of Duty 4: Modern Warfare, 이하 COD4)는 원래 컴퓨터 게임이었지만 가정용 게임기로 제작되어 전 세계에서 1,400만 장 이상 팔렸다. COD는 밀리터리물 FPS 중에서 가장 유명한 시리즈인데 그 가운데에서도 과거 전쟁이 아닌 현대를 무대로 한 COD4는 엄청난 인기몰이를 했다.

게임 초반 무대는 오늘날 중동이다. 쿠데타로 정변이 일어난 중동국가에 미국과 영국군이 개입한다. 게임 전반, 주인공은 쿠데타 지도자 알 아사드가 잠복했을 만한 몇 곳을 첩보원의 정보를 바탕으로 공격한다. 혁명군의 저항, 정보의 혼란으로 고전하지만 마지막에는 거대 병력을 이끌고 대통령궁에 침공을 시도한다. 하지만 미국과 영국군의 공격은 실패로 끝난다. 아사드는 적을 속이고 해외로 도망치며 궁에 설치된 핵폭탄을 폭파시킨다. 침투해 있던 미·영부대는 전멸할 위기에 처한다.

쿠데타 세력의 배후에는 구소련 연방을 부흥시키려는 러시아 초국가주의

세력이 있다. 그 지도자는 스탈린을 숭배하는 이므란 자카예프이다. 게임 후반은 그들과의 전쟁으로 이어진다.

게임의 전반과 후반을 잇는 장소로 등장하는 곳이 바로 체르노빌이다. 과거 자카예프는 소련 해체 후에 갈 곳 잃은 핵물질을 중동 테러리스트에게 몰래 팔아넘기는 무기 상인이었다. 주인공 중 한 명인 영국 육군특수부대원 프라이스는 15년 전 자카예프를 암살하기 위해 프리피야트에 잠입했던 임무를 기억해낸다.

여기서 게임은 과거로 돌아간다. 1995년 주인공은 당시 상관인 맥밀란 대위와 함께 프리피야트에 잠입한다. 이 미션은 강력한 무장 세력이 지키고 있는 장소를 위장복(배경에 완전히 융화되기 위한 저격수용 옷)을 입고 초원과 트럭 밑을 포복전진하며 난관을 극복하는 일이다. 저격 포인트는 이 마을에서 가장 높은 건물이다. 이 건물은 엘레나 필라토바의 사진집에도 실려 있다. 원전사고가 나던 날 도시주민들이 이 건물 옥상에서 발전소 위에 번뜩이는 구름을 지켜봤다고 한다. 저격 포인트를 향해 가는 길에는 프리피야트 사진에 꼭 등장하는 다이빙대가 있는 시민 풀장 '푸른 하늘' 옆도 지나간다.

자카예프를 저격하려 겨눈 총구로 사고를 일으킨 4호기의 모습도 보인다. 엘레나가 이 건물 옥상에서 찍은 사진에도 멀리 4호기가 비친다. 게임에서는 4호기 바로 앞에 자카예프가 나타난다. 아무리 게임이라도 원전과 너무 가까워 방사선량이 걱정될 정도다.

비대칭 전쟁 시대의 엔터테인먼트

COD4를 상세하게 다룬 이유는 내가 이 게임에 푹 빠져 있기 때문이다. 게임의 하이라이트는 자카예프 저격 직후부터 시작된다. 건물에서 탈출한 프라이스는 프리피야트 공동주택가(이곳도 꽤 충실하게 현실과 똑같이 재현하고 있다)를 빠져나와 이 마을의 또 하나의 상징인 관람차로 향한다. 이곳은 〈다이하드 굿 데이 투 다이〉에도 등장하는 장소로, 엘레나도 관람차를 배경으로 자신의 프로필 사진을 찍었다. 관람차 옆에 부상당한 맥밀란 대위를 내려놓으면 게임 최대의 공방전이 시작된다. 내가 조작하는 프라이스는 50번이나 죽은 추억이 어린 장소이다.

'비대칭전쟁'이라는 단어는 전 미국방장관 럼스펠드가 처음 사용했다. 국가가 보유한 군사력이 정면에서 충돌하는 전쟁의 시대는 이제 끝나고 미군이 대적하는 상대는 민간무장세력과 테러리스트로 바뀌었다. 이런 게릴라전에는 대형무기가 아무 쓸모가 없고 특수부대가 중요한 역할을 맡는다. 냉전 이후의 전쟁을 예언한 것이 바로 "다이하드" 시리즈와 같은 할리우드 영화인데 오락용 게임으로는 FPS가 대표적이다. 하지만 COD4는 철저하게 새로운 전쟁인 비대칭 전쟁을 소재로 하는데 반해 〈다이하드 굿 데이 투 다이〉는 국가의 음모라는 변함없는 주제를 다루고 있기도 하다. 중동 시가지와 코카서스 산맥의 오지가 무대가 되는 COD4에서 '유령 도시'인 프리피야트를 무대로 삼은 이유는 강한 인상을 주는 동시에 어디선가 본 듯한 친숙한 느낌을

가상 세계 속 체르노빌

주기 때문이다. 엘레나가 인터넷에 공개한 프리피야트의 사진들은 2005년 큰 화제를 불러일으켰다. 게임은 2007년에 발매되었다. 그리고 COD4의 속편인 〈콜 오브 듀티4: 모던 워페어2〉에서는 실재하는 장소를 충실히 재현하고 전쟁터로 삼는 경향이 더욱 뚜렷해졌다. 이 게임에서는 모스크바의 세르메티예보 국제공항과 워싱턴 화이트하우스, 속편인 3에서는 맨해튼과 파리의 몽마르트 언덕 등 누구나 한번쯤 영화나 사진으로 본 적 있는 장소가 전쟁터로 리얼하게 재현되었다.

참고로 이 시리즈에 재현된 무대 중 가장 강한 인상을 남기는 곳은 햄버거 가게, 커피숍과 같은 점포가 늘어선 미국의 전형적인 거리에 장갑차가 달리고 러시아 군인이 들이닥치는 장면이다. 가장 전쟁과 거리가 먼 일상의 풍경이 전쟁터로 나올 때 받는 충격은 꽤 크다. 물론 이런 실제 장소가 충실히 재현되는 배경에는 게임기의 3D 묘사 기술 향상도 기여했다. 이 또한 오늘날 체르노빌이 게임의 무대로 등장하는 이유 중 하나이다.

체르노빌을 무대로 한 FPS

체르노빌이 등장하는 FPS로 COD4의 이야기를 길게 늘어놓았는데 게임 매니아라면 아마 입이 근질근질할 것이다. 왜냐하면 체르노빌 원전 주변을 정통으로 다룬 FPS가 존재하기 때문이다.

〈S.T.A.L.K.E.R. Shadow of Chernobyl〉(이하 SSoC)은 COD4와 마찬가지로 2007년에 발매되어 판매 개수는 COD4와 차이가 크지만 그래도 400만개

이상 팔린 대히트 게임 타이틀이다. 나는 아직 플레이한 적이 없는데 한번 마음먹고 하려면 플레이 시간, 노력 등 상당한 각오가 필요한 대작이다. 이 게임에 관해서는 인터넷 4Gamer 사이트에 실린 도쿠오카 마사토시가 쓴 리뷰를 참고 하고자 한다. 이 리뷰는 해외 정보 사이트에 흩어져 있는 개발팀을 취재한 인터뷰 영상 등을 기본으로 하면서 우크라이나의 역사, 철학, 문학 지식을 총동원해 쓴 역작이다 (이 부분도 스포일러 주의).

이 게임은 체르노빌 사고 이후의 세계를 무대로 하고 있는데 게임 안의 세계에서는 2006년에 다시 원인불명의 대폭발이 일어난다고 설정되어 있다. 원전 일대는 방사능의 영향으로 돌연변이를 일으킨 생물이 서식하게 되며 사람들은 이곳을 '존'이라 부른다. '존'이 바로 이 게임의 무대인데 이 세계에서는 '존'에 들어가는 사람을 '스토커'라 부른다. 도쿠오카의 말을 빌리면 "체르노빌 주변 유적지를 자유롭게 이동해 이야기를 진행해가는 RPG(Role-Playing Game) 타입의 FPS"인 셈이다. 정해진 미션을 반복하는 COD 풍의 FPS와는 다르게 SSoC는 광대한 맵을 자유롭게 탐색하는 게임이다.

여기까지가 게임의 개요인데 도쿠오카는 결코 평범한 게임이 아니라고 강조한다. 우선 제작하는 데 6년이란 시간이 걸렸다는 사실만 봐도 그렇다. 존은 방사성물질로 오염되고 초자연적 현상으로 생겨난 뮤턴트가 배회한다. 처음에는 '인공 생명'Artificial Life이라고 불리는 뮤턴트들이 스스로 판단하고 행동하며 멋대로 이야기를

진행한다는 내용을 핵심 모티브로 삼아 개발되고 있었는데 미완성으로 끝나고 체르노빌을 무대로 한 RPG타입 FPS라는 틀의 게임으로 귀결됐다고 한다.

게임의 세계관은 매우 복잡하다. 이 게임은 주로 '체르노빌은 무엇인가'에 포커스를 두고 있다. 게임 제작자들은 체르노빌과 프리피야트를 계속 취재하면서 몇천 장이나 되는 사진과 몇십 시간이나 되는 비디오테이프, 그리고 관계자 인터뷰─ 그중에는 당시 체르노빌 책임자도 포함된다─를 모아 체르노빌이란 무엇인가를 철저히 조사했다고 한다.

도쿠오카의 리뷰 사이트에는 실제 프리피야트 사진과 게임 장면이 나란히 실려 있는데 게임의 그래픽 묘사가 매우 충실해 현실의 프리피야트를 그대로 본떠 왔음을 알 수 있다. 뛰어난 점은 그래픽만이 아니다. 게임 자체가 지닌 메시지를 읽어내기 위해 도쿠오카는 '슬라브적인 것은 무엇인가' 라는 물음에서 시작해 러시아정교의 핵심 교의와 마르크스 공산주의의 공통성 등을 고찰한다. 도쿠오카가 도달한 게임의 메시지는 인민을 더욱 행복하게 만든다는 사상에 대한 비판이라고 한다. 게임을 해보지 않은 사람은 도대체 무슨 말인가 곤혹스러울 것 같다.

도쿠오카의 글은 게임 리뷰로서도 뛰어나지만 문명비판 에세이로 읽어도 좋을 묵직한 내용을 담고 있다. 관심 있는 분은 리뷰를 읽고 게임도 직접 해보기 바란다.

구소련 시대의 SF 소설 「스토커」

게임 SSoC를 논하기 위해서는 소련이 낳은 SF작가 스트루가츠키 형제의 「노변의 피크닉」이라는 소설을 꼭 거쳐야 한다. 게임을 하는 데 알아야 할 필요는 없지만 '스토커', '존'이라는 단어와 전제가 되는 세계관 등 SSoC에서 다루는 많은 모티브는 이 소설을 기반으로 하기 때문이다.

「노변의 피크닉」을 타르코프스키 감독이 〈스토커〉라는 제목의 영화로 만들었는데 구공산권 이외에도 비교적 잘 알려졌다. SSoC는 우크라이나의 게임 회사가 개발했으며 게임의 중심 사상은 「노변의 피크닉」의 영향을 강하게 받고 있다. 스트루가츠키 형제는 원래 소련의 유명한 SF작가였다.

소설 「노변의 피크닉」은 외계 생명체가 지구에 왔다 남긴 흔적을 둘러싼 이야기다. 외계 생명체가 직접 등장하지도 않고 인간과의 접촉도 없다. 하지만 외계 생명체가 비행한 장소에는 많은 수수께끼가 남는다. 그들이 내려온 곳(다섯 곳이라고 알려짐) 가운데에는 사람이 살던 마을도 있다. 외계 생명체가 왔다간 후 마을은 봉쇄되고 출입이 통제된다. 마을 사람들은 피부가 벗겨지고 손톱이 빠지는 병에 걸려 죽거나 어쩔 수 없이 마을을 떠나야 했다.

마을 일대는 벽으로 둘러쳐지고 마을 안 상태를 연구하는 연구소가 생긴다. 마을에서는 지구의 과학 상식으로는 해명할 수 없는 이상한 현상이 일어난다. 곁에서 보기에는 "아무 일도 없는 듯 평온해 보이는" 상태이다. 마을은 사람들의 생활 흔적이 고스란히 남은 채 폐쇄된다. 이곳을 사람들은 '존'이라 부르는데 '존'에 들어가 여러 '보물'을 가지고 돌아오는 일을 직업으로 하는 '스토커'가 나타난다. 그들은 총탄에도 끄떡없고 불 속에도 들어갈 수 있는 보호복을 입고 존으로 향하지만 '존'에서는 지구의 과학으로는 예측할 수 없는 일이 일어나 사고로 죽는 스토커가 끊이지 않는다.

과연 '존'에는 무엇이 있을까. 예를 하나 들자면 금속이든 플라스틱이든 닿기만 하면 녹아버리는 액체, '마녀의 젤리'가 있다. 마녀의 젤리가 흘러넘치는 사고로 실험실 건물이 완전히 망가져 35명이 사망하기도 한다.

'존'은 인간이 제어할 수 없는 물질로 가득 차 있다. 오늘날 인류의 기술로는 제어할 수 없는 대표적인 예가 바로 원자력이다. 그런 의미에서 미지의 존재와의 접촉을 그린 『노변의 피크닉』은 매우 적확하게 체르노빌 사고를 은유하고 있다.

현실과 가상의 관계

당연히 『노변의 피크닉』이 체르노빌 사고의 영향을 받은 소설이라고 생각하겠지만 스트루가츠키 형제는 1971년에 이 작품을 처음 발표했다. 체르노빌 사고보다 훨씬 이전이다. 체르노빌 사고를 일으킨 소련 같은 국가에서 마치 사고를 예견이라도 한 듯한 SF소설이 이미 오래 전에 쓰였다는 사실이 놀랍다.

물론 SF소설 분야가 원래 미래에 일어날 만한 일을 사전에 예견해본다는 의미를 강하게 지니고 있기는 하다. 또 비현실을 그린 가상이 사실을 있는 그대로 다룬 논픽션 이상의 힘을 지니고 실제 사회를 비평적으로 재단하는 일도 적지 않다. 거꾸로 그런 힘이 있기 때문에 가상은 어느 시대에든 계속 생겨난다.

『노변의 피크닉』에 그려진 '존'과 그곳에 들어가려는 '스토커'의 존재가 체르노빌과 프리피야트의 모습과 매우 흡사하다는 우연을 발견했기 때문에 게임 제작자들은 체르노빌을 무대로 한 SSoC를 생각해냈다. 이처럼 중층적으로 이야기는 생겨나고 점점 쌓여간다.

SSoC는 구소련 SF소설을 이야기 재료로 삼아 실제 구소련에서 일어난 원전사고 장소를 리얼하게 재현한 FPS로 우크라이나 게임 제작회사가 만들었다. 그런 점에서 SSoC는 특별한 게임으로 분류될 수 있다.

SSoC는 체르노빌을 떠안은 우크라이나인이 스스로를 탐구하는 이야기라는 면도 지니고 있다. 디즈니랜드가 미국의 건국 이야기를 품고 있는 것처럼, 〈토이 스토리〉가 카우보이와 우주선 조종사라는 미국의 두 개척자(서부와 우주)를 주인공으로 하는 것처럼, 사람들의 눈을 사로잡는 작품에는 자국의 핵심 사상을 포함하는 자기언급적 이야기 요소가 따라다니는 일이 많다. 앞에서 언급한 호러 영화 〈체르노빌 다이어리〉와 SSoC는 타인의 시선에서 만들어진 작품과 내재적 시선으로 만들어진 작품이라는 차이가 있다.

지금까지 애니메이션, 영화, 게임을 통해 가상 속에 등장하는 체르노빌을 살펴보았다. 가상, 즉 상상 속의 체르노빌은 제작자의 눈으로 본 체르노빌이라는 해석된 존재이다. SSoC처럼 과거 SF소설과 현실의 체르노빌 상황을 조합하는 일도 가상인 게임이기에 가능했던 중층적인 비평이다. 또 한 사진작가가 찍은 사진이

게임의 제재가 되고 나아가 할리우드
영화의 무대가 되는 중층화도 가능하다.
연쇄를 거듭하면서 체르노빌을 둘러싼
다양한 언급이 이루어진다.

　　현실 세계의 체르노빌에 발을
디디고 그것을 보는 일과 작품에 그려진
체르노빌을 보는 일은 전혀 의미가 다르다.
어느 한쪽을 봤다고 해서 진실을 알 수 있는
것도 아니다. 현실과 가상은 서로 충돌을
일으켜 어느 쪽이 옳다 그르다를 논하는
관계가 아니다. 진지하게 진실에 다가서려
한 작품이든 악취미에 지나지 않는 호러
영화이든, 가상은 여러 각도에서 체르노빌을
바라볼 수 있는 새로운 시각을 제시해준다.

가상 세계 속 체르노빌

체르노빌을 즐기다

‹S.T.A.L.K.E.R.›시리즈

GSC Game World

Shadow of Chernobyl
2007 (한국어판 2007년)

Clear Sky
2008 (일본어판 2009년)

Call of Pripyat
2009 (일본어판 2010년)

현상으로서의 ‹S.T.A.L.K.E.R.›
가와오 모토이

우크라이나 게임 회사 GSC Game World가
제작한, 체르노빌 원전사고가 소재인 서바이벌
호러 FPS 시리즈. 타르코프스키 감독의
영화 ‹스토커›와 스트루가츠키 형제 원작(275쪽
참조)에 착상을 얻어 제작된 것으로 러시아어판
외에 영어판과 일본어판(2탄, 3탄)도 있다.
사고가 난 지 15주년이 되는 2001년에 개발이
발표되어 2007년에 제1탄 ‹Shadow of Chernobyl›,
다음 해에 제2탄 ‹Clear Sky›, 2009년에 제3탄
‹Call of Pripyat›가 나왔다. 미국 Infinity Ward가
2007년에 발표한 FPS ‹Call of Duty 4›와
나란히 체르노빌, 프리피야트를 무대로 한 대표
적인 게임 작품의 하나이다. 4탄 제작도 예정되어
있는데 제작회사가 문을 닫는 바람에 개발이
중지된 상태이다.

　‹S.T.A.L.K.E.R.›시리즈의 무대는 2006년,
체르노빌 원전이 두 번째 폭발사고를 일으켜
물리 법칙이 교란된 괴물이 발생한 '존'이다. 실제
장소의 정밀한 모델링과 소련, 러시아의 편집광적
무기, 복수의 파벌이 얽힌 복잡한 설정과
고도의 인공지능에 의한 게임 진행 관리 등이
게이머들에게 높은 평가를 받았다.

‹S.T.A.L.K.E.R.›의 인기에 힘입어 러시아의 대형
출판사 에쿠스모 등에서 게임 세계를 무대로
하는 소설 시리즈 발간도 이루어졌다. 지금까지
러시아와 우크라이나의 SF작가들이 80권
이상의 ‹S.T.A.L.K.E.R.›소설을 출판했고
발행부수는 누계 600만 부에 달한다고 한다.
소설 팬사이트에는 프로와 아마추어의 교류도
이루어지고 있으며 대규모 사이트 http://stalker-
book.com 등에서는 많은 작품이 작가의
허락 하에 공개되고 있다. 관련 서적 수는 150권을
넘으며 음악 CD와 시집 등 다양한 상품 제작이
진행되고 있다. 팬 활동도 활발해 러시아어
포털사이트 http://stalker-portal.ru/에서는 2013년
4월 현재 등록 유저 수가 누계 13만 3,000명,
페이지뷰는 3억 7,000만, 게시판 코멘트 수는
150만을 기록하고 있다.

　‹S.T.A.L.K.E.R.›는 실제 일어난 원전사고를
토대로 하고 있어 팬들이 사고 자체에도
관심이 높다.(예를 들어 http://chernobil.info/
처럼 사고 관련 뉴스의 포털 사이트에
‹S.T.A.L.K.E.R.›유저를 위한 코너가 설치된
경우도 있다). 앞으로도 일반적인 게임 팬·
커뮤니티와는 다른 새로운 진화를 보일 것이다.

체르노빌을 들여다보다

Розплутувати Чорнобиль

글: 우에다 요코+오마쓰 료+가와오 모토이+고지마 유이치+마쓰모토
다카시+야모토 기미토+아즈마 히로키+편집부

**체르노빌의 기억은 다양한 말들로 둘러싸여 있다. 존, 사먀셜, 스토커 등.
이 책에서는 마지막으로 그 복잡한 실타래를 풀기 위해
25개의 실마리를 꺼내어 소개하고자 한다. 원전사고는 우크라이나 대지에
방사성물질을 흩뿌렸을 뿐 아니라 문화 또한 '오염'시켰다.**

과거를 알자
⚡01 체르노빌 일반정보

[웹사이트]

1. Чорнобильська АЕС
   http://www.chnpp.gov.ua/
2. Чорнобильськийцентр з
   проблем ядерної безпеки,
   радіоактивних відходів та
   радіоекології
   http://www.chornobyl.net/en/
3. Державне агентство України з
   управління зоною відчуження
   http://www.dazv.gov.ua/en
4. Державна служба України з
   надзвичайних ситуацій
   http://www.mns.gov.ua/
5. Департамент по ликвидации
   последствий катастрофы на
   Чернобыльской АЭС. МЧС
   Республики Беларусь
   http://www.chernobyl.gov.by/
6. Чернобыль, Припять,
   Чернобыльская АЭС и зона
   отчуждения
   http://chornobyl.in.ua/en/category/
   zone-en/
7. Chernobyl, Pripyat and Exclusion
   Zone after Nuclear accident
   http://www.youtube.com/user/
   ChernobylWildZone/

러시아어 우크라이나어로 된 체르노빌 관련 사이트는 대략 다섯 개의 카테고리로 나눌 수 있다. ①정부·공공 기관의 공식 사이트, ②뜻 있는 사람들이 만든 비공식 정

보 사이트, ③게임 ‹S.T.A.L.K.E.R.›관련, ④여행사 관련, ⑤피해자 연맹 사이트. 언어는 우크라이나어, 러시아어, 영어 세 언어가 주로 쓰이고 있다. 러시아어가 가장 많은데 사고가 우크라이나, 벨라루스, 러시아에 걸쳐 있었기 때문에 구소련의 공통어가 이용되고 있다.

먼저 관련 기관 공식 사이트를 살펴보자. 국영 특수 기업 '체르노빌 원자력 발전소' 사이트(1)에는 사고에서 현재까지의 역사, 신석관 건설 상황, 폐로 작업 등을 우크라이나어, 러시아어, 영어로 상세히 설명한다. 기관지 ‹체르노빌 원전 뉴스›ЧАЕС Новини도 다운로드할 수 있다. 원전 상황과 주변 연구 활동은 국립 과학연구소 '원자력안전, 핵폐기물, 방사생태학문제 체르노빌 센터' 사이트(2)에 정보가 상세하게 나와 있다. 이 기관은 원자력 기술의 안전에 관한 국제협력기관 '체르노빌 센터'도 겸하고 있으며 일본 공익재단법인 원자력안전연구협회도 회원이다.

존을 관할하는 곳은 우크라이나 출입금지구역청이다. 출입금지구역청 사이트(3)는 우크라이나어, 영어 두 개 국어로 되어 있지만 영어로 읽을 수 있는 부분은 얼마 되지 않는다. 출입금지구역청은 2012년에 발족했으며 사이트도 그때 개설됐기 때문인 것 같다. 출입금지구역청 발족 이전의 정보는 비상사태국 사이트(4)에서 볼 수 있는데, 이 사이트는 2013년 5월 현재 우크라이나어만으로 서비스되고 있으며 영어판은 준비 중이다. 벨라루스에서 체르노빌 문제를 다루는 곳은 체르노빌 원전사고수습청(5)이다. 이 사이트는 무슨 까닭인지 벨라루스어도 없

이 러시아어로만 되어 있다. 배상과 사고 후 처리에 관한 법령 등을 망라하고 있다.

한편 공식 사이트에서는 알 수 없는 체르노빌의 현재를 전해주는 비공식 정보 사이트도 있다. '체르노빌, 프리피야트, 체르노빌 원자력 발전소, 출입금지구역'(6)이 특히 살펴볼 만하다. 러시아어가 메인이지만 많은 부분이 영어와 우크라이나어로 번역되어 있다. 제작자인 세르게이 바스케비치는 우크라이나 과학아카데미 원자력 발전소 안전문제연구소의 상임연구원으로 방사능에 관한 안전과 환경보전 전문가이다. 전문지식과 존 근무라는 조건을 살려 방사능 오염 상황, 체르노빌 지역 역사, 사마셜과 존의 생태계 현황, 숨은 관광 명소, 현재 후쿠시마에서 도입하고 있는 사고처리기술까지 어마어마한 양의 정보를 제공하고 있다. 세르게이는 '세계 한바퀴 GPS 가이드 체르노빌편'[→⚡13]의 저자이기도 하며 또 다른 전문가와 함께 소설판 ‹S.T.A.L.K.E.R.›시리즈[→⚡20] 중 한 권을 쓰고 있기도 하다. 연구소 근무 경력의 방사능전문가가 오락성을 유지하면서 체르

노빌의 매력을 발신하고 있는 점이 매우 흥미롭다. 사고 후 일정 정도 시간이 지나야 가능한 일이며 아마 필연적으로 나타나는 현상일 것이다. 세르게이의 사이트는 비영리단체 프리피야트 닷컴 사이트[→⚡10]와 나란히 체르노빌의 현재를 아는 데 가장 도움이 되는 사이트이다. 세르게이는 이와 더불어 유튜브의 체르노빌 채널(7)을 통해 존의 아름다운 자연과 폐허, 현재 인간 활동의 모습 등을 영상으로 소개하고 있다.

⚡ 02 쉘터 1986~2011

[책]

A. 크루치니코프 외
Объект "Укрытие":1986~2011
Ключников, А.А., Краснов, В.А.,
Рудько, В.М., Щербин, В.Н.
Институт проблем безопасности АЭС НАН Ук
раины 2011

1986년에 폭발한 체르노빌 원전 4호기. 그곳에서 쏟아져 나온 방사성물질의 확산을 막기 위해 건설된 건축물 '쉘터', 일명 '석관'에 관한 보고서이다. 이 책에는 석관 건설의 프로세스와 공학상 특징과 문제점, 새로 건설되는 신안전밀폐설비(신석관) 프로젝트를 상세히 보여주고 있다. 붕괴 위험이 도사리는 석관을 신석관으로 변용시켜가는 이치와 전망을 볼 수 있다.

석관 건설은 사고가 일어난 해에 시작되어 반년 만에 완성됐다. 건설 노동자의 피폭부담이 적고 단기간에 건설을 완료시키기 위한 설계 공법을 선택했다. 예를 들면 공기단축을 위해 폭발 후 남아 있던 4호기 건물을 그대로 석관 구성부로 사용한다. 이 책의 특징은 석관과 신석관 계획의 중요성을 평가하면서도 건축물로서의 결점과 계획이 지체되는 상황을 객관적으로 지적하는 점이다. 저자들은 석관을 '체르노빌 사고 피해 최소화를 위한 초기대응 최대 성과'로 평가한다. 하지만 건축물의 기술 기준을 만족시키지는 못한다는 점도 인정하고 있다. 불완전한 석관의 보수작업과, 짜맞춘 부분에서 새어나오는 방사성물질의 모니터링 시책도 상세하게 소개한다.

석관을 건설한 지 10년 이상 지나면서 더욱 안전하고 내구성 강한 신석관 건설을 향한 움직임이 본격화됐다. 아치형 설계가 채용되어 국제 컨소시엄 '노바르카'가 수주했는데 100년 이상 사용 가능 햇수를 요구하고 있다. 하지만 준비와 설계가 늦어져 2014년 이후에야 건설이 완료된다고 한다. 건설 비용도 당초 견적의 두 배 이상으로 10억 유로가 넘는다고 한다. 이런 건설과정의 난항도 지적한다.

⚡ 03 나자의 마을
⚡ 04 알렉세이와 샘

[다큐멘터리 영화]
모토하시 세이치 감독
1997년/2002년

벨라루스는 체르노빌 원전사고로 인한 피해를 가장 심하게 받은 나라이다. 방사성물질이 광범위하게 퍼져 동남부에 점점이 존재하는 고농도 오염지역에는 정부가 퇴거 명령과 이주권고를 내렸다. 다큐멘터리 영화 〈나자의 마을〉과 〈알렉세이와 샘〉의 무대는 그렇게 지도에서 사라진 마을이다.

모토하시 세이치 감독은 1991년부터 체르노빌을 테마로 한 사진을 찍기 시작했다. 첫 감독 데뷔 영화 〈나자의 마을〉 이전에도 『체르노빌에서 온 바람』『무한포옹』 등 두 권의 사진집을 발표했다. 모토하시 세이치 감독이 카메라를 들이대는 대상은 원자로와 병을 앓는 아이들이 아닌, 오염된 땅에서 대자연과 함께 살아가는 길을 택한 사람들의 일상이다. 방사능 오염이라는 과혹한 현실에 부딪쳐도 그들은 변함없이 밭을 일구고 소와 말을 키우며 우직하게 삶을 이어가고 있다. 그 모습은 '생명'이란 무엇인가, '삶'이란 어떤 것인가 라는 질문을 던진다.

⚡ 05 프리피야트

[다큐멘터리 영화]
니콜라우스 게이하르타 감독
2012년
Pripyat
Nikolaus Geyrhalter
1999

〈생명을 먹는 방법〉을 찍은 니콜라우스 게이하르타 감독이 체르노빌 원전사고 12년 후를 다룬 다큐멘터리이다. 사고 후 원전 주변 30킬로미터는 출입금지구역이 되는데 다큐멘터리 제목이기도 한 원전 노동자들의 도시 프리피야트도 존에 포함된다(66쪽 참조).

작품이 완성된 1999년은 1986년 체르노빌 원전사고와 2011년 후쿠시마 제1원전사고의 딱 중간 시점이다. 촬영 당시 가동 중이었던 체르노빌 원전의 노동자와 사마셜 등, 존에서 살아가는 사람들의 모습이 흑백 영상에 담겼다. 내레이션, 자막, 음악을 배제하고 롱테이크를 기본으로 한 스타일은 관객이 그 공간을 생생히 체험하고 생각할 것을 요구한다.

3·11이 있은 후 영화는 당시와는 다른 의미를 띠며 2012년 일본에 첫 공개되었다. 이 책에 등장하는 시로타 씨도 일본을 방문했을 때 봤다고 한다.

⚡06 내부고발

[책]
그레고리 메도베제프
기술과 인간
1990년
Чернобыльская тетрадь
Медведев, Григорий Устинович
Новый Мир, NO.6
1989

저자는 체르노빌 원전이 지어질 때부터 관여했으며 사고가 발생했을 때에는 현장에 있지 않았지만 원전 운전의 현역 전문가였던 인물이다. 사고 후 현지에 부임해 처리 작업에 종사하면서 관계자들로부터 수집한 정보를 기록한 책이다. 전문가로서 소련 행정을 비판하고 있어 1989년 출판 당시 엄청난 화제를 불러일으켰다. 논조가 지극히 공격적이어서 거리두기가 필요하다는 목소리도 있지만, 압도적인 정보량과 현장감 넘치는 묘사에는 행간에서 방사선이 뿜어져나오는 듯한 착각마저 든다. 폭발 시 패닉 상태가 된 현장과 인명구조 시도, 오염된 흑연을 맨손으로 회수하는 작업원들, 사정을 모른 채 구토 증상을 느끼며 연이어 교대하는 현장의 인원, "이 일에는 두세 명의 생명을 희생하자"고 지휘하는 대책본부 등 절망스러운 광경이 이어진다. 후쿠시마 제1원전사고 때에도 러시아에서는 이 책을 언급하는 사람이 많았다고 한다.

⚡07 폭발 후 20일간

[논문]
예브게니 미로노프
Двадцать Дней после взрыва
Миронов, Евгений Васильевич
Нева, No 4
2006
http://magazines.russ.ru/neva/
2006/4/mi9.html

체르노빌 원전사고와 관련된 당사자들의 증언과 회상, 당시의 신문과 잡지 기사, 정부 고위층의 발언, 저자 자신이 공학박사로서 원전사고처리반에 가담해 사고 직후 현지를 방문했을 때의 인상 등, 사고 후 20일간의 사고 처리 상황과 마을의 모습을 그린 에세이이다. 저자는 같은 방식으로 더 긴 기간에 걸친 모습을 그린 「체르노빌: 포고 없는 전쟁」을 쓰기도 했다. 당사자, 특히 사고 처리를 맡았던 군인들의 증언과 회상은 경악하지 않을 수 없다. 저자는 정부의 조속한 사고처리에 의문을 품는 다. 한편으로는 소련의 체면을 지키기 위해 다른 한편으로는 4호기 이외의 1~3호기를 재가동시키기 위해 재빠르게 처리해야 했는데 그 과정에서 본래는 기술 문제이며 사회 문제였던 원전사고가 내정 문제와 국제 문제로 교묘하게 바뀌었다고 저자는 말한다.

을 느꼈는지이다"라고 저자는 말한다. 취재 대상인 사람들은 목이 메고 때로는 말하기를 거부하면서 조심스레 단어를 고른다. 저자에게 비난을 퍼붓기도 한다. 망각하는 것도 시원스레 터놓고 말하는 것도 힘겨워하는 사람들의 고투가 인상적이다. 러시아와 독일에서 상을 받았지만 벨라루스에서는 출판이 금지됐다.

⚡08 체르노빌의 목소리

[책]
스베틀라나 알렉시예비치
(마쓰모토 다에코 옮김)
이와나미서점
2014년
Чернобыльская молитва
Алексиевич, Светлана Александровна
Дружба народов, No1
1997

저자는 우크라이나 태생의 벨라루스 작가이다. 피해지 주민, 사고처리작업원, 그리고 그 친족들을 방문해 기록한 사고 10년 후의 기록이다. 주제는 사고 자체가 아니라 "이미지의 나날, 불가사의한 일에 맞닥뜨린 사람들이 어떤 기분으로 살고 있는지, 무엇

⚡09 유령 도시

[책/웹사이트]
엘레나 우라지미로비나 필라토바
(이케다 유카리 옮김)
슈에이샤 신서
2011년
elenafilatova.com
2003~

키예프 출신 여성 사진작가 엘레나 필라토바가 자신의 웹사이트에 공개한 르포르타주를 정리한 책이다(일본판 오리지널 서적). 웹사이트는 10개국 이상의 언어로 번역되어 있으며 이 책의 번역가인 이케타 유카리가 번역한 일본어판 페이지도 공개되어

있다(http://www.geocities.jp/elena_ride). 책에는 2003년부터 2008년 사이에 다녀온 네 번의 여행기가 실려있다. 사진과 체험기 사이에 사고 이전의 프리피야트와 사고 후 얼마 지나지 않았을 때의 원전에 대한 기록, 작업원의 회상과 에피소드 등이 담겨 있다. 간결한 문체에 담긴 체념하는 듯한 어조가 인상적이다. 폐허를 배경으로 가와사키 바이크 닌자에 기대선 사진가의 모습은 큰 화제를 불러일으켜 존 투어가 주목받는 계기가 됐다.

현재를 배우다
⚡10 PRIPYAT.com

[웹사이트]
PRIPYAT.com Сайт города Припять
http://pripyat.com/
2003~

소셜 프로젝트 'PRIPYAT.com'(프리피야트 닷컴)은 뜻있는 프리피야트 시민이 2003년에 같은 이름의 사이트 및 커뮤니티를 만든 것이 발단이 되었다. 2006년부터 본격적으로 활동을 했으며 2007년부터는 비영리단체법인이 되었다. 대표는 알렉산더 시로타(210쪽

인터뷰 참조). 알렉산더 나우모프도 이사를 맡고 있다(205쪽 인터뷰 참조). 사이트 관리자는 러시아에 사는 드미트리 바로파이. 러시아어, 영어, 독일어로 열람 가능하다.

처음 목적은 원전사고와 소련붕괴로 전 세계에 흩어진 '프리피야트의 젊은이들'이 소통할 수 있는 장을 만드는 것이었다. 법인화와 함께 사이트도 체르노빌 출입금지구역 전반에 대한 정보를 공유하는 장으로 기능하기 시작했다. 정보는 열한 개의 항목으로 분류·정리되어 있고 특히 프리피야트와 체르노빌, 언론, 사진, 갤러리, 문학과 예술 항목의 내용이 충실하다. 구바레프의 「석관」[→⚡25]도 이곳에 실려 있다. 원전의 현 상황, 원자력기술의 가능성, 서브컬처 등의 정보는 원칙적으로 게재하지 않는다.

우크라이나 정부는 폐허를 해체하는 방침을 분명히 하고 있다. 프리피야트 닷컴은 그 방침에 대해 마을 자체를 박물관으로 보존해야 한다고 주장하며 서명 활동과 여론 조사를 벌이고 있다. 활동의 하나로 사진전, 자동차 경주, 식목 등 다양한 이벤트를 지원하고 있다. 또 폐허경비, 청소 자원 활동, 신석관을 감시하는 비디오 모니터 설치, 사진부착 지도와 3D영상을 활용한 사고 이전 프리피야트 시가지 재현, 영화제작, 독자투어 개최 등의 활동도 하고 있다. 투어는 러시아어 사이트(http://www.chernobylzone.com.ua/)에서 예약하면 된다. 프리피야트 닷컴에 직접 문의하면 영어를 할 줄 아는 스태프가 친절하게 대응해 준다.

사이트 언어에 우크라이나어가 없는 이유는 '독자의 80퍼센트가 구소련 사람들이기 때문'이라고 한다. 언어선택 아이콘으

로 사용되는 국기 마크도 러시아가 아닌 소련 국기를 쓰고 있다.

⚡ 11 버추얼 프리피야트

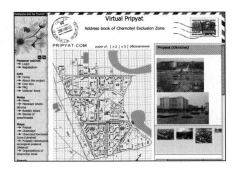

[웹사이트]
Виртуальная Припять
http://addyour.name/view.php?id=1&lang=en
2006~

프리피야트 닷컴이 주재하는 프리피야트 주소를 기반으로 한 기억의 데이터 베이스. '체르노빌 출입금지구역주소록'이라는 부제를 갖고 있다. 전 프리피야트 주민의 소통의 장으로 구상되었다. 지도상의 길을 클릭하면 거리에 있는 건물 사진, 그리고 1986년 이전, 이후에 대한 정보가 나타난다. 프리피야트 시민이 로그인해서 주소를 등록하면 건물 정보란에 방 번호와 이름이 표시되어 개인정보 링크가 붙는다. 등록자는 자신의 집뿐 아니라 거리의 다양한 건물에 자유롭게 정보와 메시지를 적을 수 있으며 동영상도 삽입할 수 있다. 게시판은 시민들끼리 서로 기억의 확인과 정보 교환을 순조롭게 할 수 있는 구조로 짜여져 있다. 창설자는 상트페테르부르크에 사는 안나 고레르세바. 그녀는 2011년

에 사고로 사망했지만, 사이트는 사람들이 꾸준히 찾고 있어 조금씩 확대되고 있다. 체르노빌과 벨라루스 측 출입금지구역도 같은 구조로 만들어져 있지만 프리피야트와 비교하면 사진과 정보가 적다.

⚡ 12 프리피야트 3D 프로젝트

[동영상]
Припять 3D. Первый официальный
трейлер проекта
http://www.youtube.com/watch?v=
9UVKSyDL_e8
2013~

사고 이전의 프리피야트 거리를 3D로 재현하려는 시도로 프리피야트 닷컴이 주도하는 프로젝트의 하나이다. 사고 후 20년이 지난 2006년 무렵에 사이트의 원주민 커뮤니티에서 나온 아이디어가 기반이 되었다. 현재는 사이트 편집책임자이며 건축가인 드미트리 바로파이를 중심으로 디자이너, 사진가, 측량사 등이 공동작업을 진행하고 있다. 러시아인인 바로파이를 비롯해 프리피야트 출신 이외의 참가자도 늘고 있다. 개개의 건물은 여러 차례 현지 조사를 거친 뒤에 공간의 위치관계와 건물 간의 상관관계 등 세세한 점까지 재현하고 있다. 최종적으로는 마을이 살아 있던 무렵의 기록을 기반으로 사람들의 생활 모습도 집어넣어 사용자가 손님으로 들어갈 수 있는 정교한 확장현실을 목표로 하고 있다. 생생하고 아름다운 동영상 제작을 추구하고 있어 하나의 건물을 올리는 데에 3개월이나 걸린다고 한다. 언제 완성이 될지는 미정이다.

구소련 원전 위성도시 건설은 1949년 시베리아 원전인 세베루스크에서 시작됐다. 1970년에 건설이 시작된 프리피야트는 우크라이나에서도 가장 오래된 원전 위성도시이다. 특유의 유토피아적 경관이 언제 파괴될지 모르는 폐허의 허무함과 서로 대비되어 관광객의 이목을 끌며, 크리에이터의 상상력을 자극한다. 마을의 기억을 남기는 시도 가운데 하나인 우크라이나 3D 프로젝트, 360도 파노라마 사진도 매우 훌륭하다.

(http://ukraina3d.com/category/northregions/chernobyl)

⚡13 세계 한바퀴 GPS 가이드 체르노빌편

[어플리케이션]

GPS-Путеводитель для мобильных: Чернобыль
http://gps.vokrugsveta.ru/list/chernobyl/
Вокруг Света
2007~

1861년 창간된 러시아의 유서 깊은 지리 잡지 『세계 한바퀴』 출판사가 제공하는 스마트폰용 GPS가이드앱 체르노빌편이다. 아이폰용과 안드로이드용이 있다. 가이드는 러시아어만으로 이루어졌는데 땅과 시설 83곳에 대한 192개의 음성해설(93분 상당)과 텍스트, 사진을 갖추고 있으며 화면상으로 가상 투어도 가능하다. 가이드는 우크라이나 과학아카데미 원자력 발전소 안전문제연구소 연구원으로 웹사이트 '체르노빌 프리피야트, 체르노빌 원자력 발전소, 출입금지구역' 제작자인 세르게이 바스케비치가 맡았다[→⚡1]. 투어는 출입금지구역 남방 검문소에서 시작해 체르노빌가지 시설을 둘러본다. 이어서 거대한 OTH(Over The Horizon 초장거리) 레이더가 배치된 비밀도시였던 제2 체르노빌에 들러 구원전 시설을 마주하고 석관을 탐방한 후 북측에 위치한 프리피야트 시가지를 둘러보며 끝난다.

⚡14 체르노빌의 숲

[책]

메리 마이시오
(나카오 유카리 옮김)
NHK출판
2007년
Wormwood Forest
Mary Mycio
The National Academies Press
2005~

인간이 없는 세계에서 번식하며 옛 거주 지역을 집어삼킬 기세를 보이는 숲과 동물들. 마치 만화나 게임 세계와 같은 이미지이지만, 이 세계는 방사능 오염 확산 방지 노력과의 아슬아슬한 균형 위에 서 있다. 체르노빌을 포함한 폴레시아 지역은 원래 습원과 토탄지가 펼쳐진 습지대이다. 구소련 시대에는 습원을 관개하여 원자력 발전소에 필요한 저수지를 만드는 등 사람의 손이 대담하게 가해졌다. 현재 인간은 이 지역을 출입금지 구역으로 지정해 자연 낙원으로 놔두는 한편으로 화재 예방과 수질, 식물 연쇄 관리에도 세심한 주의를 기울여 방사성 핵종을 봉인하려 하고 있다. 인공의 산물이면서도 비인간적인 냉혹함을 가진 방사능 재해와 인간의 의도 따위는 상관하지 않고 방사능 투성이인 채로 낙원을 구가하는 자연 사이에서, 더 이상 지배자가 될 수 없는 인간은 망연해질 수밖에 없다. 저자는 우크라이나계 미국인 저널리스트. 원전사고로 자신의 일부를 잃어버린 듯한 기분에 사로잡혀 체르노빌에 다니기 시작했다고 한다. 존의 자연에 침투한 오염 시스템을 상세하게 추적하는 그녀의 노력으로 핵기술이 낳은 생생한 과오의 유산과 직면하게 된다.

⚡ 15 영원한 체르노빌

[다큐멘터리 영화]
아란 드 아류 감독
2011년
chernobyl 4 ever
Alain de Halleux
2011

존을 찾는 젊은이들을 밀착 취재하고 관계자와 전문가의 증언을 교차하면서 현재 우크라이나가 안고 있는 문제를 그려낸 벨기에 감독의 영상작품이다. 원전사고가 일어난 지 27년이 지나면서 사고의 기억도 풍화되어가고 있다. 사고를 직접 겪은 사람도 줄어들고 있으며 아이들에게 원전사고는 게임으로 가상 체험하는 과거의 일이 되어 버렸다. 하지만 방사능 문제는 전혀 정리되지 않았다. 주변 토양은 오염된 그대로이며 신석관 건설도 진행 중이다. 사고 이후에 태어난 세대는 건강상의 문제를 안은 채 살아가는 사람도 많으며 우크라이나인의 평균 수명이 20년 가까이 단축되었다고 예상하는 의사도 있다. 한편 사고처리와 석관 유지관리에는 거액의 비용이 든다. 그런 가운데 우크라이나는 탈원전을 추진하는 유럽 각국에 전력을 팔기 위해 원자로를 새로 건설할 계획도 추진하고 있다. '체르노빌'은 아직 끝나지 않았다.

⚡ 16 Chernobyl 25 years on

[동영상]
http://www.youtube.com/
watch?v=F9URUQvGE9g
2011~

체르노빌을 들여다보다

국제 컨소시엄인 '노바르카'가 2009년 10월에 공개한 신석관 건설 시뮬레이션 동영상으로 영어 해설이다. 건설 현장을 '기존 쉘터', '조립', '대기'의 세 가지 구역으로 나눠 거대한 아치형 구조물을 만든다. 건설 현장을 제염하고 현장 작업을 최소한으로 억제해 작업자의 피폭 부담을 줄이는 건설 방법을 제안한다.

⚡ 17 포스트 체르노빌

[웹사이트]
Пост Чорнобиль
http://www.postchernobyl.kiev.ua/
2004~

체르노빌 사고처리작업원을 비롯해 직간접적 장애를 입은 사람들로 구성된 단체 '체르노빌 86'의 웹사이트. 피해자의 커뮤니티 형성을 촉구하고 권리와 사회보장을 호소함과 동시에 국내외의 관련 시설, 조직과의 연계를 도모하는 일을 목적으로 한다. 우크라이나 법무부의 허가를 받아 2004년에는 기관지 『포스트 체르노빌』도 창간했다. 사이트에는 사고에 관한 논고, 법안과 재판기록 등 사회면의 다양한 정보가 모여 있다. 사이트 회원이 제작한 작품

을 포함해 사고 관련 시와 산문, 음악, 연극, 영화, 그림, 책 등 문화면 정보도 풍부하다. 사이트는 우크라이나어이지만 소개되는 작품에는 러시아어도 많다.

⚡ 18 체르노빌박물관

[웹사이트]
Національний музей "Чорнобиль"
http://www.chornobylmuseum.kiev.ua/
1992~

키예프 체르노빌박물관은 사고 6주년인 1992년 4월 26일에 개관했다. 자세한 내용은 특집에서 다루고 있어 생략한다(78쪽 참조). 여기서는 박물관의 공식 사이트에 공개된 읽어볼 만한 데이터 베이스 '기억의 글'을 소개한다. 같은 데이터 베이스에는 사고처리에 종사한 노동자와 군인 등 5,000명 이상의 이름이 알파벳순으로 등록되어 있고 지금도 정보를 추가 갱신하고 있다. 각각의 이름에는 생년월일과 출신지, 국적 외에 방사선 피폭량, 사고처리에 임한 기간과 장소, 활동 내용, 그 뒤의 삶 등이 기록되어 있다.

오염지역은 우크라이나뿐만이 아니다. 벨라루스의 호이니키 시에도 주민과 이주

자들의 적극적인 노력으로 2007년에 박물관 '체르노빌의 비극'이 개관했다. 전시품은 약 2,300점, 방은 다섯 곳으로 나눠진다. 공식 사이트도 없이 주정부 사이트 안에 소개 페이지만 있다.

(http://khoiniki.gomel-region.by/ru/society/culture/tragediya-chernobylya)

상상력을 해방하다
⚡ 19 스토커

[영화]
안드레이 타르코프스키 감독
1979년
Сталкер
Тарковский, Андрей Арсеньевич
1979

[소설]
『노변의 피크닉』(일본어 제목 『스토커』)
아르카디&보리스 스트루가츠키
(후카이 단 옮김)
하야카와 SF 문고
1983년
Пикник на обочине
Стругаций, Аркадий Натанович
Стругаций, Борис Натанович
Аврора, No7-10
1972

이해할 수 없는 현상이 일어나는 '존'과 존 안내인 '스토커'를 다룬 이야기. 스트루가츠키 형제의 원작소설, 또 이를 영상화한 타르코프스키 감독의 〈스토커〉는 체르노빌 원전사고 이후 사고를 예견한 것이 아니냐는 화제를 불러일으킨 작품으로 사람들의 상상력을 자극한다. 특히 타르코프스키가 그려낸 인간이 살지 않는 폐허에 번성하는 자연, 두렵기만 한 정막한 공간, 태어날 때부터 발을 저는 딸이 발현하는 특수한 능력과 같은 요소는 사람들의 상상력을 원전사고 후의 현실에 접속하게 한다.

영화판 〈스토커〉는 스토커가 존에 있는 '여러 소원을 들어주는 방'에 '작가'와 '교수'를 데리고 간다. 아름다운 영상과 함께 이 작품의 매력은 '방'으로 향하는 과정에서 주고받는 '행복이란 무엇인가, 삶의 의미는 무엇인가'를 둘러싼 세 사람의 대화이다. 존은 그곳을 찾는 사람의 정신에 의해 변화하는 신비로운 장소로 스토커는 존을 외경하는 성직자처럼 그려진다.

한편 스트루가츠키 형제의 원작 소설은 영화와는 크게 다르다. 주인공은 안내인이라기보다 밀렵꾼이다. 스토커는 지구 밖 생명체가 왔던 곳에 생겨난 존에서 불가사의한 힘을 지닌 물품을 훔쳐와 팔아치운다. 그런 주인공이 아내와 딸, 연구소 학자들, 동업자인 다른 스토커들과의 복잡한 관계 속에서 존에서 가지고 돌아온 획득물을 노린 모략에 휘말리면서 살아가는 모습이 긴장감 있는 필치로 그려져 있다. 지구 밖 생명체는 무엇일까, 존은 무엇일까, 이것이 무엇을 가르키는지 분명하지는 않다. 오히려 존이라는 미지, 인지를 넘어선 저항할 수 없는 시스템과의 조우에 사람과 사회가 어떻게 대처하는가가 주요 테마이다. 스트루가츠키 형제는 타르코프스키의 영화가 나온 후에 「노변의 피크닉」을 바탕으로 한 다른 영화 시나리오 「소원 기계」를 발표했다.

⚡20 ‹S.T.A.L.K.E.R.› 262쪽 참조

⚡21 스토커 동인지

[동인 잡지]
Вестник Сталкера, No1-4 и спецвыпуск
2008-2011
http://zona-mod.org/news/vestnik_
stalkera_1_4_vypusk/2012-02-07-141

게임 ‹S.T.A.L.K.E.R.›의 러시아어 팬 잡지. 인터넷에 PDF형태로 올라와 있어 다운로드 가능하다. '스토커에 의한, 스토커를 위한 잡지'로서 존에서 발행된다는 설정으로 신인 스토커를 위한 가이드북 형식을 취하고 있다. 게임에 등장하는 뮤턴트와 무기

해설을 주로 게재하고 있지만 모두 실제로 존에서 생활하고 있는 것 같은 시점으로 쓰여 게임 공략 정보라기보다는 2차 창작물 성격이 강하다. 이외 '스토커 별점'과 '존에서의 심심풀이를 위해'라는 제목의 낱말맞추기 퍼즐이 매호 게재되는 등 잡지 자체가 매우 허구적 성격을 지니고 있다. 한편 이 잡지는 게임의 무대가 되는 프리피야트 역사와 존에 관한 우크라이나 법률 등 현실 세계에 기반을 둔 주제도 다루고 있다. 특히 원전사고에 관한 정보가 매우 충실하며 원자로의 구조와 사고경위의 과학적 해설, 작업원의 에세이와 인터뷰 등의 기사가 게재되고 있다. 존을 둘러싼 현실과 허구가 교차하는 흥미로운 텍스트이다.

⚡22 체르노빌의 성모

[소설]
그레그 이간(야마기시 마코토 옮김)
하야카와 문고 SF
(「행복의 이유」에 수록됨)
2003년
"Our Lady of Chernobyl"
Luminous
Greg Egan
Milenium
1998

저자는 1981년생 SF 작가. 양자론, 나노테크놀로지, 인지과학 등 최신 과학 성과를 집어넣으면서도 문화 상대주의와 젠더론 등 인문학적 문제 제기도 하는 선진적 작풍으로 알려졌다. 이 작품은 사고 8년 후인 1994년에 발표된 단편. 기이하게도 시대 배경은 2013년으로 설정되어 있다. 주인공은 탐정. 이야

기는 이탈리아계 대부호가 경매에서 사들인 작은 이콘(성상화)을 도둑맞아 찾아달라고 의뢰하는 장면으로 시작된다. 도둑맞은 이콘은 18세기 우크라이나제로 성모 마리아가 그려져 있다. 평범한 그림인데 의외로 고가로 거래되고 수사과정에서 살인도 일어난다. 이콘의 정체에 의문을 품은 탐정은 바로 한 종교집단과 접촉하게 된다. 원전사고가 불러온 몽상과 염원을 동방정교회 특유의 신비주의와 융합해 제시한 걸작이다. 원전 작업원이 기적을 보고 새로운 종교를 창시한다는 작품의 설정은 앞으로 일본에서 현실로 나타나도 결코 이상하지 않을 이야기다.

⚡23 솔트 레이크
⚡234 체르노빌의 아이들

[사진작품/사진집]
보리스 미하이로프
Солёное озеро
Михайлов, Борис Андреевич
1986
Salt Lake
Boris Mikhailov
Steidl
2002
Дети Чернобыля
Михайлов, Борис Андреевич
1997

체르노빌 원전사고가 일어났을 때 곧바로 민감하게 반응한 소련 예술가는 사실 별로 없었다. 이데올로기적 이유와 정보 부족으로 사고의 중요성을 잘 알지 못했던 탓이다. 당시 소련은 모스크바 중심주의로 그 이외의 지역은 물자도 정보도 풍족하지 못했다.

그런 가운데 우크라이나의 사진작가 보리스 미하이로프가 1986년 여름에 촬영한 「솔트 레이크」 시리즈는 원전사고 상황을 은유로 반영한 주목할 만한 작품이다. 피사체는 남우크라이나, 스로반스크 근교의 호수에서 목욕을 즐기는 일반 시민. 인접한 암산수공장이 폐수를 흘려보내 이 호수는 염분이 높다. 분명 환경오염이지만 지역 주민은 그 물이 건강과 미용에 좋다고 믿고 있어 여름 리조트로 인기를 모았다. 물가에 늘어선 공장과 굴뚝, 자연과 산업 사이에 있는 무지한 사람들의 광경은 프리피야트강 저편에 원전이 높이 치솟아 있는 체르노빌 풍경과 겹친다. 사고 당시 소련의 시민사회를 규정하고 있던 마비상태가 유머러스하게 반영되어 있다. 미하이로프는 다음해인 1987년에 루한스크의 보호지에서 목욕하는 체르노빌의 아이들을 촬영했다(「체르노빌의 아이들」). 이 시기, 소련의 사진가가 촬영한 풍자적이며 생생한 기록물을 일반인이 보는 일은 국내에서는 물론 국외에서도 불가능했다. 미하이로프의 사진은 소련 시대에는 예술가의 사적인 장소에서만 공개됐으며 국제적 평가를 얻은 것은 90년대에 들어서였다.

미하이로프는 1938년 하리코프 출생. 1996년에 베를린으로 이주했고 현재는 두 도시를 왕래하면서 작업을 하고 있다. 대표작은 하리코프 부랑자들의 초상 시리즈 'Case History'(1997~98년). 이 시리즈는 뉴욕현대미술관 콜렉션이 되었고 2011년에는 대규모 전시회가 열렸다.

⚡25 석관

[희곡]
블라디미르 구바레프
(가네미쓰 부시오 옮김)
리베르타 출판
2011년
Саркофаг
Губарев, Владимир Степанович
Знамя, No 9
1986

작가 구바레프는 1938년생 SF작가이며 과학 저널리스트이다. 소련의 체르노빌 보도에 가장 발 빠른 대응을 한 인물로 알려졌다. 사고 당시는 소련 최대의 신문인 공산당기관지

『프라우다』 과학부장으로 정보공개의 필요성을 당에 호소했으며 5월 초 체르노빌 현지로 파견됐다. 「석관」은 취재 뒤 소련 작가 동맹기관지 『스나미야』의 의뢰를 받고 집필한 다큐멘터리 연극이다. 1986년 9월호 잡지에 수록되었다.

무대는 모스크바의 방사선안전대책실 연구소 실험부서의 부속병동. 고르바초프 시대에는 금주법이 시행되고 있었는데도 주인공은 원자로 옆에서 만취해 잠이 들어 대량 피폭당한다. 그런 주인공은 피폭자의 생존 기록을 갱신하며 원자력 의료의 실험대상이 되었다. 그때 원전사고가 터져 원전 소장, 물리학자, 소방관, 농부 등 피폭자가 계속 실려 온다. 취재에 기반을 둔 체르노빌 원전사고 상황이 대화 속에 생생해 화제를 불렀다. 1986년 탐보프(모스크바에서 남동쪽으로 480킬로미터 떨어진 곳에 있는 지방 도시) 극장에서 초연이 열렸다. 공연은 높은 평가를 받아 모스크바에서도 막을 올렸다. 독일의 텔레비전 방송국이 이 공연을 촬영해 전 세계로 내보냈다. 그 후 소련 극단이 상연하는 기회는 많지 않았지만 빈, 런던, 도쿄 등에서 연이어 상연되어 글라스노스트를 상징하는 작품이 되었다. 일본에서는 1987년 10월 하이유자,● 신진카이●● 공동 공연으로 초연이 이루어졌으며 연출은 센다 고레야가 맡았다.

구바레프는 체르노빌 관련 많은 책과 영상 작품을 남겼으며 그중 『체르노빌의 유령』, 『아무도 몰랐던 소련의 원자력』이 일본어로 번역되었다.

● 俳優座: 일본의 극단
●● 新人숲: 일본의 극단

[담당]
우에다 요코: 1, 10, 11, 12, 23, 24, 25
오마쓰 료: 2, 8, 16
가와오 모토이: 6, 14
고지마 유이치: 5
마쓰모토 다카시: 3, 4, 15, 21
야모토 기미토: 7, 13, 17, 18, 19
아즈마 히로키: 22
편집부(도쿠히사): 9

편집후기

Від редактора

아즈마 히로키

입고 직전의 어수선함 속에서 원고를 쓴다. 이 책의 편집은 곤혹스럽기 짝이 없었다. 겐론은 몇 명이 운영하는 소규모 회사로 무크지나 여행가이드 편집 경험자는 단 한 명도 없다. 원래 겐론은 문자로만 채워진 인문서 출판 전문 회사이다. 그러다 시대의 흐름에 맞춰 해외 취재로도 눈을 돌리게 됐는데 테마는 '다크 투어리즘'이다. 비극의 기억은 상업주의와의 결속 없이는 계승되지 않는, 아니 오히려 상업주의와의 결속이야말로 기억의 계승을 가능하게 한다는 사상을 따르자면 이 책 또한 무뚝뚝한 보고서여서는 안 될 것 같았다. 그래서 취재 보고는 여행가이드 풍으로, 사진도 흑백이 아닌 컬러로 하자, 데이터는 일러스트로 보여주자 등 여러 새로운 시도를 했는데 마지막까지 서툰 솜씨로 작업하느라 꽤나 고생을 했다. 서툰 티가 지면에 나타나지 않았기를 바랄 뿐이다.

　방금 서툰 일이라고 적었는데 일반적으로 이 단어에는 나무라는 의미가 담겨 있다. 그렇지만 책을 편집하면서 새삼 '서툰 일'의 중요성을 인식하게 됐다. 이 책은 어떤 의미에서 모두 서툰 것들 투성이기 때문이다. 물론 이번 프로젝트에 참가한 사람들은 각자의 영역에서는 모두 프로 중의 프로이다. 쓰다 다이스케는 유명한 저널리스트이며 가이누마 히로시는 포스트 3·11을 대표하는 논객이고 신쓰보 겐슈는 잘나가는 사진가이다. 그렇지만 그들은 체르노빌에 대해서는 모두 '초짜'였다. 쓰다와 가이누마는 해외 취재에 익숙지 않았고 신쓰보도 취재 전문 카메라맨은 아니다. 사전 조사와 통역을 담당한 우에다 요코도 전공은 러시아 연극으로 우크라이나는 자세히 몰랐다. 취재진에는 체르노빌 전문가도 취재 전문가도 없었다. 하지만 이번 취재에서는 초짜들의 구성이 만들어낸 신선한 시점이 힘을 발휘했다.

우리는 모두 체르노빌 초짜였다. 그렇기에 지금까지 '비극의 체르노빌' 보도 문법에 구애받지 않고 취재 대상을 자유롭게 고르고 방문지의 현실을 솔직하게 적을 수 있었다. 아무런 편견이 없었으며 그렇기에 호기심에 이끌리는 대로 쑥의 별 공원에서는 디자이너의 열변에 귀를 기울이고 원전 부지 내에서는 자부심을 갖고 일하는 쾌활한 노동자에게 스스럼없이 말을 걸 수 있었다. 그 결과 서문에서도 말한 것처럼 이 책은 기존의 체르노빌 책과는 매우 다른 내용을 담게 됐다. 독자 중에는 혹시 '이건 체르노빌이 아니다'라고 느낄 사람도 있을 것이다. 하지만 이 또한 원전사고 후 체르노빌 현실의 한 단면이다. 현실은 늘 복잡하다. 비극 일색으로 칠해져 있지는 않다.

초짜의 시선, 이는 관광의 시선이기도 하다. 체르노빌의 관광지화를 취재하려 했는데 어떤 의미에서는 우리 자신이 관광객이었다. 우리는 취재를 '즐겼다'. 그리고 이는 결코 나쁜 일이 아니다. 관광객은 무지하며 무책임하지만 그만큼 자유로우며 예단하지 않는다. 그리고 그런 시선으로만 포착할 수 있는 현실도 있다. 저널리즘과 투어리즘의 관계에 대해서 논할 정도로 깊이 고민해보지도 않았고 또 여기는 그런 장도 아니지만 후쿠시마 제1원전사고를 둘러싼 말들이 점점 딱딱해지고 지루해지면서 세상의 주목을 잃어가는 것처럼 느껴지는 지금, 다시 한 번 '즐기는 것'의 진지한 가치에 대해 생각해봐도 좋지 않을까. 희망은 기쁨 속에서만 생겨나니까.

편집·집필
아즈마 히로키, 철학자·작가·겐론 출판사 대표
『동물화하는 포스트모던』『게임적 리얼리즘의
탄생-오타쿠, 게임, 라이트노벨』『일반의지 2.0』
『퀀텀 패밀리즈』 등의 저서가 있다.

집필
이데 아키라, 관광학자·오테몬학원대학 교수
가이누마 히로시, 사회학자·후쿠시마대학
특임연구원
쓰다 다이스케, 저널리스트·미디어 활동가
하야미즈 겐로, 편집자·작가

인터뷰
드미트리 보블로, 출입금지구역청 부장관
안드레 자첸코, 'Tour 2 Kiev' 여행사 대표
세르게이 미르누이, 작가
안나 콜로레브스카, 체르노빌박물관 부관장
알렉산더 나우모프, 전 내무부 소속 대령
알렉산더 시로타, NPO '프리피야트 닷컴' 대표
예브헨 마르게비치, 자발적 귀향자
아나트리 하이다마카, 예술가

사진
신쓰보 겐슈, 사진가

자료조사·감수
우에다 요코, 러시아문학·연극 연구자

번역
양지연, 서강대학교 정치외교학과를 졸업하고
북한대학원대학교에서 문화언론학을 전공했다.
공공기관에서 홍보 및 출판 업무를 담당했으며
현재 기획 번역가로 활동 중이다.

체르노빌 다크 투어리즘 가이드

아즈마 히로키 외 지음
양지연 옮김

초판 1쇄 인쇄   2015년 3월 5일
초판 1쇄 발행   2015년 3월 11일

발행처   도서출판 마티
출판등록   2005년 4월 13일
등록번호   제2005-22호
발행인   정희경
편집장   박정현
편집   강소영, 서성진
마케팅   최정이
디자인   신덕호

주소   서울시 마포구 동교로 12안길 31 2층 (121-839)
전화   (02) 333-3110
팩스   (02) 333-3169
이메일 matibook@naver.com
블로그 http://blog.naver.com/matibook
트위터 http://twitter.com/matibook

ISBN 979-11-86000-10-6 (03300)
값 20,000원